徐政旦

徐政旦教授（摄于上海财经大学）

徐政旦教授80华诞（摄于上海金钟广场顶层）

徐政旦教授50岁与夫人莊炳珍合影（于上海）

徐政旦教授与夫人（1993年摄于深圳怡景花园）

徐政旦教授与恩师龚清浩教授合影

徐政旦教授80寿辰暨从教55周年

徐政旦教授合家欢（1984）

徐政旦教授全家（2009年圣诞节）

徐政旦教授与学生上海财经大学校长博士生导师汤云为教授合影

徐政旦教授与学生上海国家会计学院副院长、博士生导师谢荣教授合影

徐政旦教授与学生台湾会计博士周志诚（左）、蔡松棋（右）合影

徐政旦教授与博士后学生上海交通大学博导胡奕明教授合影

徐政旦教授与博士学生谢荣（后排左一）、尤家荣（后排左二）、
朱荣恩（后排左三）和周勤业（后排右一）合影

徐政旦教授与王松年教授、张为国教授及博士学生卓敏之教授（台湾）、
莊利铭会计师（香港）等合影

徐政旦教授与黄华麟（左一）、施明璋（右一）等会计师
创办上海大华会计师事务所期间合影

徐政旦教授与沈钟惠女士（前左）、叶树青先生（后排右二）、王志强先生
（后排右一）和谢荣博士（后排左一）等创办深圳大华会计师事务所期间合影

徐政旦教授在《注册会计师业务操作与风险控制丛书》作者座谈会上

徐政旦教授在审计署《内部审计》教材审定会议上

徐政旦教授在中国会计教授会成立大会上留影（1995年）

徐政旦教授在上海财经大学与台湾会计界两岸学术交流会议上留影

徐政旦教授参加国际会计史会议（1992年在日本东京）

徐政旦教授在日本大学商学院讲学，与腾山进教授合影（1998年）

徐政旦教授在担任世界银行、亚州银行顾问时留影（1998年世界银行广场）

徐政旦教授与日本知名会计教授饭野利夫先生合影

徐政旦教授在美国（摄于自由女神像前）

徐政旦教授在法国（摄于凯旋门前）

徐政旦教授在意大利（摄于比萨斜塔前）

徐政旦教授在台湾学术访问期间（摄于阿里山）

徐政旦会计文集

ACCOUNTING SELECTED WORKS OF ZHENDAN XU

立信会计 出版社
LIXIN ACCOUNTING PUBLISHING HOUSE

图书在版编目(CIP)数据

徐政旦会计文集 / 徐政旦著. -- 上海：立信会计
出版社，2011.9
　　ISBN 978-7-5429-3016-3

　　Ⅰ. ①徐… Ⅱ. ①徐… Ⅲ. ①会计学-文集 Ⅳ.
①F230-53

中国版本图书馆CIP数据核字(2011)第195261号

责任编辑　　黄成艮
封面设计　　周崇文

徐政旦会计文集

出版发行	立信会计出版社			
地　　址	上海市中山西路2230号	邮政编码	200235	
电　　话	(021)64411389	传　　真	(021)64411325	
网　　址	www.lixinaph.com	电子邮箱	lxaph@sh163.net	
网上书店	www.shlx.net	电　　话	(021)64411071	
经　　销	各地新华书店			

印　　刷	上海申松立信印刷有限责任公司			
开　　本	787毫米×960毫米	1/16		
印　　张	22.5	插　　页	13	
字　　数	326千字			
版　　次	2011年9月第1版			
印　　次	2011年9月第1次			
印　　数	1-1 000			
书　　号	ISBN 978-7-5429-3016-3/F			
定　　价	78.00元			

序

我出生于1922年,现转眼已是90岁了。从25岁进入社会开始工作后我长期从事教学工作。我的从教生涯始于1948年,在母校大夏大学教"经济学原理",次年转入上海震旦大学任教"成本会计学"。1952年全国进行院系大调整,我被调整进入上海财经学院,1977年该校改名为"上海财经大学",此后,我在该校长期担任会计方面课程的教学工作;在1986年担任博士研究生导师后,我以"成本会计学"和"审计学"作为指导博士生的研究方向;1986年,我在上海财经大学领导下,创办了上海及深圳的大华会计师事务所,从事注册会计师审计业务,但仍兼任上海财大的会计、审计的教学工作。在从事会计教学及注册会计师审计的工作过程中,我坚持理论研究与实践相结合,先后出版了专著及教材20余部(包括《会计辞典》)。此外还根据会计教学与实践的需要,撰写了会计、审计专题论文数十篇。在《徐政旦会计文集》出版之际,特此作"序",阐明论文的概略内容。

本人在从会计理论教学及审计实践中,充分认识到会计是管理经济的一项重要工具,它的内容不应围于记账、算账和报账"三账"而应扩大到"用账"、"建账"和"查账"等六账,实现了这"六账",才能充分发挥出会计的管理职能。为此,我的论文从各个角度来阐述"六账"的内容,论文概略地论述了四方面。

其一是论述会计的用账问题。所谓用账就是企业的会计工作要注重运用会计的数据来对企业的各项经济活动进行控制,使之完成企业经营的各种目标;同时,企业会计工作应为企业作短期决策和长期决策,如长期投资决策等提供数据。论文集中的《论会计为何促进经济效益的提高》一文较为详细地论述了马克思对簿记作为"过程的控制"和"观念的总结"的理论,从用账的角度作了分析,并指出,观念的总结不限于会计反映的职能,而是把会计反映作为研究企业中存在问题并进行进一步研究的基础,据此对企业的业绩进行评价,总结经验教训,认识企业经济活动的规律用以指导今后的工作,促进经济效益的提高,优化决策,挖掘内部潜力,以实现经济效益的进一步提高。因此论文认为"用账要着重挖掘企业的内部潜力"。

其二是有关建账以及我国会计准则问题和论述我国会计改革等问题。企业应按照经营的实际情况设计符合提高其经济效益的会计制度。当前,不少企业的会计制度一般是按照财政部所颁发的统一会计制度来开展会计工作,这样做往往不能使会计工作适合企业的实际情况从而影响到用账和决策的需要。为此,企业自行建账是促进提高经济效益的关键之一。

其三是加强内部会计控制,反腐倡廉,开展内部审计,从严查账。内部审计是由部门或企业单位的内部工作人员,在本单位的主要负责人领导下,采用一定的程序和方法对本单位的财务会计工作和经济活动进行检查和分析,作出评价和结论。通过内部审计可以保护单位财产的完整,保证会计信息的真实可靠,揭示企业经营中的弊端,有利于反腐倡廉、促进挖掘内部潜力。内部审计具有三个特征:(1)服务上的内向型;(2)审查问题的及时性;(3)检查问题的深刻性。

其四是有关会计管理中的风险控制问题。在企业经营过程中存在着各种各样的风险,有的是来自宏观的风险,例如,战争的风险、法律变动的风险、国际经济的变化所引起的风险、国际汇率变动所引起的风险等等,风险会导致企业发生损失,国际上石油价格的变动而发生的风险就非常大。作为管理经济工具的会计,就应该有效预测和应对各种风险,使企业预防或减少风险,减少亏损。这就是会计管理中的风险控制问题。

本论文集所论述的问题大体是以上四大方面。这些问题在国内会计界当是初次提出,有待今后会计界重视与继续研究。总之,论文的观点是要求会计要实现"六账",即记账、算账、报账、用账、建账与查账,实现了"六账",会计才能发挥出提高经济效益、挖掘内部潜力的作用。

在本文集出版之际，我要衷心感谢立信会计出版社的大力支持，特别是窦瀚修社长和黄成戻主任，他们对会计发展的使命感和高度热情使我的文集能得以出版。我要感谢我的博士学生，上海财经大学的王英姿副教授，她帮我收集了大部分我以前发表的论文，确保了我文集的顺利出版。我特别要感谢我的博士学生，上海国家会计学院副院长谢荣教授，他为我文集的出版进行了精心的策划和组织，补充收集了我发表的其他重要论文，并对书稿进行了仔细的校对，确保了文集的品质。

是为序，供读者阅读本论文集时作参考。不妥之处，请予指正是幸。

徐政旦

2011 年 9 月

目　　录

1

关于确立我国企业会计
准则问题的探讨①

　　关于如何确立我国企业会计准则的问题,过去在我国会计界还没有明确地提出来讨论过。长期以来,从事会计实务的同志认为只要执行上级规定的会计制度,照章办事就行了;在会计教学方面,从教材到讲课,基本上是对国家的统一会计制度进行解释,成了所谓"制度加说明",缺少从理论上加以探讨。对于资本主义企业的会计准则,则更视为"禁区",唯恐一经涉及,沾上资本主义的污泥浊水,被戴上"崇洋媚外"的帽子,受批挨整。因此,国外会计界视为极重要的会计准则问题,30 年来,在我国一直没有加以深入地研究和探讨。

　　我们认为,我国的企业会计工作,应该是有其指导准则的。资本主义企业的会计准则,被资本家用来进行掠夺和欺骗公众,固有其糟粕,但不少准则是来自会计工作实践,在一定程度上反映了会计的客观规律,是可以为我们所借鉴的。

　　我们认为,要确定适合于我国实际的企业会计准则,一方面,要研究哪些资本主义企业会计准则可以借鉴,洋为中用;另一方面,要根据我国的社会主义经济的特点,总结我国会计工作经验,探索我国企业会计所特有的会计准则。本文拟先简述一下国外会计准则的概况,然后就国外的企业会计准则在我国企业会计中能否加以借鉴的问题以及我国企业会计中有哪些特有的会计准则问题,作些初步的探讨。

_____

　　①　本文与吴诚之教授合作撰写。

就我们的理解,资本主义企业会计准则或会计原则,是根据会计概念、会计惯例和会计特性等几者所确定的,它是进行会计工作所应遵循的标准和规范。在 30 年代,美国会计师协会(AICPA),①对普遍地为人们所接受或认可的那些编制和审核财务报表的基本准则,首次提出了"公认会计原则"(GAAP)这个名词。按照"公认会计原则"编制和审核财务报表,主要是为资本主义企业的管理当局、投资人、债权人、税务机关等以及与企业有利害关系的各个方面提供所谓"可靠"、"合理"的财务资料,以保障他(它)们的利益。美国会计师协会所属的机构——注册会计师协会(CAP1938—1959)、会计原则委员会(APB1960—1973),先后在其出版物中发表了一系列的"报告"和"意见",提出了不少会计的基本准则,包括处理会计事项的具体程序和方法。这些准则,对美国和其他资本主义国家的会计工作,产生很大的影响。会计原则委员会 1970 年在其第四号文件中,对公认会计原则作了如下的叙述:

"公认会计原则概述了在特定时间的一致意见,认为在财务会计中,哪些经济资源和经济责任应当记作资产和负债,哪些资产和负债的变动应予记录并应在何时记录,资产负债表以及它们的变动应如何计量,哪些资料应予揭示并应如何揭示,以及应该编制哪些财务报表。"(《外国经济参考资料》,《上海财经学院学报》1980 年第 9 期,第 39 页)

这一叙述,概括地指出了资本主义企业会计准则的概念。

1973 年起,美国的财务会计准则委员会(FASB)接替了会计原则委员会的工作,成为研究、制订、解释和提出会计准则的最具权威性的机构。此外,美国会计学会(AAA)②在确定会计准则、发展会计理论方面,也起了很大的作用。

---

① 该协会出版《会计杂志》、《会计研究公报》第 1～51 期(1939—1959 年),《会计原则委员会意见》第 1～31 期(1962—1973 年)等出版物,对会计准则的建立和发展有重大影响。

② 美国会计学会比较着重于会计理论研究,出版有《会计评论》、《公司决算表的会计和报告准则》、《基本会计原理说明》等书刊。

除美国外,其他资本主义国家如英国、日本、澳大利亚、加拿大等,也各有其会计准则。例如,日本1949年在作为经济安定本部和企业会计对策调查会的报告中,公布了企业会计准则,并在1954年、1963年和1974年几度进行修改。

近一二十年来,资本主义国家的跨国公司有了较快的发展。跨国的会计处理方法和程序,都要受所在国的法律、制度和惯例的约束,从而使跨国公司在各国的附属企业在处理会计的方法和程序等方面出现了分歧,以致难以编制合并的财务报表。为了保护跨国公司在国际市场的投资利益,统一会计业务处理的口径,美国会计师协会创议建立国际上统一的会计准则。1973年6月,美、英、法等9个国家的主要会计职业团体,联合组织了一个国际准则委员会(IASC),随后又有31个国家参加。到1978年,这个委员会陆续公布了9个国际会计准则(IAS)。这些准则对各国现行的会计准则和会计政策进行了协调,要求跨国公司在各国的企业按照统一的要求来处理会计业务,并编制财务报表。

国际会计准则是各参与国在国内已有会计准则的基础上商订的,该会要求各成员国"尽最大努力"去执行国际会计准则。美国具有最大权威性的财务会计准则委员会表示:"必须明确地采用国际会计标准。当一个国际标准发表后,应与美国的实务进行比较,研究两者有无重大分歧"①。可以预计,在资本主义国家的企业和会计界里,国际会计准则将会日益发生广泛的影响。

目前,资本主义国家中的主要会计准则大致有以下几种:

(1) 一般性的准则有:会计个体(Accounting Entity)、会计时期(Accounting Period)、货币计量(Monetary Measurement Unit)、客观性(Objectivity)、及时性(Timeliness)等。

(2) 与资产负债表有关的准则有:一贯性(Consistency)、重要性(Materiality)、充分反映(Full Disclosure)、稳健性(Conservatism)、历史成本(Historical Cost)等。

(3) 有关收益表的准则有:费用与收入相称(Matching)、权责发生制

---

① 美国会计师协会编:《国际会计标准》的序言,孙昌湘译,中国财政经济出版社出版1980年第1版。

关于确立我国企业会计准则问题的探讨

（Accrual Basis）等。

社会主义国家南斯拉夫也制订有《会计准则条例》①，提出了会计的基本准则和各种经济范畴在会计上反映的准则。南斯拉夫会计师和财务专家协会执行委员会于 1973 年 12 月举行的会议上宣称，这个条例在南斯拉夫全国生效。

二

国外的企业会计准则有哪些可供我们借鉴呢？下文拟就上述一些主要会计准则能否借鉴的问题进行探讨。

（一）关于"会计个体"问题

会计个体也称会计主体。在资本主义企业会计中，会计个体的准则，要求每个企业（不论是股份有限公司、合伙还是独资的组织形式）把本单位的经济业务，与业主或股东个人的收支，或与他们有关的其他单位的经济业务，区别开来，分别记账并编制会计报表。会计个体决定了会计的对象与范围，要求每个会计个体都进行独立的核算。

我国企业会计中是否要考虑会计个体准则呢？

在我国，全民所有制企业和集体所有制企业，都是独立核算单位，都要独立计算盈亏并编制会计报表。因此，我们认为，我国的企业是适用会计个体准则的。我国在解放初，有些企业曾一度采用"供给制"办法，实行统收统支、不独立计算盈亏。这实际上是不考虑会计个体准则。实践证明，这种吃大锅饭的做法，不利于社会主义经济的发展。随后，实行了与供给制相对立的经济核算制，要求企业以货币形式计量其耗费和成果，以企业本身的收入来抵偿支出，节约资金，并保证盈利。企业实行经济核算制，有利于调动企业在经营管理上的积极性和责任感，促使企业以尽可能少的劳动消耗和物质消耗，创造出尽可能多、尽可能好的产品。我们认为，要贯彻经济核算制，就必须在我们的企业会计工

---

① 《南斯拉夫的会计师职业道德条例和会计准则条例》，杨继良译自英译本，《上海会计》1980 年第 1 期。

作中实行会计个体的准则;在企业扩大了自主权后,会计个体的准则将更有应用的必要。

(二) 关于"持续经营"问题

"持续经营"是假设作为一个会计个体的企业,将会长时期地按现在的形式和现有的目标连续地经营下去,其资产将会按其原定用途去使用,其负债也会如期偿付。我们知道,在资本主义制度下,由于生产的无政府状态,经济危机频繁,弱肉强食,企业的倒闭、破产、停业是经常发生的。但是在会计上,如果没有足够事实证明某个企业已面临倒闭、停业、就得假定它将继续经营下去,按正常的方式对其资产和负债进行计价。

持续经营是资本主义企业会计中的一个重要的假设。如果不作这样的假设,那么就把企业看成摇摇欲坠,即将清算,这样就需对其资产按清理的可变现价值计价,对其负债的能否清偿提出疑问,从而严重影响其财务状况和经营成果。因此在资本主义企业的资产负债表中,如果没有指明"拟予停业清理",报表的阅读人就认为该企业将继续经营。这一点,对于股票的持有者、债权人、银行、税务机关等以及与企业有关的集团和个人来说,是利害攸关的重要问题。

我国的企业,都是社会主义公有制企业。在我国会计中,是否还要考虑持续经营这一假设呢?我们认为,在我国,由于经济体制的改革、企业部门的调整、工商业布局的变动以及战备的需要,企业的合并、分拆也是时有发生的。随着经济体制改革的深入,企业自主权的扩大,自负盈亏要求的提高,我国的一些亏损企业也可能停业、转业。在停业企业里,某些资产要清理、转让、出售,也可能因种种原因而要按可变现价值进行计价。因此,在社会主义企业里,在会计处理上,同样也需应用持续经营的准则。

(三) 关于"一贯性"问题

资本主义企业会计中的一贯性准则,要求企业对经济业务的会计处理,一经采用某种方法,就应一贯地予以使用,以便于在不同的年度间进行比较和分析。

一贯性准则并不意味着会计处理方法只能一成不变,如果有实际需要,是

5

可以变更的,但是在变更时,应把由于这些变更而对财务报表所发生的影响和变化,在报表中加以说明,以引起股东及有关方面的注意。《国际会计准则》第9001节《会计政策的表达》中指出:"对本期有重要影响或对以后各期可能有重要影响的会计政策变动,应予以表达并说明理由。如果政策变动的影响重大,应说明变动所带来的影响并列出数字。"

在资本主义国家里,企业的财务报表通常都列出前期相应的数字,即所谓"比较财务报表",以便于报表的使用者进行比较。美国会计师协会的《会计研究公报》(ARB)1961年第一期中指出:"在年报或其他报表中,编报比较财务报表,可增加这些报表的用途,更清楚地表明本企业的本期变化的性质和趋势。这种编报强调了这一事实,即几个时期的报表较之只包括一个会计期间的报表更重要,一期的数字实质上只是连续历史的一部分。"1974年,美国证券交易委员会(SEC)要求年度报表中要包括两个年度的数字,还要附有以往5个年度的经营简况和管理部门的分析概要。

在我国企业会计中,会计科目、资产的计价、折旧的方法、成本计算方法等,也要求前后各期相一贯,而国家所规定的统一会计制度正体现了一贯性原则。由于这是我们所熟知的问题,这里不再赘述。

(四) 关于"重要性"问题

重要性准则是要求企业会计对重要的经济业务和项目,在会计报表上加以反映,而对影响不大的某些经济业务和项目,则可予以合并或删略。《国际会计准则》第9001节提出:"财务报表应表达所有能影响评价或决策的重要项目。"如果把那些数字不大或对收益影响甚小的项目,也像重要项目那样进行反映,则费力多而意义不大,得不偿失。

所谓"重要性"的标准是什么?在资本主义国家的会计文献中,还没有明确的界限。一般地说:"重要性"是个相对的概念,某些在大公司中视为不重要的项目,在小公司中则认为是重要的;在业务性质上,几百元到近千元的折旧费用发生出入,不一定被认为是重要差异;但如现金发生了同样数额的差异,就是一个重要问题了。

美国证券交易委员会的S-X规则内规定："所谓'重要'，即指对任何主题所提供的资料。以限于一般投资人为购买证券所需知道的内容为准"。还有一种意见是："如果某一种金额，对研读报表的人很重要。那么这就是'重要的'"。近代美国会计学界一般把一个项目的金额占有关金额的5％到10％，作为重要项目来看待。

我们认为，我国的会计工作，长期来也是贯彻重要性准则的。例如，在会计报表中，一般列示重要的项目，而把次要的项目加以归并；在具体核算工作中，把使用期限短和单位价值小的那些劳动资料，列为低值易耗品，以简化管理和费用摊提手续；列作低值易耗品的价值，又按行业的规模而有所区别，大型工业企业以800元为界限，小型的工业企业以200元为界限。在成本核算中，也分别产品主次来处理产品成本。一般地说，主要产品是按每个成本计算对象分别计算成本的，但是某些占产值比重很小的次要产品，则可以合并为一个成本计算对象，计算一个总成本，再按一定的标准分配确定各种产品的成本。这些例子说明，我国在会计工作中，实际上已在广泛地应用着重要性准则。

（五）关于"稳健性"问题

资本主义企业会计的稳健性准则是：对于预计会发生的损失应计算入账，而对于可能发生的收益则不予计列；在资产的估价或净收益的确定方面，如果有多种处理方法，就选择稳健的方法，在估价方面宁低勿高，在收益方面宁少勿多。《国际会计准则》也指出："很多交易不可避免地存在着不肯定性，在编制报表时必须谨慎对待。"这里的"谨慎对待"，我们认为也就是"稳健"的意思。

按会计的稳健性准则，假如账面上有应收账款20万元，预计只能收回18万元，2万元可能收不到，这笔预计的损失应予列入成本；另外，如有客户违背合同规定，企业预计可能向客户索得赔偿款3万元，但在未实现前，不能列作收益。在存货方面，通常采用所谓"成本与市价孰低"亦即"原始成本或重置成本孰低"的计价方法。按照这种方法，销售产品的成本中要包括尚未销售的存货计价损失，从而低估了流动资产的价值并减少了企业的净收益。这种存货估价方式，在资本主义国家的会计界受到普遍的赞许。例如，美国《会计研究通报》

(ARB)第 43 期第四章和《国际会计准则》第 9002 节,都规定了存货应按原始成本与可变现净值两者孰低来估价。

为什么资本主义国家里,会计的稳健性准则会如此受到重视呢? 我们认为主要原因是:① 资本家可以"稳健"为名,减少收益,隐匿利润,少缴税金,欺骗职工。② 由于经济活动中的许多事物总有一定程度的不肯定性,企业一定日期的资产、负债及一定时期的收益、费用,往往具有若干估计的因素。应用稳健性准则进行估价,可避免过于乐观估计而达不到预期的目标,因此会计界倾向于"谨慎对待"。③ 企业往往以"稳健"进行自我标榜,对资产的价值过分低估,表示拥有雄厚的潜力,借以博取短期债权人的信任。

然而,对于会计的稳健性准则,近年来在资本主义国家的会计界颇多争议。有人认为,对资产和净收益的过分低估,与过分乐观地处理会计业务,同样是对事实的歪曲而会导致不良后果。例如,股票的持有人会由于企业过分低估了资产与净收益而认为企业财务状况不好,将急于出售其所购该企业的股票;银行会对企业流动比率(流动资产对流动负债之比)降低而怀疑企业的偿债能力;等等。从连续若干会计时期来考察,过分低估了某一时期的收益,将会造成其他会计时期收益的虚增。例如,在本期或以前几期过多地计提了折旧,从而减少了这些会计时期的收益,由于折旧已经提尽,在今后使用该项固定资产期间内将不再计提折旧,这就必然要增加该期的收益。因此,资本主义国家的有些会计界人士提出要实行所谓"适度的稳健主义",认为"会计原则所规定的稳健主义,应严禁过度的,推崇适度的,或者……可以称为附加限制条件的稳健主义"[1]。

南斯拉夫会计师和财务专家协会执行委员会的《会计准则条例》,提出了小心谨慎和安全保险的原则:"对有利的财务成果,须待显而易见并经过核实,才能入账;而对损失,则只要有潜在可能,就应加以列示。不允许用对资产过高估价或对负债过低估价的办法来掩盖亏损。"(南斯拉夫会计准则条例Ⅰ—4)其基本要求与上述"适度的稳健主义"相同。

在我国的企业会计中,是否要考虑会计的稳健性准则呢? 在我国会计学术

---

① 〔日〕差杉明教授编著:《会计学》第一章"日本企业会计原则"部分。

界,对于这个问题有两种意见,一种意见是认为稳健原则完全是反面经验,是资产阶级的实用主义,毫不足取;另一种意见认为在我国会计工作中,不应全盘照搬稳健性准则,过分低估资产及收益,但是应该适当稳健,对于经济业务要作谨慎的会计处理。我们是倾向于后一种意见的。

我们认为,会计所反映的企业财务情况和提供的数据,必须真实、正确,才能使企业职工和领导人了解计划的执行过程和结果,据以总结经验,巩固成绩,改进工作。要做到这一点,必须对预计的收益和损失,作实事求是的分析,对于可能发生的损失,要有足够的估计,不能"报喜不报忧";对于可能获得的收益,不能把"可能"当作"现实"、过于乐观,要"留有余地"。从这个意义来说,我们认为"稳妥"、"谨慎"是必要的,换言之,适当的稳健,还是重要的。

我们认为,我国企业在实现了较大的自主权后,有许多产品不一定由国家统一收购,而是按质论价,自行销售,这固可调动企业的积极性,但企业同时也增加了自负"风险"的几率。例如,由于企业自负盈亏,有些亏损企业可能会难以偿清货款,从而使供货单位出现呆账和坏账损失;有些产品因种种原因,可能完工后销不出去,形成存货积压,以至贬价处理而发生损失,也可能有些产品因质量不合格或"过时"而造成损失;等等。这种可能发生的损失,应在会计处理中加以谨慎考虑。

应当指出,我们这里所提出的稳健考虑,是以对人民负责的态度,审慎地处理可能发生的损失与收益,使会计所提供的数据符合实际情况,这与资本主义企业的那种有意低估收益,借"稳健"之名,弄虚作假,隐瞒盈余,建立秘密准备,其性质是根本不同的。

(六) 关于"充分反映"问题

"充分反映"是资本主义企业会计中的一项重要准则,它要求企业的财务报表尽可能充分地反映有关的信息和资料,以便于报表的阅读人确切地了解企业的财务情况。为了充分反映企业的经营情况,在财务报表中,除了数字资料外,还要注意以下一些问题:对财务数据提供非数量资料;对选用的会计方法(如折旧方法、存货计价方法、无形资产的会计处理方法、合并报表编制程序等)进行说明;账面价值与现行价值的差异;会计准则、方法或分类的变化及其影响;等等。同时,还要编制一些附表,以提供与报表主体部分有关指标的明细数字。在编表日期到报表编送这一时期中,如果发生了影响企业财务状况的重大事项,例如,发生意外灾害而造成的损失等,应在报表中用附注或括号加以揭示。此外,财务报表中还要说明是否遵守"持续经营"、"一贯性"和"权责发生制"等基本会计准则。"如遵守了这些基本假定,就不需予以表达,如果有一项未被遵守,则应表明其未遵守的事实及其理由。"(《国际会计准则——国际会计标准1》)总之,报表的内容要能令人满意地表明企业的现状和发展,以有助于阅读人作出判断和决策。

资本主义企业会计的"充分反映"准则,虽然是讲得有准有则,堂乎其皇,但是由于资本主义企业之间保持商业秘密的需要,会计报表必然要根据资本家的意图编制,不可能做到如同会计准则所说的那样公开全貌,充分反映。列宁曾指出:"大家知道,在股份公司中这种欺诈行为是特别流行的,它特别巧妙地用伪造的账目和资产负债表来掩盖自己,欺骗公众。"(《大难临头,出路何在?》)这是对资本主义企业会计报表的一针见血的揭露。

我国的会计报表及其附表,格式和内容基本上是由国家统一规定的。报表所提供的资料,要求全面地反映企业的财务状况、利润的形成和分配,以及各种专用基金的留存和使用情况。这些资料,经逐级汇总,便可反映出国民经济计划的完成情况。因此,我国的会计报表最能体现出充分反映的准则。但是由于十年浩劫中受到林彪、"四人帮"的"核算无用论"的影响,有些企业对全面地、真实地反映企业的财务情况,迄今还不够重视,抱有"编表是为完成上报任务"的观点;有的企业不认真编制财务情况说明书,不能充分揭露经营过程中的矛盾并提出有效的改进措施;会计报表不够全面、真实的情况相当普遍。此外,前几年国家所规定的报表格式,没有提出填列上年度数据的要求,亦不便于分析、比较。这些都是值得我们注意改进的。

(七) 关于"费用与收入相称(配合)"问题

费用与收入相称,是把企业一定时期的各项费用与该期有关的收入相抵减,用以确定一定时期的净收益(利润)。这种确定收益的程序,简称为"相称程序"(Matching Process)。至于一定时期收入与费用的确认,一般是以权责发生制为基础的。

按费用与收入相称的准则,把营业收入与有关的营业费用相抵减,其结果即为营业收益(或损失);非营业收入与有关的非营业费用相抵减,其结果为非营业收益(或损失),或称为非常收益(或损失)。由于资本主义企业的唯一目的是获得最大限度的利润,所以费用与收入相称,是资本主义企业会计的一项重要准则。

近一二十年来,在资本主义国家里,由于股份公司的证券投资者和贷款人往往根据企业净收益的高低来考虑投资利益和偿债能力,因此,会计师们往往把收益表看得比资产负债表更为重要,这就改变了过去把收益表只认为是前后两份资产负债表纽带的传统观点。随着这种传统观点的改变,资本主义国家的会计界对于费用与收入相称的这个会计准则,给予了更大的重视。有的会计学者认为会计工作的目的,只是为企业求得其成本(费用)与收入之间的差额,并认为根据这项差额即可显示出企业管理工作的效率。

应该指出,在上述的费用中,包括有企业所支付的工资。而在资本主义制度下,工资只是劳动力的价值或价格的转化形式。因此,从收入中减去费用以确定净收益的计算,就把由工人劳动所创造的剩余价值,转化为净收益而被资本家所无偿占用。这种"相称"的理论,模糊了可变资本是剩余价值真正源泉的客观真理,是对资本主义剥削关系的掩饰。

在我国社会主义阶段,还存在商品生产,企业还得用销售收入来抵付费用,并取得利润,所以费用与收入相抵减以确定收益的准则,在我国会计工作中也是可借鉴的。但是社会主义企业的利润是劳动人民为全社会所创造的价值,是不断提高全体人民物质和文化生活的源泉,它与资本主义企业的利润是有本质区别的。

在我国,各期产品的销售成本、销售费用和销售税金要与产品的销售收入相抵减,销售收入大于销售成本、销售税金和销售费用,即为销售利润;反之,则为销售亏损。这个指标反映企业的销售成果。如果某些产品虽已发出,但销售

11

尚未成立,这些产品的成本就不能列入销售成本。例如,在托收承付结算方式下,销售的成立是以收到货款为标志的。在发出产品时,只作为"发出商品",其成本仍作为产成品成本而不列入产品销售成本。只有在收到货款、列为销售收入时,才把发出商品成本转为销售成本。这个例子充分体现了费用与收入相称的准则。对于收入与费用的确认,在我国也是实行权责发生制。营业收入与营业支出相抵减,营业外收入要与营业外支出相抵减。销售利润(亏损)与营业外收支净额一并列示于利润表,这与资本主义企业会计的"总括观念"(All Inclusive Concept)也有类似之处。

综上所述,可见在我国企业会计中,广泛地应用着费用与收入相称的准则。随着我国经济体制改革的深入,企业自主权的加强,这个准则将会受到更大重视,对其理论与方法,有必要作进一步的探讨。

(八) 关于"按历史成本计算"问题

在资本主义企业里,资产通常是按其取得时所支付的金额即历史成本(原始成本或实际成本)计算入账的。企业的资产的计价,除了历史成本外,还可用多种方式进行计价。例如,按市场价格计价、根据管理当局的意见估价、按标准成本计价等。但是这些计价方式,都带有一定的主观性,而按历史成本计算则有发票、账单、合同、支票等为依据,不能随意低估或高估。因而这种计价方式,相对地说,较为客观。在资本主义国家里,会计师们一般倾向于按历史成本进行计价。

南斯拉夫的《会计准则条例》第四十条,对成本计算作了这样的规定:"联合劳动组织的成本会计,可采用实际成本制度、估计成本制度或标准成本制度,并应用各种不同的方法,对作为分摊成本的对象的产品或劳务进行计价。实际成本制度,也可通过估计或标准的成本与价格,加上相应的差异来计算。"

近一二十年来,许多国家通货膨胀,货币贬值。作为按历史成本计算的准则,原来是建立在货币价值稳定的前提之上的,货币贬了值,就使按历史成本计算的会计资料不可能在前后各个时期进行对比,从而难以衡量企业经营的效率。为此,资本主义国家的会计学界,对于会计如何反映价格变动问题,视为一个重大课题,提出了多种多样的处理方法。有的建议同时应用历史成本和现行成本;有的采用以一定日期单位货币的总购买力来调整所有的资产和产权项目的金额,编制补充财务报表。到目前为止,"对于如何在财务报表中反映物价变动的影响,还没有国际一致的统一方法。"(《国际会计标准》9006 节 15)

在我国,所有的会计记录(包括凭证、账簿到会计报表)都是按实际成本计算的。在国家公布的会计条例中,规定"企业必须按月、按季、按年计算各种产品的实际成本,不能以估计成本或计划成本代替实际成本"。(《财政部关于加强国营工业企业成本管理工作的若干规定》)因此按实际成本计算,在我国是具有强制性的规定,企业必须严格执行。在我国,产品的价格,是由国家统一规定的,物价一般是稳定的,这与资本主义国家的通货膨胀具有根本的区别。但是随着经济的发展,国家也会对某些生产资料的价格有所调整,对于价格变动在会计中如何反映,也是值得我们重视研究的问题。

以上概述了我们对于一些国外主要的企业会计准则能否在确立我国企业会计准则中加以借鉴的看法。除了上述这些准则外,还有一些可资借鉴的资本主义企业会计准则,例如,会计时期、货币计量、清晰性、客观性、及时性等。由于这些准则已在我国企业会计中长期得到反映,所以本文不再进行论述。

<h1 style="text-align:center">三</h1>

社会主义企业会计准则的确立,除了要借鉴国外的企业会计准则外,还必须根据社会主义经济的特点和经济管理的目的和要求,确定社会主义企业会计所特有的会计准则。我们认为,我国企业所特有的会计准则主要表现为以下几个特性。

(一) 政策性

社会主义会计的政策性,就是要求企业会计要坚持无产阶级的政治原则、根据党和国家的财经政策来处理会计工作。

党和国家的财经政策是以马列主义的经济理论为依据的,是代表人民群众

关于确立我国企业会计准则问题的探讨

根本利益的,而国家的财经纪律、财经法令和财经制度则是根据党和国家的财经政策规定的。社会主义企业在设计会计制度,反映和监督资金运动的过程中,必须贯彻党和国家的财经政策,严格执行国家规定的财经纪律、财经法令和财经制度。例如,社会主义企业会计制度的设计,应适合国家财经政策和财务制度的要求;会计应当通过凭证审核、账目核对、会计资料的分析和检查等,实行会计监督,及时地查明企业的各项经济活动是否严格遵守财经纪律、财经法令和财经制度;要监督企业的生产活动是否按计划进行,有无片面追求利润而影响了国家下达的生产任务;是否及时完成各项上交任务,及时对外进行结算;等等。同时,社会主义企业会计还要注意检查经济管理方面的漏洞,检查有无贪污盗窃、铺张浪费的事情,与坏人坏事进行坚决的斗争,以保证社会主义财产的安全与完整。

(二) 真实性

社会主义企业会计的真实性,要求会计如实地反映和考核企业的经营过程和结果。如果会计所提供的数据不真实,就会影响国家汇总的经济数字的正确性,从而影响国民经济的计划安排。

我国的企业都是属于社会主义公有制企业,企业的领导人员与一般职工,企业与企业之间,没有根本的利害冲突,利益是基本一致的。这与资本主义企业,在内部劳资对立、在外部尔虞我诈,是根本不同的。这样,就为社会主义企业会计提供了真实性的社会条件。社会主义企业的会计工作,一定要本着对人民负责、对国家负责的精神,如实地对企业的经济业务进行记账、算账、报账,决不能弄虚作假,伪造账目;决不能放弃无产阶级原则,搞什么"厂长成本"、"书记利润";决不能对国家打埋伏,把局部利益置于国家利益之上。

(三) 统一性

社会主义企业会计的"统一性",就是要求按照国家统一的会计制度来进行会计工作。

社会主义经济是计划经济。社会主义企业必须在国家计划的统一指导下,努力完成国家计划任务。为了保证企业的会计指标在全国范围内口径一致,以便逐级进行汇总，反映国民经济计划的执行情况，满足国家计划综合平衡工作的需要，社会主义企业会计应当按国家或上级部门所制订的统一的会计制度来进行工作。

应该指出，我国统一的企业会计制度，是具有强制性的，具有法律效力的。而且会计的统一性，不仅限于会计指标的口径在全国范围内的统一以及与历史资料口径的统一，还要求与国家的计划指标、统计指标相统一。因此，每一个基层企业的会计工作都应当严格执行国家的统一会计制度，按照规定的方法和程序办理，不能各自为政，否则就会影响到国民经济计划执行情况的正确反映和比较分析。

但是，统一性还必须与一定的灵活性相结合。例如，我国的全国性会计制度是由中央财政部统一规定的；各部门、各地区的会计制度是根据财政部统一规定的要求，按照各自的具体情况和条件分别规定的。推而至于基层企业也可根据中央财政部或本部门、本地区统一会计制度的要求，采取适合本单位具体情况和条件的具体会计处理办法，灵活掌握。然而这种灵活性只能是"法内灵活"，"法外灵活"是不容许的。

（四）财务民主性

在社会主义社会里，生产资料归国家和劳动群众所有，生产的目的是为了最大限度地满足人民不断增长的物质和文化生活的需要。劳动群众是国家和企业的主人，他们直接从事生产，有着丰富的实践经验，对于企业的生产经营成果最关心，对于怎样挖掘增产节约的潜力最清楚。因此，在企业的会计工作中，要实行财务民主，经济公开，这样就更能充分调动广大群众管好企业的积极性。

企业实行财务民主，要由职工代表组成财务监督机构，审议财务计划、预算、决算、职工集体福利和奖励基金使用方案和其他重大财务收支事项；在计划、预算的执行过程中应接受群众的监督和检查。

（五）核算群众性

社会主义企业会计中的核算群众性，要求开展群众性的经济核算，实行专业人员的核算与群众核算相结合。

群众核算由工人群众根据"干什么、管什么、算什么"的原则,及时地反映和考核班组或班组指标的完成情况。群众核算的资料,既是改进班组工作所需要,又可为专业核算所利用,其中有些资料可以为专业核算直接利用,有些经过加工后能为专业核算所间接利用。把专业核算所提供的全面、综合的资料,与班组核算所提供的直接、具体的资料联系起来互相对照、互相补充,就能把账算活。因此,社会主义会计必须遵循专业核算与群众核算相结合的原则,在做好专业核算的同时,发动、组织和帮助广大群众,积极开展群众核算。只有这样,才能更加深入、细致地搞好企业的经济核算,进一步调动广大群众的社会主义积极性,使企业不断提高生产经营管理水平,增加生产,厉行节约,达到优质、高产、低消耗。

(六) 社会性

由于社会主义企业生产资料公有制的性质,要求社会主义企业会计不但要为本单位的利益服务,又要代表国家的利益,对本单位的经济业务进行监督,为全社会的利益服务。我们认为这是社会主义企业会计的重要特点,它决定了社会主义企业会计比资本主义企业会计具有更大的社会性。

上文所指出的社会主义企业会计的政策性和统一性,实际上是我国企业会计社会性的具体表现。因为根据政策性的要求,会计要按照党和国家的财经政策对企业的经济活动进行监督,这样,会计就执行了社会监督的职能。至于会计的统一性,不但使会计在指标内容和核算方法方面在全国范围加以统一,越出了个别企业的范围,而且使企业会计所提供的资料,成为整个国民经济核算的一个组成部分,这也明显表现出我国企业会计的社会性。

此外,我国的企业会计工作,还要为加强计划管理服务,即不但要参与编制和执行企业的财务、成本计划,而且要总结计划执行过程中的经验,揭露存在问题,挖掘内部潜力,提出改进措施。这样就可在事前、事中和事后对生产过程加以控制,提高企业的计划管理水平。由于社会主义企业的计划是国民经济计划的有机组成部分,因此,企业会计工作对本单位财务、成本计划的编制、执行、反映和考核,就直接地保证了国民经济计划的顺利执行。从这一点来说,也是我国企业会计社会性的一个重要体现。

综上所述,可见在我国的企业会计中,已经具有很大程度的社会性。

会计"转化为社会簿记"是马克思主义关于会计问题的一个重要思想。南斯拉夫根据本国的实际情况,建立社会簿记机关,向议会负责,所有企业的重大开支和重大的现金支付,都要经过社会簿记机关依据国家的法律和规定批准,然后银行才可收款、付款,以保证经济活动的合理性。这个机关的职能由宪法规定,其权力受法律保护,业务上有独立性。这些都明显地表现出南斯拉夫会计的社会性。

我们认为,随着我国生产社会化和生产资料公有制的发展,我国的企业会计向社会会计转化,是必然的趋势。如何借鉴南斯拉夫的经验,改革我国现有的会计管理体制,是值得研究的问题。这里我们对我国会计管理体制,提出几点设想:① 在中央设置直属于国务院领导的会计总局,负责全国会计的行政管理事宜。例如,制订全国性的会计法令、制度和条例,指导和解释财会问题;任免司、局长一级的会计主管人员;汇总全国的会计数据并从国民经济角度出发全面考核经济效果;会同教育部门,培养会计人员;等等。在各省和直辖市,要设置相应的机构,负责省市的会计行政管理工作。② 在人大常委的直接领导下,设置审计总局,作为全国性的经济监督机构。在审计总局领导下,各省市也设置相应的审计机构。这个机构负责审查企业、事业单位的全部经济活动和账目,对违法乱纪、贪污盗窃、铺张浪费情事进行揭露并提出处理意见。在总厂、专业公司或大型企业里,也要设置审计处,作为国家审计部门的派驻机构,执行审计任务。我们认为,设置了这些机构,逐步使我国的会计工作转向社会会计,将有利于增加生产,厉行节约,杜绝贪污浪费,促进我国社会主义建设现代化的实现。

以上就我国所特有的一些主要会计准则作些初步的探讨。如何总结我国丰富的会计实践,进一步探索我国特有的会计准则,并研究吸收可资借鉴的一些国外企业会计准则,确定适合于我国实际的企业会计准则,是我国会计理论建设中的一个重要课题。这里只是抛砖引玉,提出一些粗浅的看法,一定有许多错误。请大家批评指正。

(本文原载《上海会计》1981 年第 2 期)

试论我国企业会计
制度设计的原则

　　会计制度是进行会计工作的规范。要使会计工作发挥其对生产"过程的控制和观念总结"的作用,必须建立科学的会计制度,才能有组织、有秩序地进行会计工作。

　　我国的会计制度按其业务内容,可分为财务会计方面的制度和管理会计方面的制度两大类。财务会计方面的制度如:会计科目及其使用方法的制度,有关凭证、账簿、记账程序和记账方法的制度,有关货币资金、固定资产、材料、工资、结算业务等核算办法的规定,有关财产清查的规定,上报的定期会计报表格式及其编制方法的规定,有关会计报表分析和会计检查的规定,有关会计交接、档案的保管和销毁办法的规定,等等。管理会计方面的制度如:有关成本核算和控制方面的制度,企业内部结算的制度,企业内部报表的格式及其编制方法的规定,有关企业各级(如厂部、车间、班组)经济活动分析的办法,等等。

　　新中国成立后,财政部就成立了会计制度司,制订和颁行了许多须在全国范围内统一执行的或带有示范性的会计制度。这些制度的制定,对于建立和健全全国各地区、各部门、各企业、各单位的会计工作,贯彻党和国家的财经政策和财务制度,促进增产节约,保护社会主义财产的安全和完整,提供国家进行综合平衡所需要的财务和成本的数据,促进国民经济的发展,起了积极的作用。

　　应该指出,我国财政部所制订的会计制度,很多是具有一定强制性的,全国所有的企业、单位,都必须遵照执行。在我们社会主义国家里,如果没有统一的会计制度,企业的经济管理工作就会出现混乱,就会影响社会主义经济有计划、按比例的发展,这是不难理解的。但是,财政部所颁行的会计制度,主要是从会计工作的共性角度提出来的,是从提供国民经济综合平衡所需资料的角度提出来的,它既不可能完全反映不同部门、不同行业、不同规模企业的会计工作的个性,也不可能完全体现和反映不同企业内部管理对会计的要求。而且财政部所颁行的会计制度,主要是有关财务会计方面的规定,对于有关管理会计方面的制度,均须企业根据本身的特点加以制订。即使从财务会计方面来说,企业如何根据其具体情况,采用合适的记账方法和记账程序,由于企业情况各殊,财政部也是不可能加以统一规定的。因此,企业既要认真贯彻执行财政部的统一会计制度,又要根据企业内部管理上的需要,设计必要的会计制度,才能发挥会计应有的作用。由此可见,在企业里,作为会计制度设计的"建账",是记账、算账、报账、查账、用账的基础,是企业会计工作的一个基本环节。

但是,长期以来,我国不少会计实务工作者,往往把会计制度的设计工作视为是财政部或上级主管部门的事,认为在企业里,无须进行会计制度的设计工作。在会计教学部门,则往往满足于对财政部门所颁行的会计制度进行解释,对于建立这些会计制度的依据和会计制度设计的基本原则和方法,较少做理论上的探讨,以致不少会计教材成了"制度加说明"。在高校会计专业的教学计划中,曾长期没有设置"会计制度设计"课程,出现了不少会计专业毕业的大学生几乎不知会计制度设计为何物的现象。这样不但不利于会计工作水平的提高,而且也不利于对财会人员的培养。

我国幅员广大,部门众多,企业有近 40 万个,组织形式多样,情况各别,为了做好会计工作,充分发挥会计对促进社会主义经济发展的积极作用,各企业不但要认真贯彻执行财政部所颁行的统一的会计制度,系统地提供国家所需要的统一的数据,还应根据本单位的业务特点和实际情况,因地制宜地制订补充规定和执行细则,设计和建立本单位的具体的会计制度;不但要设计和建立财务会计方面的会计制度,而且要设计和建立管理会计方面的会计制度。在会计制度设计的组织机构方面,各地区和各个经济主管部门应设置专职的机构和人员,从事会计制度的设计工作;在大型企业里,也要有专人负责本单位会计制度的设计、实施和修改。在会计教学方面,高等财经院校的会计专业应该设置《会计制度设计》课程,讲授会计制度设计的理论、原则、方法和实践,并开展这方面的学术研究,使理论与实践相结合,逐步建立适合于我国实际情况的会计制度设计课程,使企业的建账工作日臻完善。

由于会计制度是进行会计工作的规范,因此,设计会计制度是一项严肃的工作。我国企业会计制度的设计,有哪些应予遵循的原则呢? 这里提出一些不成熟的看法,供研究参考。

一、要符合党和国家的财经
政策和财政制度

会计制度是上层建筑,它应该适应经济发展的需要,党和国家的财经政策和财政制度,具体体现了社会主义经济发展的方向和途径,为此,必须设计与之相适应的会计制度,才能使会计工作为社会主义经济发展服务。例如,为了有计划地调节货币流通,节约现金使用,稳定市场物价,集中闲置资金,堵塞贪污盗窃和套取现金进行投机倒把的漏洞,国家制订了现金管理制度和结算制度,以保证社会主义经济的发展。企业的会计制度就要根据上述制度的要求,制订有关货币资金的收支、保管和核算的规定以及有关结算业务的规定,用以加强货币资金的管理工作,积极组织货币资金的收入,充分挖掘资金的潜力。又如,国家为了有计划地管理资金,在财务制度上规定企业的各种专用基金,要实行专款专用,不能与其他资金混用。在企业的会计制度上就须根据这种规定,设置专门的会计科目进行处理,并在会计报表中反映专用基金的资金来源和资金运用的情况。再如,近几年来,国家为使企业具有较大的自主权,以调动其增产节约的积极性,在部分企业中实行了利润留成和"以税代利"等办法,会计制度就应与这种变革相适应,在设计会计制度时,制订出相应的会计处理办法,以便提供不同分配方式下的会计资料。

二、要体现社会主义企业
会计原则的要求

会计原则反映会计工作的客观规律,是恰当地进行会计工作的标准。因

此,在设计会计制度时,应在制度中具体体现有关会计原则的要求。

我国有哪些企业会计原则,是会计学术界正在探讨的问题,本文不拟在此进行论述。这里只是扼要说明设计会计制度时应予注意体现的某些会计原则的要求。

首先,会计制度要体现会计的社会性、会计个体以及专业核算和群众核算相结合等与企业经济管理有关的会计原则。会计的社会性原则主要要求社会主义企业会计既要为本单位的利益服务,又要代表整个社会的利益,对本单位的经济业务进行监督;不但要求提供本单位进行经营管理所需要的会计数据,而且要为国家有计划地管理国民经济提供会计信息。会计的个体原则是要求把企业作为一个会计个体,进行独立的经济核算,以货币较量其耗费和成果,以企业本身的收入来抵偿支出,节约资金,降低成本,保证盈利,促使企业以尽可能少的劳动消耗和物资消耗创造出尽可能多、尽可能好的、符合社会需要的产品。专业核算与群众核算相结合的原则是要求以专业会计人员所进行的会计工作为主体,辅以职工群众在各自工作岗位上对其职责范围内的经济活动所进行的核算,两者相辅相成,互相补充,有利于企业挖掘内部潜力,促进增产节约。

其次,会计制度还应体现有关经济业务反映方式方面的一些会计原则,例如:一贯性原则、重要性原则、按实际成本计价的原则、充分反映原则、费用与收入相配合的原则和权责发生制原则等。一贯性原则是要求对经济业务的会计处理,一经采用某种方法,力求一贯地使用,不作轻易变更,以便于对会计数据在不同时期之间进行比较分析。重要性原则是要求对重要的经济业务和项目,重点地加以反映和考核,而对影响不大的某些经济业务和项目,则可在会计处理上加以合并或删略。按实际成本计价原则是要求对各项资产要按其实际成本计算入账,不应以估计成本、定额成本或计划成本计价,防止随意低估或高估。充分反映原则是要求对企业中的经济活动情况,在会计报表和有关记录中作充分的反映。除数字资料外,对于某些非数量的资料、所采用的会计方法(如折旧方法、成本计算方法、存货计价方法等)、账面价值与现行价值的差异等等,都要在有关的报告(如财务情况说明书、经济活动分析报告等文件)中加以说明。费用与收入相配合的原则是要求把企业一定时期的各项费用与该期有关的收入相抵减,用以确定一定时期的净利润。权责发生制原则是在企业会计中要求以应收应付作为计算标准,来确定一定时期的收益和费用,凡应属本期的收入和费用,不论其款项是否已收到或付出,均作本期的收益和费用;反之,凡不应属于本期的,即使其款项已经收到或付出,也不作为本期的收益和费用。

三、既要保证国家对企业的领导、管理和监督,又要适应企业生产经营的特点,便于加强企业管理

　　我国会计制度的制订,既要统一领导,又要分级管理。对于全国性的会计制度的设计,要由财政部统一领导。各系统、各部门可根据财政部统一规定的要求,结合本系统、本部门的具体情况及其在会计工作方面的特殊要求,制订自己的会计制度。例如,在会计科目方面,有关单位在不违反计划、财务、统计制度的规定,不影响会计核算要求和会计报表指标汇总的前提下,可以根据实际情况,报经主管部门同意后增设、合并某些会计科目。对于明细科目的设置,企业一般可以根据需要自行规定。至于有关企业内部管理方面的会计制度,企业可根据本单位的实际情况自行制订。

　　要使设计的会计制度符合单位的具体情况,就须在会计制度的设计之前,对所在系统、单位的情况进行全面的调查研究。就工业企业的会计制度设计来说,在调查研究中,要了解企业的组织形式、产品和业务性质、规模大小、机构的组织和人员情况,产品的产销方针和产销活动的方式,房屋设备的条件,采用工资制度、折旧方法、物资供应办法和其他有关的现有制度等情况。尤须注意企业生产经营的特点和现有制度中的薄弱环节。掌握了企业的具体情况,才能制订符合实际需要的会计制度。

四、既要简便易行,又要提供充分而正确的会计信息

　　会计制度从实践中来,又要在实践中贯彻执行。因此,必须简便易行。简

便易行是要求所拟订的会计制度,手续简化,便于执行,使工作人员可以花最少的人力与物力去完成其担负的工作。但是,手续简化并不是越简越好,而必须是在能提供充分而又正确的信息前提下的简化。一个好的会计制度,应该既简便易行,又行之有效,能为企业管理提供全面的、足够的、正确的信息。在前几年,我国某些会计科目曾一度作了过简的归并,从表面看似乎是简化了记账手续,实际上反而造成数据难查、职责不清。例如,那时不论企业规模的大小,曾把工业企业的生产费用类账户合并为一个"生产费用"一级账户,精简了"基本生产"、"辅助生产"、"车间经费"、"企业管理费"等六七个账户。结果是,在"生产费用"账户下要设置大量的明细账,形成内容庞杂,尾大不掉,看不清生产资金在运用过程中的来龙去脉,造成账目混乱。这种做法显然是不符合会计"简便易行"的原则的。在设计成本计算制度时,也同样要做到计算手续简便易行,反对过细过繁,但是,又要能提供正确而充分的成本数据,不能"吃大锅饭",把不同的成本计算对象不问条件地任意归并。有些企业在计算成本时,把使用不同原材料、不同工艺过程的产品合并为一个成本计算对象来计算其成本,或者用计划成本、定额成本代替实际成本的计算,这样的"简化",显然不能提供正确而又充分的数据。在设计会计制度时,一定要注意防止这类错误做法。

为了提供充分的信息,发挥会计工作在企业管理中的作用,设计会计制度时还应体现管理会计的要求。例如,把成本按其性态划分为固定成本、变动成本和半固定成本,在管理会计的保本分析、决策分析、预算控制和责任会计中,均有重要意义。在会计制度设计时,可在成本项目和费用明细项目中,按成本性态进行反映。例如,在生产工人工资、燃料、动力等成本项目之下,可再分别按成本性态设置细目;在车间经费、企业管理费、销售费等成本项目之下,也可按成本性态设子目,在子目下再分设明细项目。在会计制度做作了这样的规定,就便于从日常核算资料中取得有关计算直接成本、全额成本和贡献毛利等的数据,而无须对成本资料再按管理会计的要求进行再分类,这有利于进行经营决策和确定投资方案等工作。又如,在提供责任会计的信息方面,在设计会计制度时要规定各个责任部门应负责的经济指标,制订考核经济责任的办法。

试论我国企业会计制度设计的原则

五、要适应电子计算机
进行核算的要求

电子计算机在会计中的应用,近几年来,在我国已经有了一个良好的开端。目前,有些企业已运用电子计算机来算工资、记材料账、结算成本、处理应收账款、编制会计报表,并取得了良好的效果。随着电子计算机在会计中的进一步运用,会计工作将会发生较大的改革,同时在会计工作中也一定会出现许多新问题。为此,会计制度设计工作,要适应电算化下会计工作的特点。

六、会计制度要相对稳定,改革要
积极慎重,一切经过试验

会计制度既是进行会计工作的规范,一经建立,就应相对稳定,不要轻易变动,否则就会使工作人员难以掌握,不利于会计作用的充分发挥,同时也不便于把会计指标在不同时期之间进行对比。

应该指出,保持相对稳定并不意味着一成不变。会计制度总是要随着经济的发展而发展的。一般地说,经济体制、经济结构发生了变化,财政财务制度就要作相应的改革,会计制度也就要在总结经验的基础上,根据实际需要进行必要的修改;在企业内部,如果组织机构、企业规模或经营业务等发生了变化,就要对有关的会计制度重行修订。但是,改革既要积极,又要慎重,一般因原有制度存在严重缺陷和漏洞,阻碍了生产力的发展,才可在深入调查研究的基础上进行改革。

还应指出,无论是建立新的会计制度还是改革原有的会计制度,都要经过反复试验,证明确实行之有效,才可肯定下来,全面实行,否则,就会出现反复,造成不必要的损失。

(本文原载《财经研究》1982 年第 3 期)

短期决策分析^①

一、决策的意义和一般程序

决策是管理会计的一项重要内容。所谓决策,是指为完成一定的目标而在若干个可供选择的方案中,选择并决定采用一个最优的方案。在企业里,应该生产什么产品,产量多少,使用什么样的设备,如何组织原材料的供应,生产出来的产品如何销售,利润如何分配等等,都必须考虑多种方案,从中选择最优的方案,作出决策。一般地说,选择方案的标准主要是看哪个方案能以最少的消耗取得最大的经济效益。为此,在决策过程中,决策者要对各种可能的方案进行比较,对各种有关的因素进行研究,然后作出决定,选择采用一个预期经济效益最大的方案。

决策可以分为短期决策和长期决策两类。

短期决策也称"营业决策"。这类决策主要是在一年之内如何就现有条件作最优的利用,争取最佳的经济效益。短期决策一般不需要购置较多的设备或提供较多的生产能力,如成本决策以及与其相关的收入与定价决策、生产决策等。长期决策又称"投资决策",主要是指为改变或扩大企业的生产或服务能力而进行的决策。这种决策执行后产生的经济效益,其期间超过一年,通常投入的资金数额较大,如更换或扩大设备、改进现有产品设计、增加新种类产品等的长期投资决策。决策一经确定,要编制相应的预算,并通过预算控制,促使企业有效地达到预期的目的。

会计所提供的有关经营活动的信息,是进行决策的主要依据。把会计信息与预算进行对比,揭示实施决策的结果与预算的差异,可以评价实施决策的效

---

① 本文为"管理会计基础知识讲座"的第 4 讲。

果,这就为修改和校正决策方案提供资料。这一过程,称为"反馈"。反馈是作出未来决策的重要步骤,因而可以说是决策的继续。在进行决策时,除了会计信息外,还要收集其他数字资料以及无法用数量计算的资料,如生产的技术水平、顾客意见、市场状况等。

为了做好决策工作,不论是短期决策还是长期决策,一般都要按如下程序进行。

1. 提出决策的目标

决策的目标是进行决策的前提。企业的经济活动是多方面的,对于各种不同业务活动的决策有不同的目标。决策的目标应该具体。以增加利润来说,不能笼统地提"增加利润",而应该提出是什么样的利润(例如销售毛利还是净利)? 什么产品在什么时间增加利润? 数额多少? 等等。目标具体,就便于主管人员考虑采取哪些方案来完成其目标。

2. 提出备选方案

在进行决策时,要列出各种可供选择的方案,以便进行比较,从中抉择最优的方案。备选的方案应该是相互排斥的。决策或许只能在"接受"或"拒绝"二者之间进行抉择,也可能在许多方案中进行抉择。为了作出最优的决策,要尽可能罗列多种备选方案。

3. 收集与备选方案有关的资料

对于备选方案,要收集有关的成本、营业收入和其他资料。这里要注意"有关"两字,不要把与备选方案无关的资料,一股脑儿提交管理当局,这样不但无助于决策的确立,而且不相关的资料充斥,反而会引起误解。

4. 对资料进行整理、分析、计算和评价

对于所收集的资料,要区分哪些是与决策直接有关的,哪些是与决策无关的;哪些是主要的,哪些是次要的。对于各项有关的资料,要进行分析对比,用数学模型来进行计算,评定各个方案的得失。

5. 作出决策

对各种资料进行了分析、评价和计算,选定最优方案。所谓最优方案是指在各个备选方案中优点最多、缺点最少的那个方案。任何最优方案的"最优",都是相对的。尽管缺点少,但仍应充分估计可能发生的不良后果的影响,并采取相应的措施,注意防止。

应该指出,在不同的社会制度下,抉择最优方案的原则是有所不同的。资本主义企业是以能否取得最大限度的利润,作为选择最优决策方案的唯一的原则。在社会主义制度下,企业在进行决策时,当然也要考虑利润问题,但是首先要从社会主义生产目的出发,既要为企业本身谋求较大的经济效益,又要考虑全社会的经济效益。当本企业的利益与国家的利益和消费者的利益发生矛盾时,应该顾全大局,服从整体利益,保证满足人民的需要。

在这一讲中,我们择要介绍资本主义管理会计中有关短期决策的一些常用方法。我们要批判地吸收其中的有用部分,洋为中用,使之为我国社会主义现代化建设服务。

二、用于决策的一些成本概念

进行决策,需要应用成本数据。但是不少决策用的成本数据,一般不在账簿中反映,而要根据决策的要求对成本进行重新分类。以下对用于决策的一些主要成本概念进行说明。

就成本与产销量的关系,可以划分为变动成本、半变动成本与固定成本。半变动成本中的一部分是变动的,一部分是固定的,因而是混合成本。对于混合成本要采用一定的方法分解为变动成本与固定成本。从销售收入中减去销售产品的变动成本,其余额即为贡献毛利(或称边际贡献)。贡献毛利是决策中需用的一个重要概念。对于上述概念,在管理会计——利量分析中已经阐明,这里不再赘述。

就成本与决策的关系,有相关成本与不相关成本。相关成本是指在对不同备选方案作出决策时,要受决策影响的成本。不相关成本是指在对不同备选方案作出决策时,不受决策影响的成本。例如:一个企业需用运输汽车,有自行购置和租用二种备选方案。在自行购置的情况下,会发生汽车购置成本及折旧费,而在租用的情况下,则发生租金支出而不发生折旧费(折旧费一般由出租单位计提)。因而这些费用,与一定的决策相联系,是属于相关成本,在作决策时应予考虑。但是不论是自行购置还是租用,均会发生同样数额的汽车驾驶员工资及耗用汽油费,这些费用与作出什么样的决策无关,因而是不相关成本,在作决策时无需加以考虑。因此,区别相关成本与不相关成本,是便于有目的地收集有关备选方案的资料,有利于作出决策。这里应该指出,不能把相关成本视作变动成本,而把不相关成本视作固定成本。它们是从不同的角度对成本所作的分类,不可相互混淆。例如上述的折旧费用是固定成本,但是在这里的决策分析中,却是相关成本;耗用汽油是与汽车行驶里程有关的变动成本,但在本例中却是不相关成本。

在进行决策时,要使用差别成本和增支成本的概念。一般地说,要在几个备选方案中作出决策,总是要把各个方案的成本进行比较,才能作出决策。差别成本就是指对不同备选方案的成本总额进行比较所得的成本差别(增加或减少)。确定了不同方案的成本总额的差别,就便于选择最优方案作出决策。因此计算差别成本,是进行决策的一个基本要求,在决策中广泛应用。例如:零部件外购或自制的决策,联产品是否进一步加工的决策等等,都需计算差别成本。作为不同方案之间进行对比而发生的成本差别,总是有增有减的。增支成本则是指一种方案改变为另一种方案时所增加的成本。举例来说,假如甲方案计划生产产品 500 件,其成本为 30 000 元,乙方案计划生产 800 件,其成本为 45 000 元,则增产 300 件的增支成本为 15 000 元。由此可见,增支成本是差别成本的一种形式,习惯上往往把增支成本作为差别成本的同义语。

机会成本是决策时常需考虑的一个成本概念。它是指为执行一种方案而不按另一种可行方案处理所丧失的利益或收入,也就是为选择目前接受的方案而付出的代价,所以也称为"择机代价"。例如:一笔款项可用于增购设备,也可投资于证券,如果要在这两个方案间进行决策,则投资于证券后预期可获得的利息或股利,就是选择购买设备这一决策的机会成本。计算机会成本是为了在若干可行方案中选择最优方案提供决策的信息。由于机会成本并没有实际发生,在会计记录中不作任何反映。

重置成本是对已有的资产按其现行价格所计算的成本。例如:对商品定价的决策,往往要考虑重置成本。设有库存某种商品的单位历史成本为 200 元,重置成本为 260 元,如要制订售价,按历史成本考虑,每件商品的售价 240 元,即可获得利润 40 元,但如售出后再要按重置成本购进这种商品,就不仅不能获利,反而每单位商品要发生亏损20元。这个例子说明在制订售价时,必须考虑重置成本的因素,才能作出合适的决策。

三、特种问题的短期决策分析

企业里的短期决策,一般有收入与定价的决策、生产的决策和存贷的决策等。在管理会计基础知识讲座第二讲"利量分析"中所讲到的关于定价、多种产品的合理安排生产等问题,都是属于短期决策问题。这里再择要介绍几个特种问题的短期决策分析方法。

1. 产品生产选择问题的决策分析

企业在生产过程中,由于人力、物力或财力在某一方面的不足和短缺,会限制产品生产的品种和数量。如何在有限制的条件下,最合理地选择生产产品的品种,取得最大的经济效果,是生产决策中的一个重要课题。

设某工厂原拟生产甲、乙、丙三种产品,但能用于生产的技术工人工时总数为96 000工时,只能生产其中的一种产品,究以生产哪种产品为有利?

上述96 000工时,是限制性因素。要了解生产哪种产品为有利,应先计算这些工时能生产的产量有多少。设各产品的单位工时数为:甲产品6小时、乙产品4小时、丙产品5小时,如选择生产甲、乙、丙三种产品中的一种,则甲产品可生产16 000件,或乙产品可生产24 000件,或丙产品可生产19 200件。

这三种产品的单位售价和单位成本资料如下:

	甲产品	乙产品	丙产品
销售单价	32元	20元	24元
变动总成本	20元	14元	16元
贡献毛利	12元	6元	8元

由于无论生产哪种产品,均不影响固定费用,所以只要计算各种产品的贡献毛利总额,即可作出决策。把上述各种产品的产量,分别乘以单位产品的贡献毛利,则甲产品的贡献毛利为192 000元,乙产品为144 000元,丙产品为153 600

元。从利润的角度来说,以生产甲产品最为有利。

2. 特殊订货应否接受问题的决策分析

一般地说,企业产品的售价,应高于其正常的单位成本,才能获得利润。但如某些客户在订货时所出价格,只等于或低于产品的正常单位成本,这种"特殊订货"应否接受就需进行分析。

设某企业生产的某种产品的正常单位售价为32元,其单位成本为25元,其中变动成本为20元,固定成本为5元。有某客户拟购该种产品10 000件,每件只出价24元,低于正常单位成本1元。假定该企业生产能力有剩余,问应否接受这项订货?

我们知道,在生产能力容许的幅度内,产品产量的增加,一般不会增加固定费用。为此,只要企业的生产能力有剩余,特殊订货的出价高于单位产品的变动成本,则这项订货就是可以接受的。现计算接受这项订货的差别收入和差别成本如下:

差别收入:	10 000件	每件24元	240 000元
差别成本:变动成本10 000件		每件20元	200 000元
		差额	40 000元

根据上述计算,接受订货后的差别收入超过差别成本40 000元,说明接受这项订货是合算的。

3. 亏损产品应否停产的决策分析

工业企业里,往往某些产品会由于市场上出现了新产品而被淘汰,某些产品可能因不合消费者的需要而减少了销售量,从而造成亏损。这就产生是否要停产的问题。对于这方面的决策,可采用贡献毛利法进行分析。

下面举例说明:

设某工厂生产甲、乙、丙三种产品,上年度整个企业的损益情况如下:

甲产品净利	6 058千元
乙产品净利	3 680千元
丙产品亏损	−1 638千元
净利合计	8 100千元

针对上述情况,就需对亏损的丙产品是否停产进行决策。为了进行这项决策,须对该企业上年度损益数字加以整理,计算各种产品的贡献毛利或毛损。由于固定成本不因丙产品生产或停产而发生变动,所以要看丙产品是否有贡献毛利,才可决定是否继续生产。因为如果丙产品有贡献毛利而加以停产,则不但要失去贡献毛利,而且要把固定成本由甲、乙两种产品分担,这样就必然要减少企业总的利润额。

现根据某工厂上年度各产品的损益明细资料进行整理,并列表如下(假定固定成本为 10 900 元,按各种产品的销售额比例进行分摊):

单位:千元

	甲 产 品	乙 产 品	丙 产 品	合 计
销 售 额	17 000	10 000	20 000	47 000
变 动 成 本	7 000	4 000	17 000	28 000
贡 献 毛 利	10 000	6 000	3 000	19 000
固 定 成 本	3 942	2 320	4 638	10 900
净 利	6 058	3 680	—1 638	8 100

上表中固定成本 10 900 元,不论丙产品继续生产还是停产,总是要发生的。如果停止生产丙产品,该项固定成本就要分配给甲、乙两种产品负担,同时由于减少了丙产品的贡献毛利数,企业的利润数将会减少 3 000 元。下面列表证明:

单位:千元

	甲 产 品	乙 产 品	合 计
销 售 额	17 000	10 000	27 000
变 动 成 本	7 000	4 000	11 000
贡 献 毛 利	10 000	6 000	16 000
固 定 成 本	6 863	4 037	10 900
净 利	3 137	1 963	5 100

短期决策分析

上表中生产甲、乙两种产品的净利为 5 100 千元,比生产甲、乙、丙三种产品时的净利减少 3 000 千元(8 100 千元－5 100 千元)。

由此可见在其他条件不变的情况下,以维持丙产品的生产较为有利。

4. 产品转产的决策分析

如果上例某工厂通过市场调查,结合本厂生产能力,拟停产丙种产品,而转产丁种产品。假定丁产品每年可销售量为 20 000 件,每件销售价为 1 200 元。预计单位产品变动成本为 1 000 元,问这样的转产是否合算?

对于这种转产决策,只要计算丁种产品的贡献毛利是否大于丙种产品的贡献毛利额,如果超过的,就可进行转产。现计算丁种产品的贡献毛利额如下:

销售	(20 000 件×1 200 元)	24 000 千元
变动成本	(20 000 件×1 000 元)	20 000 千元
贡献毛利		4 000 千元

从上述计算可以看出,生产丁种产品的贡献毛利额,超过原来生产丙种产品的贡献毛利额 1 000 千元(即 4 000 千元－3 000 千元),如果丁种产品的生产不占用甲、乙两种产品的生产能力,则这项转产是可行的、有利的。

以上分析,是资本主义企业从是否有利润的角度出发进行的分析。

在我国,固然也应考虑企业的盈利性,但主要要从充分满足人们需要的要求出发,来评价产品的生产还是停产。对于亏损产品,只要是为人们所需要的,仍要继续生产,但是应该力求减少亏损,转亏为盈,这是我们在决策分析中所应注意的问题。

5. 自制或购买零部件的决策分析

企业对于产品的零部件,总是一部分由企业自制,一部分向外购买。自制合算还是外购合算,是经常遇到的问题。这就需要进行自制或购买的决策。

进行这项决策,所需考虑的数量因素,是自制或外购零部件的增支成本和有关的机会成本。在一般情况下,把自制零部件所需的相关成本(包括直接用原料、直接人工、变动制造费用等)与外购成本(包括进货价格、运输费、保险费、采购杂费等)进行对比,舍弃成本增支的那种方案,即可作出决策。进行这项决策时,由于固定成本无论在自制或外购的情况下,总是继续发生的,是不相关成本,所以一般不计入增支成本。

现举例说明如下:

【例一】 假定公司制造某种产品每年需要 A 部件 15 000 件,如果外购,其购买价格每件为 30 元。按该公司加工车间的目前条件,尚有多余的生产能力可以制造该种部件,而且假定企业现在生产该部件的厂房设备没有其他用途。自制单位产品制造成本为:直接材料 15 元,直接工资 8 元,变动制造费用 4 元,固定制造费用 5 元,共计 32 元。由于固定制造费用是不相关成本,所以在作决策时可不予考虑。只要自制零部件的变动成本小于外购成本,就以自制为合算,否则就应外购。现将 A 部件 15 000 件的自制和外购成本比较如下:

单位:元

	自 制 成 本		外购成本
	单位成本	总　　额	
外购价格			450 000
材　　料	15	225 000	
直接工资	8	120 000	
变动制造费用	4	60 000	
总 成 本	27	405 000	450 000

根据上表,可知企业自制 A 部件,将少支出 45 000 元,因此以自制为宜。

【例二】 上例是假定制造 A 部件的房屋和设备没有别的用途。现假定该企业可以每年 60 000 元的租金出租给其他企业使用。在这种情况下,该作怎样的决策呢?

前已述及,如执行一种方案而不按另一种可行方案处理所丧失的利益或收入,是机会成本。该项租金收入 60 000 元,即为对 A 部件采用自制方案的机会成本。机会成本可以加于自制成本,也可从外购成本中减去。现把租金收入加于自制成本再与外购成本进行比较:

短期决策分析

	自　　制	外　　购
外购价格		450 000
自制成本(见上表)	405 000	
机会成本(租金收入)	60 000	
合　　计	465 000	450 000

由此可见，考虑了机会成本，外购 A 部件就可比自制节省 15 000 元。在这种情况下，就可采用外购的方案。

【例三】　设某企业所需 A 部件每单位变动成本为 27 元，外购成本为每单位 32 元，按增支成本进行决策，自以自制为宜。但是如果该企业进行自制，还需每年追加固定费用（例如扩大厂房、增添设备所发生的折旧或支付租金等）60 000 元，那么是自制合算还是外购合算？

对此，可用如下方法计算抵偿追加固定费用所需的产量：

$$\frac{追加固定费用}{外购单价-自制单位产品的变动成本}=\frac{60\,000}{32-27}=12\,000\,件$$

这说明，如果自制产量超过 12 000 件，自制总成本就低于外购总成本。设该厂每年需用 15 000 件，则采用自制方案每年可节约 15 000 元（即超过的 3 000 件×单位产品增支成本 5 元），显然应该采用自制的方案。

6. 半成品进一步加工或出售的决策分析

在制造企业里，不少产品在完成了一定的加工程序后，就可以半成品出售，但也可以继续加工再行出售。如纺织厂的半成品棉纱、坯布等，都可在市场上出售。一般地说，后道工序半成品的售价，要比前道工序半成品的售价为高，但也要追加一定的成本。这就产生了下列问题：在一个工序结束、生产出半成品以后，是继续加工还是中途出售？在哪一道工序以后出售最为合算？对于这些问题，企业要作出进一步加工或出售的决策。

对于进一步加工或出售的选择，在资本主义企业里，主要的标准是进一步加工后能否提供"增长贡献毛利"。所谓增长贡献毛利，是后道工序半成品所增加的贡献毛利额超过前道工序半成品贡献毛利额的差额,亦即差别收入减去差别成本后的余额。在进一步加工半成品具有足够生产能力的情况下,一般不会引起固定成本的增加,所以只需计算增长的贡献毛利,就可确定应选择的方案。如能提供增长贡献毛利,则进一步加工是有利的、合算的;否则就是不合算的。增长贡献毛利可用公式表示如下:

$$增长贡献毛利 = \left(\begin{array}{c}后道工序半成\\品的销售收入\end{array} - \begin{array}{c}前道工序半成\\品的销售收入\end{array}\right) - \left(\begin{array}{c}后道工序半成\\品总变动成本\end{array} - \begin{array}{c}前道工序半成\\品总变动成本\end{array}\right)$$

设某企业生产某种产品 10 000 件,在完成第一道工序后即可对外销售,销售单价为 50 元,单位产品的变动成本为 35 元。如对该产品进行继续加工,其销售单价可增至 65 元,但每单位产品需追加变动成本 14 元。试分析继续加工后能否提供增长贡献毛利? 数额有多少? 现列表计算如下:

单位:元

	未进一步加工		进一步加工		差异收入和差异成本	
	每单位	合　计	每单位	合　计	每单位	合　计
销售收入	50	500 000	65	650 000	+15	+150 000
变动成本						
直接材料	20	200 000	25	250 000	+5	+50 000
直接工资	8	80 000	14	140 000	+6	+60 000
变动制造费用	7	70 000	10	100 000	+3	+30 000
总变动成本	35	350 000	49	490 000	+14	+140 000
贡献毛利	15	150 000	16	160 000	+1	+10 000

根据上表分析,进一步加工可提供增长贡献毛利 10 000 元(650 000 − 500 000)−(490 000 − 350 000),说明继续加工从经济上来说是有利的。

7. 联产品应否继续加工的决策分析

在同一生产过程中可同时生产出若干种具有较大经济价值的产品,称为联产品。联产品在分离后即行销售还是继续加工,是生产联产品的企业中经常需作选择的问题。这种决策是上述"进一步加工或出售决策分析"的继续。

联产品的成本,在分离之前是联合成本,联合成本要在各种联产品之间按售价的比例或其他标准进行分摊。如分离后继续加工,追加支付的成本称为可分成本。

现举例说明联产品分离后继续加工或销售的决策方法。

设某工厂生产联产品 A、B、C 三种,其中 A、B 两种拟于分离后继续加工。根据历史资料,对该三种产品估计的销售收入、联合成本、可分成本和贡献毛利数额如下:

单位:元

	产品 A(75 000 件)		产品 B(30 000 件)		产品 C(15 000 件)
	分离点销售 每件 5 元	加工后销售 每件 7 元	分离点销售 每件 12 元	加工后销售 每件 18 元	分离点销售 每件 3 元
销售收入	375 000	525 000	360 000	540 000	45 000
联合成本 可分成本	262 500	262 500 180 000	252 000	252 000 130 000	31 500
成本合计		442 500		382 000	31 500
贡献毛利额	112 500	82 500	108 000	158 000	13 500
增长贡献毛利		－30 000		50 000	

从上表计算可知,产品 A 加工后,销售收入虽有增长,但由于可分成本增长更多,所以贡献毛利反比加工前减少 30 000 元;产品 B 加工后使贡献毛利增长 50 000 元。从利润的角度来说,以产品 B 加工为有利,产品 A 则不宜继续加工,可在分离点即予销售。产品 C 没有继续加工,因此也没有比较。

(本文原载《上海会计》1982 年第 4 期)

长期投资决策[①]

在管理会计中,长期投资决策指的是有关厂房、机器、设备的扩建、改建、更新,新产品的试制等投资方案的选择。由于这些投资项目的金额较大,因此选择的方案是否合理,对于建设期间的收支和建成投产后的开支、利润(或亏损),都会发生较大的影响。一般把需要投入大量现金、报酬期间超过一年的投资决策,均列为长期投资决策。

在长期投资决策过程中,要考虑多种备选方案,并要着重从经济方面对影响投资效益的各项因素进行全面的、细致的预测,确定各个备选方案的收支的预计数,以便据以对比分析,衡量各个备选方案的经济效益,从中筛选经济效益最好的方案。在资本主义企业里,经营业务的最终目的是取得最大限度的利润。因此,在资本主义管理会计中,把取得利润的高低作为衡量一个长期投资方案的经济效益的主要原则。

以下对资本主义管理会计中长期投资决策所需考虑的主要经济性因素、长期投资决策的技术方法和有关问题进行说明。我们可批判地吸收其中的有用部分,作为进行长期投资决策的参考。

一、长期投资决策所需考虑的
主要经济性因素

进行长期投资决策,从经济性因素方面来说,要着重考虑现金的收支流量和货币的时间价值等问题。

[①] 本文为"管理会计基础知识讲座"的第 5 讲。

(一) 现金的收支流量

进行长期投资决策,要估计各个备选方案的现金流入量和现金流出量,并计算二者间的差额,用以分析投资的经济效益。因此,估计现金的流量,是长期决策所需考虑的重要因素。

现金的流出量,主要包括以下项目:

(1) 固定资产的投资(包括购置费、运输费、安装费等);

(2) 为保持有关投资项目的经营而投入的各项流动资金。

现金的流入量,主要包括以下项目:

(1) 营业的净收益(即净利润);

(2) 固定资产投产后,每年所计提的折旧(该项折旧计入产品成本,随着产品的出售而转化为现金流入);

(3) 固定资产报废残值的收入;

(4) 投放在各项流动资金上的投资,在有关固定资产使用期限终了时,收回或转化为现金流入。

现金流出量与现金流入量的差额,为现金净流量,它是衡量投资效果时所需使用的重要指标。

(二) 货币的时间价值

"货币的时间价值"就是指货币随着时间的推移而发生的增值,其增值的数额即为利息。由于存在利息,所以今天的 1 元钱与 1 年后 1 元钱的价值是不相同的。如按国外高达 20% 的年利率复利计算,今天的 1 000 元,相当于 1 年后的 1 200 元,相当于两年后的 1 440 元,相当于 4 年后的 2 074 元。由于长期投资在较长的时间内有持续影响,所以货币的时间价值是评价长期投资决策经济效益的重要因素。这里择要说明应用于长期投资决策的"资本成本"、"现值"、"年金"和"年金的现值"等有关货币时间价值的一些主要概念。

"资本成本"(Cost of Capital)是企业取得资本来源的成本,一般以百分比表示。它是一个新投资项目可以接受的最低的报酬率,因此也称为"极限利率"。例如银行的贴现率、证券的有效利率和股东权益的获利水平等,均为估算资本成本的依据。在长期投资决策过程中,企业往往以这个报酬率来决定投资项目的取舍。对于一个投资方案预期的获利水平超过这个报酬率的,就可以考虑接受;预期获利水平低于这个报酬率的,则予舍弃。

"现值"是指在今后某一规定时间收到或支付的一笔款项按规定贴现率所计算的现在的价值。其计算公式如下:

$$P = \frac{v}{(1+r)^n} = v \left[\frac{1}{(1+r)^n} \right]$$

上列公式中　　P——现值

　　　　　　　r——贴现率

　　　　　　　n——期数

　　　　　　　v——到期金额

一元的现值可从现成的现值表上查得,不必另行计算。现列示现值表如图表 1 所示:

图表 1　　　　　　　　　**一 元 的 现 值**

期数＼利率	5%	8%	10%	12%	14%	16%	18%	20%	24%	30%	35%	40%	45%	50%
1	0.952	0.926	0.909	0.893	0.877	0.862	0.847	0.833	0.806	0.769	0.741	0.714	0.690	0.669
2	0.907	0.857	0.826	0.797	0.769	0.743	0.718	0.694	0.650	0.592	0.549	0.510	0.476	0.444
3	0.864	0.794	0.751	0.712	0.675	0.641	0.609	0.579	0.524	0.455	0.406	0.364	0.328	0.296
4	0.823	0.735	0.683	0.636	0.592	0.552	0.516	0.482	0.423	0.350	0.301	0.260	0.226	0.198
5	0.784	0.681	0.621	0.567	0.519	0.476	0.437	0.402	0.341	0.269	0.223	0.186	0.158	0.132
10	0.614	0.463	0.386	0.322	0.270	0.227	0.191	0.162	0.116	0.073	0.050	0.035	0.024	0.017
15	0.481	0.315	0.239	0.183	0.140	0.108	0.084	0.065	0.040	0.020	0.011	0.006	0.004	0.002
20	0.377	0.215	0.149	0.104	0.073	0.051	0.037	0.026	0.014	0.005	0.002	0.001	0.001	

如果要求一年后 10 000 元按 16% 的贴现率所计算的现值,可查看现值表期数栏 1 及利率 16% 栏,找出现值系数 0.862,以 10 000 元乘 0.862,即可求得 1 年后收到 10 000 元按 16% 贴现率所计算的现值为 8 620 元。如果要求 5 年后 10 000 元按 16% 贴现率所计算的现值,则为 4 760 元(10 000×0.476)。

由于长期投资决策要预计投资方案实施后逐年所发生的现金收支的数额，这就需计算这些数额的现值，以便相互比较分析，从而决定方案的取舍。所以现值是长期投资决策过程中所需考虑的一个重要问题。

"年金"是指在特定的时期内每间隔相同时间收到（或支付）等额的款项。折旧、租金、保险费等都表现为年金的形式。对特定时期内所收（付）的年金按一定利率计算的现值，称为"年金的现值"。其计算公式如下：

$$PVA = A\left[\frac{1-(1+r)^{-n}}{r}\right]$$

上列公式中　　PVA——年金的现值

A——年金

r——贴现率

n——时期

每期一元年金的现值可从现成的年金现值表中查得，不必另行计算。现列示年金现值表如图表 2 所示：

图表 2　　　　　　　　　　　　**每期一元的年金现值**

期数＼利率	5%	8%	10%	12%	14%	16%	18%	20%	24%	26%	28%	30%	35%
1	0.952	0.926	0.909	0.893	0.877	0.862	0.847	0.833	0.806	0.794	0.781	0.769	0.741
2	1.859	1.783	1.736	1.690	1.647	1.605	1.566	1.528	1.457	1.424	1.392	1.361	1.289
3	2.723	2.577	2.487	2.402	2.322	2.246	2.174	2.106	1.931	1.923	1.868	1.816	1.696
4	3.546	3.312	3.170	3.037	2.914	2.798	2.690	2.589	2.404	2.320	2.241	2.166	1.997
5	4.329	3.993	3.791	3.605	3.433	3.274	3.127	2.991	2.745	2.635	2.532	2.436	2.220
10	7.722	6.710	6.145	5.650	5.216	4.833	4.494	4.192	3.682	3.465	3.269	3.092	2.715
15	10.380	8.559	7.606	6.811	6.142	5.575	5.092	4.675	4.001	3.726	3.483	3.268	2.825
20	12.462	9.818	8.514	7.469	6.623	5.929	5.353	4.870	4.110	3.808	3.546	3.316	2.850

假如购置某项固定资产有两种付款方式。第一种方式是一次支付 100 000 元，第二种方式是每年支付 40 000 元，分 3 年付清。如果资本的成本是 5%，问采用哪一种付款方式为有利？在本例中，由于第二种方式是每年支付等额的款项，表现为年金的形式，所以只要计算连续 3 年支付等额的 40 000 元按贴现率

5%计算的年金现值,与第一种方式进行对比,就可决定应采取的方案。

现计算如下:先查年金现值表期数栏3,再查利率栏5%,可找到年金现值系数为2.723。把它与40 000元相乘,即可求得年金现值为108 920元(即40 000×2.723)。因此,本例中分期支付要比一次付清多出8 920元(即108 920—100 000),显然以一次付清为有利。

除了上述诸因素外,还有所得税的影响,这里从略。

二、长期投资决策的技术方法

如前所述,在资本主义企业里,对于长期投资方案的选择,主要是以能否取得最大限度的利润为原则。一般地说,一个投资方案的能否采用,其先决条件是投资方案的报酬率要高于企业的资本成本;然后要计算投资的回收期,并从货币时间价值的角度来分析比较各个备选投资方案的现金流入量和流出量,研究各个方案的盈利性,进而作出决策。这种从盈利数量方面来进行的分析,通常称为"盈利分析"。此外,有些企业在进行决策时,也考虑有关质量方面的问题,例如有关环境保护、产品质量与企业商誉等问题,因而在某些情况下,企业也可能不采用盈利性最大的方案,而采用其他方案。但是即使以质量为理由而采用其他方案,盈利数量的分析仍是不可忽视的。

这里着重从盈利数量方面阐述决策的五种技术方法:回收期法、投资平均报酬率法、净现值法、现值指数法、内部报酬率法。前面两种方法不考虑货币时间价值,只按现金的流量计算;后面三种方法则同时考虑现金的流量和货币的时间价值。从理论上说,长期投资决策应着重考虑货币的时间价值,所以在决策时尤宜注意运用后面三种方法。

(一) 投资回收期法

回收期是指各个备选方案的原投资额全部回收所需的时间。

现举例说明。

某企业的投资方案有甲、乙两种,有关现金流量的资料如图表3所示。这里为简化举例,假定固定资产报废时无残值,并且不考虑流动资金的投资。图表 3 中现金流出量用括弧表示,无括弧者均为现金流入量。

图表 3   现 金 流 量 表   单位:元

年次	摘 要	甲 方 案			乙 方 案			丙 方 案		
		净利润	折旧	现金流量合计	净利润	折旧	现金流量合计	净利润	折旧及残值	现金流量合计
0	投资额	—	—	(200 000)	—	—	(200 000)	—	—	(150 000)
1	现金流入	40 000	40 000	80 000	60 000	40 000	100 000	50 000	50 000	100 000
2	现金流入	40 000	40 000	80 000	50 000	40 000	90 000	60 000	50 000	110 000
3	现金流入	40 000	40 000	80 000	35 000	40 000	75 000	70 000	50 000	120 000
4	现金流入	40 000	40 000	80 000	30 000	40 000	70 000			
5	现金流入	40 000	40 000	80 000	20 000	40 000	60 000			
	合 计	200 000	200 000	400 000	195 000	200 000	395 000	180 000	150 000	330 000

在每年现金流入量相等情况下,回收期的计算公式是:$\dfrac{投资额}{年现金流入量}$

图表 3 甲方案的年现金流入量相同,其回收期即为 $\dfrac{200\ 000}{80\ 000} = 2.5$(年)

在每年现金流入量不相等的情况下,回收期的计算要考虑累计的现金流入量。图表 3 的乙、丙方案的累计的现金流入量如下:

图表 4   累计现金流量表

年次	乙 方 案		丙 方 案	
	累计现金流入量	年末未回收的投资	累计现金流入量	年末未回收的投资
1	100 000	100 000	100 000	50 000
2	190 000	10 000	210 000	
3	265 000		330 000	
4	335 000			
5	395 000			

上述乙方案的回收期在 2 年以上,3 年以下;丙方案的回收期在 1 年以上,2 年以下。现作具体计算如下:

42

$$乙方案的回收期 = 2 + \frac{10\,000}{265\,000 - 190\,000} = 2.133(年)$$

$$丙方案的回收期 = 1 + \frac{50\,000}{210\,000 - 100\,000} = 1.455(年)$$

从上述计算可知,丙方案的回收期最短,乙方案次之,甲方案最长。一般地说,回收期短,表示投资的周转期较快,在投资过程中所承担风险的程度较小。

回收期法的优点是便于计算和易于理解,有利于促使企业为保持短的周转期而努力,尽早收回投资。但是这一方法有两个主要缺点:其一是忽视货币的时间价值,其二是没有考虑投资回收后的现金流入量和整个投资项目的盈利程度。因此这个方法只能应用于对几个备选方案的初步评价,尚不能据以作出决策。

(二) 投资报酬率法

投资的报酬率(Return on Investment)是年平均净收益与原投资额之比。其计算公式如下:

$$年平均投资报酬率 = \frac{年平均净收益}{投资额}$$

上列公式中的投资额,也有按 1/2 计算的。

根据图表 3 资料,现计算三个方案的投资报酬率如下:

$$甲方案年投资报酬率 = \frac{40\,000}{200\,000} = 20\%$$

$$乙方案年投资报酬率 = \frac{39\,000①}{200\,000} = 19.5\%$$

$$丙方案年投资报酬率 = \frac{60\,000①}{150\,000} = 40\%$$

---

① 乙、丙两个方案的年平均报酬额如下:

$$乙方案:\frac{195\,000}{5} = 39\,000(元)$$

$$丙方案:\frac{180\,000}{3} = 60\,000(元)$$

以上三个方案中,丙方案的报酬率最高。

这个方法也称为"未调整的报酬率"(Unadjusted Rate of Return),其优点是较为简明、易于计算和理解。但是它没有考虑货币的时间价值,把几年后可收到的钱与现在的钱视为等值,因而不能正确地反映投资的"真实"收益。这是它的主要缺点。

(三) 净现值法

净现值是指投资方案按一定的贴现率(即资本成本)所计算的现金流入量现值的总额与投资额或未来现金流出量的现值之差。这种方法考虑了货币的时间价值,因而较能反映投资方案的"真实"的报酬情况。其计算公式如下:

净现值＝现金流入现值的总额－投资额

如果净现值是正数,则表示按现值计算的投资报酬率高于贴现率。企业进行决策时,应选择能产生最大净现值的投资方案。如果净现值是负数,则表示按现值计算的投资报酬率低于贴现率,这种方案是不足取的。

现以图表 3 的资料来计算净现值。本例中,假设贴现率为 12％,则甲、乙、丙三个投资方案的净现值如下:

甲方案每年的现金流入量是等额的,都是 80 000 元,因此可按年金现值一次进行计算。在期数为 5 年,贴现率 12％的情况下,每期一元的年金现值为 3.605(查阅图表 2 年金现值表),可据以计算甲方案的净现值如下:

甲方案的净现值:

$$80\ 000 \times 3.605 - 200\ 000 = 288\ 400 - 200\ 000$$
$$= 88\ 400(元)$$

乙、丙两个投资方案的现金流入量,每年是不相等的,所以要分别每年的现金流入量乘以现值系数(查阅图表 1 现值表)计算其现值,并予以加总,然后与原投资额相比,以确定其净现值。

乙投资方案净现值的计算如下:

年　次	现金流入量×现值系数	=	现　　值
1	100 000 元 × 0.893	=	89 300 元
2	90 000 元 × 0.797	=	71 730 元
3	75 000 元 × 0.712	=	53 400 元
4	70 000 元 × 0.636	=	44 520 元
5	60 000 元 × 0.567	=	34 020 元
	现金流入量现值的总额		292 970 元
	减：投资额		200 000 元
	净现值		92 970 元

丙投资方案净现值的计算如下：

年　次	现金流入量×现值系数	=	现　　值
1	100 000 元 × 0.893	=	89 300 元
2	110 000 元 × 0.797	=	87 670 元
3	120 000 元 × 0.712	=	85 440 元
	现金流入量现值的总额		262 410 元
	减：投资额		150 000 元
	净现值		112 410 元

这三个投资方案的净现值都是正数，说明各个方案的补偿率都超过了资本成本亦即贴现率（12%）。

在不考虑货币时间价值的情况下，这三个方案的净利润以甲方案为最高（200 000 元），乙方案次之（195 000 元），丙方案最少（180 000 元）。但是考虑了时间价值以后，由于乙、丙两方案在头 3 年中的现金流入量大于甲方案，因而这两个方案的净现值比甲方案为大。例如，在未考虑货币时间价值时，上例甲方案的年平均投资报酬率为 20%，乙方案为 19.5%，但在净现值法下，乙方案的净现值却大于甲方案 4 570 元（即乙方案净现值 92 970—甲方案净现值 88 400元）。特别是丙方案的原投资额最少，但以回收期短，3 年中产生的净利润高于甲、乙两个方案前 3 年的净利润，因而虽然净利润的总数小于甲、乙两个方案，但净现值却最高。这里要指出的是，在投资额不同的几个方案中，单凭净现值的绝对数尚难以作出投资获利水平高低的正确评价，还需要按现值计算的报酬率（如现值指数法、内部报酬率法等）来进行分析。

（四）现值指数法

"现值指数"也称已贴现效益/成本比率（Discounted Benefit/Cost Ratio），是投资项目的未来现金流入量的现值对投资额之比。这种方法与净现值法一样，都考虑了货币的时间价值，但净现值法是以绝对数来表示的，而现值指数法则是以相对数来表示的，因而后者可以在投资额不同的方案之间进行对比。现列示其计算公式如下：

$$现值指数 = \frac{现金流入量总额的现值}{投资额}$$

现仍以图表 3 资料和上述净现值法下所计算的各个方案的现金流入量现值的总数，计算甲、乙、丙三个投资方案的现值指数如下：

$$甲方案的现值指数 = \frac{288\ 400\ 元}{200\ 000\ 元} = 1.44$$

$$乙方案的现值指数 = \frac{292\ 970\ 元}{200\ 000\ 元} = 1.46$$

$$丙方案的现值指数 = \frac{262\ 410\ 元}{150\ 000\ 元} = 1.75$$

在这一方法下，如投资项目的现值指数大于"1"，则表示按现值计算的现金流入量大于投资额，则这项投资方案可以考虑接受；如果现值指数小于"1"，则表示按现值计算的现金流入量小于投资额，这个方案应予舍弃。在本例中，丙方案的现值指数最高，因而丙方案是最好的选择。在决策时，这个方法应与净现值法结合使用。

（五）内部报酬率法

内部报酬率也称"内含报酬率"（Internal Rate of Return），是一个投资项目未来现金流入量的现值与该项目投资额相等的贴现率。这个贴现率与计算净现值和现值指数所用的贴现率不同。后面二者的贴现率是作为资本成本的贴现率,而内部报酬率则是对有关投资方案经测算而确定的真实的投资报酬率。如上例甲方案投资额 200 000 元,未来 5 年中每年收入现金 80 000 元,作为资本成本的贴现率为 12%,那么其内部报酬率是多少呢? 这就要求计算出使未来现金流入量的现值减去投资额后等于"0"的贴现率,亦即内部报酬率。即:

$$投资额 = \sum(各期现金流入量 \times 按内部报酬率所计算的现值系数)$$

如果一个投资方案的投资额系分期支付,则也要按内部报酬率计算其现金流出量(即投资额)的现值。

内部报酬率的计算方法,因每期现金流入量的是否相等而有所区别。在每期现金流入量相等(即年金形式)的情况下,其计算方法是:

(1) 以原投资额除以年金额,计算其现值系数;

(2) 从现值表中找出与有关期数和上述现值系数正负相邻的贴现率;

(3) 依据正负相邻的贴现率,采用插补法计算出内部报酬率。

下面以图表 3 资料,计算甲投资方案中现金流入量(表现为年金形式)的内部报酬率。

先以原投资额 200 000 元除以每年流入现金 80 000 元,得出其现值系数为 2.5。接着就查年金现值表(图表 2)中期数 5 行内最接近 2.5 的系数,该行内相邻的系数 2.532 是在 28%栏内,次一因素 2.436 是在 30%栏内。这表示甲投资方案的内部报酬率在 28%至 30%之间(相差 2%)。再进一步用插补法计算出内部报酬率如下:

$$甲方案内部报酬率 = 28\% + 2\% \times \frac{2.532 - 2.5}{2.532 - 2.436}$$

$$= 28\% + 0.67\% = 28.67\%$$

在每期现金流入量不相等的情况下,内部报酬率要"逐次测试"来确定,其计算方法是:

(1) 先估计一个贴现率,计算各年现金流入量的现值,把加计的总数减去投资额,如果差额为正数,则表示估计的贴现率小于该方案可能达到的内部报酬率;如果差额为负数,则表示估计的贴现率大于该方案可能达到的内部报酬率。如此逐项测算，求出由正到负的两个相邻的贴现率。

（2）依据正负相邻的贴现率，采用插补法计算出内部报酬率。

现用图表3资料中的乙、丙两个方案，计算其内部报酬率。

乙方案内部报酬率的测算：

用贴现率20％进行第一次测算：

年　次	现金流入量×现值系数 ＝ 现　值		
1	100 000 元 × 0.833	＝	83 300 元
2	90 000 元 × 0.694	＝	62 460 元
3	75 000 元 × 0.579	＝	43 425 元
4	70 000 元 × 0.482	＝	33 740 元
5	60 000 元 × 0.402	＝	24 120 元
	合　计		247 045 元
	原投资额		200 000 元
	净现值		47 045 元

在第一次测试中，净现值较大，说明应提高贴现率再行测算。

用贴现率30％进行第二次测算：

年　次	现金流入量×现值系数 ＝ 现　值		
1	100 000 元 × 0.769	＝	76 900 元
2	90 000 元 × 0.592	＝	53 280 元
3	75 000 元 × 0.455	＝	34 125 元
4	70 000 元 × 0.350	＝	24 500 元
5	60 000 元 × 0.269	＝	16 140 元
	合　计		204 945 元
	原投资额		200 000 元
	净现值		4 945 元

这次测算所得的净现值仍是正数，还应适当提高贴现率进行测算，计算出负的净现值。

用贴现率35％进行第三次测算：

年 次	现金流入量 × 现值系数 = 现 值
1	100 000 元 × 0.741 = 74 100 元
2	90 000 元 × 0.549 = 49 410 元
3	75 000 元 × 0.406 = 30 450 元
4	70 000 元 × 0.301 = 21 070 元
5	60 000 元 × 0.223 = 13 380 元

合 计　188 410 元

原投资额　200 000 元

净现值　−11 590 元

通过以上三次测算,说明乙方案的内部报酬率,处于 30%～35% 之间,相差 5%。下面用插补法计算出乙方案的内部报酬率:

乙方案的内部报酬率:

$$30\% + 5\% \times \left(\frac{4\ 945}{4\ 945 + 11\ 590} \right) = 30\% + 1.5\% = 31.5\%$$

用同样方法计算出丙方案的内部报酬率为 51.2%。

以上计算出甲、乙、丙三个投资方案的内部报酬率水平的顺序是:

丙方案	51.2%
乙方案	31.5%
甲方案	28.7%

现在把甲、乙、丙三种方案用上述五种技术方法所计算的结果列表如图表 5 所示。

图表 5

应用方法	甲方案	乙方案	丙方案
回收期法	2.5 年	2.133 年	1.455 年
投资报酬法	20%	19.5%	40%
净现值法	88 400 元	92 970 元	112 410 元
现值指数法	1.44	1.46	1.75
内部报酬率法	28.7%	31.5%	51.2%

从图表 5 所汇总的分析结果可以看出：甲、乙、丙三个投资方案的预期报酬，都已经超过了资本成本 12％，因此这些方案都是可以接受的。就各个方案的获利水平来说，在不考虑货币时间价值的情况下，丙方案的投资平均报酬率最高，甲方案次之，乙方案最低；如考虑了货币的时间价值，以内部报酬率和现值指数所表示的获利水平，丙方案仍是最高，而甲方案就较差于乙方案。这是因为乙方案在头 3 年中的现金流入量大于甲方案所形成的，从此可以看出货币时间价值的影响。从表中也可以看出净现值法的计算是重要的，它提供了净现值的绝对数，但是在投资额不同的情况下，难以比较不同方案的获利水平，而以相对数表示的内部报酬率，不仅可反映投资方案的获利水平，而且可以在不同投资方案之间进行对比。从图表 5 的分析结果来看，无论是否考虑货币的时间价值，丙方案的经济效益最大，回收期最短，所以在决策时应优先考虑采用丙方案。

就上述各种决策方法的应用情况来说，在国外企业的实务上，内部报酬率法和净现值法的应用最为普遍；回收期法虽然没有考虑货币的时间因素，但是简单明了，往往用于方案的初步筛选。总之，在进行长期决策时，要把各种技术方法结合起来加以运用，才能从中得出正确的评价。

三、固定资产重置决策举例

以上阐述了五种进行长期决策的技术方法。在企业里，固定资产是否应予重置是经常遇到的决策问题，这里运用上述方法，举例说明如何对固定资产的重置进行决策。

设某企业现用主机一台，于 5 年前购入，购买价为 300 000 元，估计可用 20 年，无残值，折旧按直线法计算，账面价值为 225 000 元。使用该机器的年产量可取得销售收入 100 000 元，每年的工资开支和原材料耗用共计 65 000 元。该企业为了提高生产能力，拟将旧机器出售，可作价 190 000 元，另行购置新机器一台，价款为 440 000 元，估计可用 15 年，报废时有残值 20 000 元。使用该机器后，年销售收入可增至 160 000 元，每年工资开支及原材料耗用为 82 000 元。

规定的贴现率为 10%。问更换该机器是否合算？（为简化计，本例不考虑所得税的影响）

上列资料图示如下：

图表 6　　　　　　　　　　　　　　　　　　　　　　　　　　　单位：元

	现用机器	新 机 器
购买价格	300 000	440 000
残　　值	0	20 000
应计折旧	300 000	420 000
使用年限	20	15
年折旧额	15 000	28 000
已使用年数	5	0
账面价值	225 000	440 000
可作价	190 000	0
年销售收入	100 000	160 000
年工资及材料费用	65 000	82 000
规定的贴现率	10%	

根据上述资料，计算现金流出量（即投资支出）：

新机器买价	440 000
减：现用机器作价	190 000
现金流出	250 000

计算每年增加的现金流入量：

	现用机器	新 机 器	差　额
销售收入	100 000	160 000	＋60 000
工资及材料费用	65 000	82 000	＋17 000
折　旧	15 000	28 000	＋13 000
净收益	20 000	50 000	＋30 000
现金净流入（净收益＋折旧）	35 000	78 000	＋43 000

根据规定的贴现率 10%，计算使用新机器的净现值（即：新机器在使用期

15 年内每年增加净收益的现值总数加残值的现值,再减去投资支出):

$$(43\,000\times7.606+20\,000\times0.239)-250\,000=(327\,058+4\,780)-250\,000$$

$$=81\,838(元)$$

计算内部报酬率:

$$先计算年金现值系数=\frac{250\,000-20\,000\times0.239}{43\,000}=\frac{245\,220}{43\,000}=5.703$$

根据上述年金现值系数,查得期数 15 的该现值系数邻近的贴现率是:
6.142 为 14%,5.575 为 16%。

用插补法计算内部报酬率:

$$14\%+2\%\times\left(\frac{6.142-5.703}{6.142-5.575}\right)=14\%+2\%\times\frac{0.439}{0.567}$$

$$=14\%+1.54\%$$

$$=15.54\%$$

综上分析,可知该项设备在重置后可增加净现值 81 838 元,内部报酬率高于规定的贴现率,说明重置方案是合算的。

(本文原载《上海会计》1982 年第 5 期)

论会计如何促进经济效益的提高

党的十二大提出,到本世纪末,要在不断提高经济效益的前提下,实现全国工农业年总产值翻两番的宏伟战略目标。会计作为经济管理的重要组成部分,在实现宏伟的战略目标中,如何促进经济效益的提高,这是我们会计工作者面临的重大任务。下面拟就会计工作如何促进经济效益的提高这个问题,谈一些个人的看法。

一、现代会计向促进经济效益 提高的方向发展

提高经济效益,首先要求以尽量少的消耗生产出更多的产品,要所得大于所费,产出大于投入。恩格斯曾指出:"价值是生产费用对效用的关系。价值首先是用来解决某种物品是否应该生产的问题,即这种物品的效用是否能抵偿生产费用的问题。"(《马克思恩格斯全集》第1卷,第605页)恩格斯在这里提出"效用"与"费用"相比,我认为就是我们今天所讲的经济效益问题。提高经济效益,还要考虑劳动占用问题。劳动占用是指占用的厂房、设备、原材料、产品等财产物资。企业所占用的财产物资的货币表现,就是资金。在一定的活劳动和物化劳动消耗的情况下,占用的资金越少,取得的成果越大,经济效益就越高。马克思指出:"如果现有生产资料多于可供支配的劳动,生产资料就不能被劳动充分利用,不能转化为产品。"(《马克思恩格斯全集》第24卷,第34页)可见,减少劳动占用,提高资金的利用效率,使国家的物力和财力得以充分利用,也是提高经济效益的重要方面。总之,提高经济效益,就是要求以尽量少的劳动消耗和劳动占用,取得尽量多的有效成果。就工业企业来说,提高经济效益要求做

到：产量多、质量好、销售快、成本低、利润高、资金占用少、资金周转快。

会计是经济管理的一个重要组成部分。产值、成本、资金、销售收入、利润等，都是会计所反映和控制的内容。能否做好会计工作，直接关系到经济效益的高低。为此，会计工作要运用各种专门的会计方法，对经济业务进行有效的反映和控制，促进经济效益的提高，使会计工作在我国社会主义现代化建设中发挥积极的作用。

本世纪来，特别是 20 世纪 50 年代以后，会计向着与管理相结合、促进经济效益提高的方向发展。从西方国家的会计发展情况来说，美国人艾利克·勒·柯勒在其编著的《会计辞典》(1970 年版)中，对本世纪以来会计工作内容的变化曾做过分析。他把目前企业会计工作的内容分为十项，其中四项属于传统工作，即记账、算账、报账和会计制度设计；有两项形成于本世纪初，外部审计特别是公认会计师审计以及对投资者、政府机构和一般群众报送(公布)会计报告就属此类；另有两项即向内部管理部门提供报告和开展内部审计则形成于本世纪30 年代；其他两项中开展计划预算管理始于第二次世界大战初期，而提供咨询则是 50 年代以后新出现的。(引自杨纪琬、阎达五：《论"会计管理"》，中国会计学会 1982 年年会论文)

20 世纪 50 年代以后，西方国家经济竞争加剧，新的科学技术和新的产品层出不穷，电子计算机迅速发展并应用于企业管理，从而也使西方会计出现了以下变化：① 会计从手工操作变为应用电子计算机进行收集并分析数据；② 由反映和分析事后的经济业务，转变到与事前的预测和事中、事后的控制相结合；③ 由重视静态的财务状况转变为重视动态的收益情况；④ 在会计中广泛应用运筹学方面的数学模式。这些变化，使会计与管理密切结合，并成为管理的一个组成部分。管理会计的出现并成为与财务会计并行的两大会计支流之一，就是这些变化的具体表现。

新中国成立以来，我国会计工作虽然经历一个曲折的过程，但它也是在不断向与管理结合、促进经济效益提高的方向发展的。20 世纪 50 年代初期，主要是全盘引进苏联的会计原则和会计制度。到 20 世纪 50 年代中期以后，根据我国社会主义经济建设的实际情况，走上了独立自主的道路，基本上形成了适合我国国情的会计制度。在这一时期中,会计工作与厂内经济核算制日益结合,向生产、技术领域渗透,内向服务有了发展。"十年动乱"期间,会计工作受到了严重干扰和破坏。粉碎"四人帮"以后,我国经济建设进入调整时期,会计工作也进行了整顿,一方面恢复了过去行之有效的办法,并加以总结推广,同时又吸取了西方管理会计中的一些理论和方法。部分企业开展了会计预测、会计决策和预算管理,进行成本控制和成本—功能分析,搞责任会计,使会计在提高经济效益方面发挥了较大的作用。这些发展不仅大大地丰富了会计的内容,而且把会计工作推进到一个崭新的阶段。

我国现在的会计工作,已不限于"凭证—账簿—报表"的传统内容,而是逐步地把财务会计、管理会计、成本会计、会计检查等糅合起来而成为一个统一的管理经济的信息系统。从企业会计工作来说,其内容大体上可抽象为下列流程:

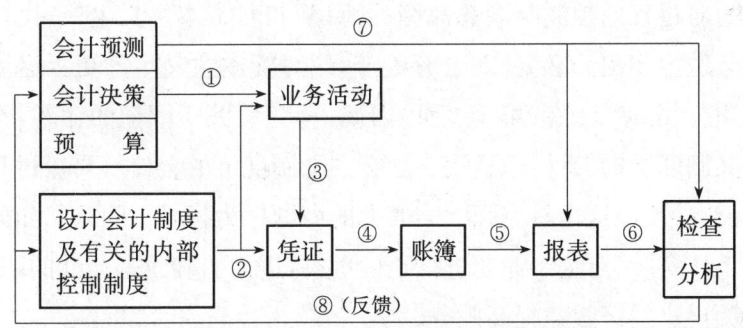

上述流程中的会计预测、会计决策,主要是指以运用会计资料为主的与财务成本有关的预测和决策。为了区别于技术和生产等方面的预测和决策,我认为称之为会计预测和会计决策较为合适。对于上图中会计工作的内容,如以我国通俗的语言表达,仍可用记账、算账、报账、用账、查账、建账这"六账"来概括。但是,这里所说的记账、算账、报账,不只是指传统的会计内容,而且还包含有关管理会计的内容。用账是指利用会计资料及有关资料进行分析,挖掘内部潜力,参与经济决策。查账是指会计检查(或内部稽核)。建账是指会计制度的设计。同时,这里所讲的"账",也不是单纯指"账簿",而是泛指有关的会计资料、会计信息和会计数据。我们要使会计工作发挥其促进经济效益提高的作用,必须将提高经济效益的要求,落实在"六账"的每个环节上。

论会计如何促进经济效益的提高

二、联系会计发展的现状，对"过程的控制与观念总结"进行再认识

前已述及，会计在向促进经济效益提高的方向发展，其内容不断扩大。随着会计内容的扩大，会计职能必然也相应发展。但一提到会计职能，人们总是联系到马克思关于簿记作为"过程的控制与观念总结"的名言。过去，在我国会计教材和有关会计论著中，常把"观念总结"理解为"反映"，把"过程的控制"理解为"监督"，因而一般以反映和监督作为会计的职能。在会计内容已有扩大的今天，会计的职能是否仍限于反映和监督呢？这是值得探讨的问题。

马克思对会计的命题，揭示了不同社会制度下会计工作的共性。马克思曾指出："作为对过程的控制与观念总结的簿记"，"对资本主义生产，比对手工业和农民的分散生产更为必要，对公有生产，比对资本主义生产更为必要。"(《马克思恩格斯全集》第 24 卷，第 152 页)因此，马克思关于簿记的命题，不但适用于资本主义制度下的会计，也适用于社会主义制度下的会计。要探讨我国现行会计的职能，必须以这个具有强大生命力的命题作为指导。问题是如何联系当前的会计工作实际，对这个命题进行正确理解，进而明确我国会计的职能，使会计更好地为促进经济效益提高服务。

对于"过程的控制"，我认为不应只理解为"监督"。它至少要包含以下几层意思：① 对过程进行控制，首先要对经济活动进行预测，作出规划，提出控制目标，包括：目标销售额、目标成本、目标利润、费用预算等。有了目标，控制才有对象，才能使人们为达成目标而努力。因此，作出规划(包括计划和预算)，进行目标管理，是"过程的控制"的基本要求。② 有了控制目标，要在计划或预算的执行过程之中和执行之后，把控制目标与实绩进行对比分析，从而揭矛盾、找差距、挖潜力，提高经济效益。因此，进行会计分析，挖掘内部潜力，是"过程的控制"的核心。③ 维护财经纪律，堵塞漏洞，保护社会主义财产的安全，是会计工作的一项基本任务。会计工作要加强监督，使专业人员的监督与群众性的监督相结合，使企业内部的监督与外部的监督相结合。因此，加强会计监督，是"过

程的控制"的重要环节。

我对"观念总结"的理解是：① 运用货币形式，系统地记录、计算和综合全部经济活动，是"观念总结"的根本环节。这个环节就是会计反映，它是会计的一项重要职能。但是反映只是"观念总结"的一部分含义，而不是全部。如果把"观念总结"局限于"反映"，是不够全面的。② 反映经济业务，并不是会计的最终目的，只是提供分析研究的"原料"。重要的问题是要根据核算资料进行分析研究，对业绩进行评价，总结经验教训，认识经济活动中的客观规律，用以指导今后的工作，促进经济效益的提高。因此，总结经验，找出经济活动的规律，是"观念总结"的关键。③ 一个好的决策，可获致较好的经济效益。运用各项会计信息，进行决策分析，作出最优决策，是"观念总结"的集中表现。

总的说来，结合我国当前会计工作的实际，对"过程的控制"应理解为提出目标、揭示差距和加强监督；对"观念总结"应理解为系统反映、探索规律和作出决策。据此，我认为会计职能可概括为：预测、反映、控制、监督、挖潜、决策。会计具有这样的职能，就能有效地促进经济效益的提高。

三、要在会计工作的每个环节上
促进经济效益的提高

上文把会计工作概括为：记账、算账、报账、用账、查账、建账这六个环节，现在进一步就如何在这些环节上促进经济效益的提高问题进行探讨。

（一）在"记账"环节上，要真实地反映经济业务，以便据此确定可靠的、没有"水分"的经济效益

记账是指填制和审核记账凭证、登记账簿以及算出各账户的本期发生额，并进行试算、核对工作。这是会计工作中最基本的环节。通过记账，可以真实地反映生产经营活动，以便进一步据此进行算账和报账。要做到记账精确，必须建立与健全原始记录、计量验收、财物管理、定额管理、财务收支审批等制度，做好会计核算的各项基础工作，并正确地登记账簿。最近，在全国开展的企业

财务大检查中,在记账方面发现了不少问题。例如,有些企业原始凭证不全,手续不严,凭证传递没有合理的制度;有些企业没有严格的计量制度,物资进出"毛估估";有些企业没有健全的定额制度,对材料、工时的消耗不进行考核;有些企业账目混乱,账账不符、账实不符,甚至被人偷去了东西,公安部门发现后,来企业查对,企业还查不出来。显然,如果会计的基础工作薄弱,账目混乱,是难以正确确定经济效益的。

(二) 在"算账"环节上,要采用多种方式计算经济效益

一是要算好"历史账"。即根据账簿记录进行计算,求得成本、利润、资金利用率等有关指标。这些指标,是国家和企业用来反映经济效益的重要依据。算"历史账",要真实,没有"水分",不能弄虚作假。有些企业为了这样那样的目的,由"领导干部带头,财会人员动手",或者隐匿销售收入,乱挤成本,多提预提费用,少计在产品数额,从而隐匿税利;或者故意降低成本,虚增利润,使经济效益掺有"水分"。这些做法不但影响经济效益的真实性,而且使国家利益受到损害。

二是要算好"未来账"。即搞好财务成本的预测和计划。我国的国民经济是有计划按比例发展的,每个企业都必须在国家计划的指导下,根据国家下达的任务,结合市场和本单位的实际情况,编制切实可行的有关生产经营活动的各项计划。编制这些计划,就是对"未来"的经济效益进行预测。在计划工作方面,会计部门要积极参加企业计划的编制,特别要负责或参与成本计划和财务计划的编制,包括负责或参与成本预测和成本计划的试算平衡,编制生产费用预算,参加制订各种产品的单位计划成本、定额成本等;要负责或参与制订固定资产折旧计划、流动资金计划、资金来源计划、上交税金和支付利息计划、销售收入计划和利润计划等财务计划。算好这些"未来账",可使企业和职工明确必须完成的目标,有利于调动广大群众实现预期经济效益的积极性。算"未来账",还包括决策分析。决策分析是在作决策时,计算各个备选方案的预期经济效益,从中选择并决定采用一个最优的方案。决策分析包括长期的决策分析和短期的决策分析,它是管理会计中的一项重要内容。现代管理会计把预测和计

划的编制以及决策分析列为会计工作的一个组成部分,使会计有效地进行"过程的控制",这是现代会计的一个发展。

三是要算好"经济责任账"。即实行责任会计制度。责任会计是西方管理会计中为评价、考核企业各个责任中心的工作成绩而实行的一种会计制度。责任中心一般分为费用中心(即"成本中心")、利润中心和投资中心。这些责任中心承担着规定的责任,并且有相应的权力。实行责任会计,要为各个责任中心就其责任范围制订计划,在进行业务活动时根据计划进行控制并记录其实际数据,定期地把计划与实际进行比较分析,评价各个中心的工作成绩,这样就能促使计划与控制相互不断地起作用而促进经济效益的提高。我国正在全面推行经济责任制,并采取了多种多样的考核经济效益的形式,较之西方管理会计中所述的内容更丰富、更具体。我们要总结自己的经验,把算好"经济责任账"作为"算账"工作中一个不可分割的部分,用以不断促进经济效益的提高。

四是要算好"机会成本账"。机会成本是为执行一种方案而放弃另一种可行方案所失去的利益或收入,即为选择目前的方案而付出的代价,所以也称"择机代价"。在管理会计进行决策分析时,经常要计算"机会成本账",以决定方案的取舍。评价一个企业单位一定时期的经济效益,也要算"机会成本账"。例如假定一个利用外资建设的化工企业,投资额是 20 亿元,每年耗用的原料是国产石油 100 万吨,每年能上缴税利 5 亿元。这个企业的资金利润率是 25%,如果不算机会成本,经济效益是不算差的。但是如果算一下机会成本,其经济效益就较难令人满意了。假定该企业利用外资的贷款利率是 10%,则每年就得支付利息 2 亿元;国产石油在国内供应价格是每吨 100 元,按出口价格计算,每吨是 400 余元,以两者之间差价每吨 300 元计,每年耗用石油 100 万吨,因放弃出口而使国家损失 3 亿元,这两项机会成本共达 5 亿元。可见,算了机会成本,这个企业只能算是不亏也不盈。因此,会计人员在评价一个单位的经济效益或进行决策分析时,都要考虑机会成本,进一步促进经济效益的提高。

五是要算好"技术经济账"。这也就是要进行成本—功能分析。这种分析是寻求如何以最低的总成本实现产品或作业的必要功能。成本—功能分析的计算公式如下:

论会计如何促进经济效益的提高

$$价值(V) = 功能(F) / 成本(C)$$

这种计算,使技术与经济相结合,能促进经济效益的提高。近几年来,已在我国企业中广泛推行。我认为会计工作中的"算账",应把它包括在内。

(三) 在"报账"环节上,既要向上级报送定期的会计报表,又要根据管理上的需要,编制内部会计报表

定期上报的会计报表是反映企业财务情况、财务成果和成本水平的报告文件,是社会主义国家有计划地领导和管理经济的重要工具。会计部门要按照国家有关部门的规定,编好定期会计报表,并加以分析、评价,总结经验教训,挖掘内部潜力,改进今后工作。除了上报会计报表外,为了满足企业内部管理上的需要,还要编制供内部使用的会计报表。例如,为了节约能源的耗用,可每隔一定时日(三天或五天)编制节能情况表;为了便于企业内部有关部门及时掌握成本、销售收入、利润和资金占用等情况,可每隔数日编制主要经济指标表。内部报表的种类可根据需要而确定,内容要简明扼要,突出重点,它可以定期编制,也可以不定期编制。编制内部报表,可使企业有关管理部门及时地了解和掌握生产经营情况,以便据以分析研究,尽快采取有效措施,促进经济效益的提高。

(四) 在"用账"环节上,要着重挖掘潜力,促进经济效益的提高

"用账"是利用会计数据和资料,对有关单位的生产经营活动或预算执行情况进行调查研究,对比分析,挖掘潜力,起到会计的反馈作用。挖掘潜力是从内涵方面实现扩大再生产。充分利用现有的物质基础,挖掘内部潜力,是提高经济效益的最重要的途径。一般地说,我们目前的经济效益水平不高,与历史先进水平相比,尚有较大差距;而且在国内的地区之间、企业之间,也很不平衡。举几个例子:火力发电每度电的单位成本,低的是 3 分,而高的要 9 分,相差 3 倍之多;每吨生铁的成本,低的是 100 元,高的达 210 元。有差距就有潜力。要在"用账"过程中揭露问题,研究发生差距的原因,并从组织上、技术上、经济上去寻找改进工作的措施,进而改进今后的决策和计划,这样就可促进经济效益的提高。又如,辽宁营口有一个中板厂,加热炉的耗油量原来每吨钢要耗油344公斤,后来经过细致的经济分析,并与技术改革相结合,采取种种措施,降低到58公斤。这说明运用会计资料进行分析研究,采取各种措施,充分挖掘潜力,对于促进企业提高经济效益,具有重大意义。

(五)在"查账"环节上,要检查经济效益的有效性和可靠性

这里所说的"查账",主要是指企业内部进行的会计检查,包括企业内部专设的会计检查机构或会计部门所进行的会计检查,以及职工代表大会所进行的群众性检查。企业内部的会计检查,是会计工作的一个组成部分。在查账时,要着重注意以下几个问题的检查:一是检查有无违反财经纪律的活动。例如:擅自提价或压价;不遵守成本开支范围,乱挤成本,乱列支出;不按国家规定的资金渠道列支,挪用资金;偷税、漏税、截留上缴利润;搞计划外建设等等。二是检查是否有浪费。三是检查内部控制制度是否健全,是否有贪污、偷窃等情况。通过"查账",可维护财经纪律,堵塞漏洞,检查核算资料的合法性和正确性,从而确定经济效益是否有效、可靠。

(六)在"建账"环节上,要建立健全会计制度,保证经济效益的实现

"建账",就是会计制度设计。目前,我国的会计科目、成本开支范围和成本项目、会计报表,一般由财政部和业务主管部门统一规定,但是凭证、账簿、记账程序、成本计算方法、内部会计报表、责任会计制度、检查分析制度等等,都要由企业自行设计。健全的会计制度,是提高经济效益的重要保证。上面所述记账、算账、报账、用账和查账,都是以健全的会计制度为基础的。会计制度不健全,就不可能做好上述诸"账"的工作。因此,企业会计部门一定要设计好必要的会计制度,加强内部会计控制,使会计真正发挥它对提高经济效益的促进作用。

以上概述了会计与经济效益的关系,以及会计如何促进经济效益提高的一些设想。为了推动会计人员重视讲究经济效益,充分发挥会计工作在社会主义建设中的积极作用,我认为应把促进企业提高经济效益作为会计工作的一项基

论会计如何促进经济效益的提高

本任务。我国国务院颁布的《会计人员职权条例》中指出：会计人员除了要做好记账、算账、报账工作（指传统的会计工作——作者注）外，还要从事计划管理，编制并严格执行财务计划和有关的预算，合理使用资金，加强对计划执行情况的分析研究，挖掘增产节约的内部潜力，考核资金的使用效果，并揭露经营管理中的问题，及时向领导提出建议。这些职责的核心，就是提高经济效益。为此，把促进企业提高经济效益作为会计的一项基本任务，是党和政府赋予会计人员的光荣职责。我们从事会计工作的同志，一定要担负起这项光荣任务，为社会主义现代化建设作出应有的贡献。

（本文原载《财经研究》1983 年第 1 期）

内部控制制度的设计^①

无论是由内部审计师还是由执业会计师所进行的审计,内部控制对审计工作的性质所发生的影响,均大于其他因素。内部审计师的审查工作主要是对内部控制进行检查,以便判断管理当局的指令是否已被恰当地进行传递和执行,递交管理当局的报告是否正确、及时和完整,是否具备了为构成管理决策基础所必需的信息。执业会计师对内部控制所进行的检查,其主旨是确定根据会计制度所产生的账目和财务报表的可靠程度,并确定在进行审查时必须采取的其他审计程序的范围。内部控制的检查,也是下列各项工作的基础:审计师评价企业内部会计控制制度的正式报告;审计师对管理当局评价该项控制制度所作的评论;以及包括审计师关于改进制度的建议的建设性的评论信息。

这里讨论如何设计有效的内部控制制度,这些制度是审计师必须加以评价并赖以进行审计工作的基础。

一、内部控制的定义

内部控制是公司里的一种制度,它包括公司的组织规划、任务和责任的委派、账户和报表的设计以及应用于以下各方面的措施和方法:① 保护公司的资产;② 提高会计、其他业务资料和报告的正确性和可靠性;③ 推动和判断公司各方面活动的经营效率;④ 传达管理方针,促进和衡量其遵循情况。一个公司的内部控制制度可比做一个人的神经系统,它包含作为双向传导系统的整个组织,并为适应特定公司的需要而独特地加以设计。它的内容远多于会计制度,

---

① 本文译自[美]库克、温尔克合著:《审计的哲学和技术》1980 年版,梅汝和校。

包括了诸如人员的雇用和训练实习、质量控制、生产计划、销售方针和内部审计等事项。

二、管理控制和会计控制

内部控制可分为管理控制和会计控制两类。"管理控制"主要是有关企业经营和管理的指令、方针、报告的各种程序和方法。管理控制只是间接地涉及财务报表。管理控制有如下两个例子：公司要求全体职工每年进行一次体格检查；或者公司采取在仓库周围 100 英里的地区内发运商品不取费用的方针。内部审计师要关注这些方针的合理性，关注实施这些方针的成本和效益之间的对比关系，以及这些方针的贯彻执行程度。内部审计师可对于某些管理控制提出修改，替代和废止的建议。在典型的审计工作中，执业会计师并不要对管理控制进行什么调查，然而也不排除执业审计师在认为必要时对管理控制进行调查。

《审计准则说明》第一号对管理控制作如下叙述：

"管理控制包括（但并不限于）组织规划，以及与管理当局进行经济业务授权的决策过程有关的程序和记录。这种授权是与完成该组织目标的职责直接有关的一种管理职能，也是建立经济业务的会计控制的起点。"

"内部会计控制"包括主要与资产保护、保证账目和财务报表可靠性有关的方法、程序和组织规划。执业审计师对这些控制加以关注，是为了要确定对于资产负债表所反映财产、工厂和设备的公开性可予信赖的程度，要确定对于这些资产和有关账目的审计程序应达到什么范围，还要决定是否应向委托单位提出有关这方面控制的建议。

《审计准则说明》第一号对会计控制作如下表述：

"会计控制包括组织规划以及与保护资产和财务记录可靠性有关的程序和记录，因此它的设计要合理保证以下几点：

（1）按管理当局的一般的或特定的授权进行经济业务。

（2）经济业务的记录必须做到：① 编制财务报表要遵循公认会计的原则，

或适用于这些报表的其他标准;② 保持资产会计记录的正确性。

（3）只有按管理当局授权,才准许接近资产。

（4）资产的会计记录与实存资产数要在合理的间隔期间进行核对,对发生的差异要采取适当的措施。"

三、内部会计控制制度的任务

我们知道,财务报告的目的是向投资者和债权人提供有利于作出合理经济决策的信息。为了达到这个目的,管理当局有责任去设计并应用一种能产生可靠而及时的财务信息的内部会计控制制度。这个管理职能的重要方面是对制度进行监督,以揭示有无严重缺陷,并采取改进措施。控制制度中的缺陷有时会被管理当局成员,或公司的其他人员,尤其是内部审计师所发现。管理当局也要依靠独立审计师去向他们报告其在查账中所发现制度在设计和施行中的缺陷。正如《审计准则说明》第二十号所指出,独立审计师必须把审查中所发现的任何重大缺陷,报告给高级管理部门和董事会或其审计委员会。

然而审计师对于报告制度缺陷的责任是有限度的。管理当局和财务报表（已经过审查）的其他使用人应该知道,审计师对内部会计控制进行检查的目的,主要是为了确立对其可予信赖的程度,并决定其他审计程序的范围。审计师并不需要评价每项控制或查明所有重大缺陷。在某些审查领域里,审计师可以决定审计程序的范围,而无须依靠那些领域中具体的内部控制。如果对控制制度的遵循情况进行检查所花的时间和力量大于用其他方法来进行扩大审计范围所需时间和力量时,就出现这种情况。

由于审计工作是以测试概念为基础的,因而会有许多项目没有被选出进行审查。这样就会使存在于制度上的一些重大缺点可能未为审计师所觉察而漏掉。可是,一个审计师必须运用其应有的专业关注,在审查的各个方面始终警觉地注意发现会计控制制度上的薄弱环节。

从总体上看,对财务报表的某些领域的内部会计控制如无需对它发表意见

内部控制制度的设计

的话,审计师可以决定不对它进行检查。然而为了进行管理控制,或者为了保证符合某些法律的要求(诸如国外贿赂行为法案的条款),委托单位可以要求审计师对于亟须检查的那些领域进行审核。例如:审计师在对合并财务报表上表示意见时,可能已决定无须对某一附属机构进行审查,但由于委托单位的审计委员会可能知道那个附属机构经营业务中存在着问题,因而要求扩大审计的范围,把那个附属机构的审查包括在内。在这种情况下,审计师应该乐于扩大(而不是加以限制)审查的范围,以满足委托人的愿望。

虽然执业审计师可向管理当局提出有关最初设计的内部控制制度的意见,可指出制度中的重大缺点,并提出修订制度的建议,但是良好的内部控制制度的制定,却显然是管理当局的职责。对于管理控制和会计控制的程序,管理当局应该注意这样的事实,即情况发生了变化,会使原来的制度不再适用。因此,应对控制制度经常进行检查,以确定每项程序是否恰当。同时为了保证有关人员按内部控制制度的要求履行职务,经常性的检查也是必要的。

在内部控制制度进行最初设计以及随后的任何修订中,管理当局和审计师应该自觉地有着"成本效益概念",这就是说一个内部控制程序的成本不应该超过预期的效益。这种关系于在列图中进行说明。该图反映一项较大程度的内部控制新增加的成本,以及由于实行这项控制而降低了偷窃、浪费和各种低效所造成的成本。大家知道,那些坚持管理当局指令或防止某些未知金额数的资产失窃的控制效益,是难以确切计量的。同样,为建立和保持许多内部控

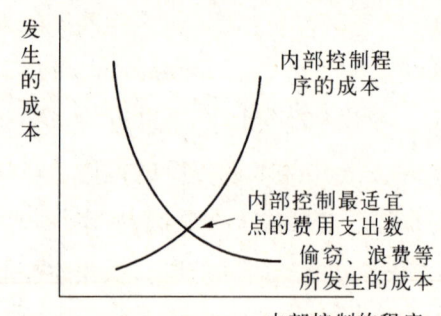

内部控制所发生的成本和产生的节约额

制制度所发生的总成本,即使可能计算,也是难以确定的。关于需要哪些内部控制程序,以及哪个是内部控制所耗费用的最适宜之点,必须运用主观判断作出决策。例如,没有理由去采用这样的控制程序:增添一名年薪 12 000 美元的职工,而其效益只是防止每年失窃价值为 9 000 美元的船用物品。但是控制决策往往是没有这样明显的答案的。

四、内部会计控制的原则

每个公司的内部会计控制制度,是为满足该公司特定的组织、业务和管理目标的需要而设计的。然而,有些一般原则要经常加以遵循。下文拟讨论的原则是:控制的环境;授权;会计;资产保护;组织规划;人员的质量和训练;制度的文件化;准确性的证明和内部审计职能。

1. 内部会计控制的环境

如果公司的管理当局要保持一个强调有相当水平的控制自觉性的企业环境时,这个公司就很可能要有一个有效的内部控制制度。内部控制环境是由具有控制含义的管理方针来反映的。这些方针例如:① 公司的行动有广为宣传的公开的说明;② 公司方针的贯彻实行;③ 严密的预算控制;④ 一个有效的内部审计职能的支持;⑤ 实行雇用合格、诚实的人员。最高管理当局董事会及其审计委员会,对创建合适的控制环境具有很大的影响。这种控制环境是通过有效的组织机构、健全的管理实践、坚持适当的道德行为准则以及遵循所适用的法律和规程来造成的。如果这些方针和程序用书面进行表述,那么管理当局就可对这些实践达到进一步的理解和确认。

2. 授权、会计责任和资产保护

一个有效的内部会计控制制度,具有按管理部门需要来保证执行经济业务的特点。会计记录应能做到对资产建立会计责任,并编制出合理的财务报表。此外,资产应限于管理当局所规定的用途加以使用。要达到这些目标,管理当局必须在内部会计控制制度中规定出授权时所需用的各项要点。

一般授权和特定授权在公司组织中,最终的权力属于股东,并由其授权给董事会、高级职员和管理班子中的其他成员。管理当局依次授权给特定的个人或部门,使他们有权去执行某种活动。这种授权,可以是一般的,或者是特定的。

"一般授权"规定批准经济业务的标准条件。授权涉及确认须予符合的一般条件,而批准则要涉及该特定的经济业务是否符合一般授权所规定的条件。例如,如果管理部门作出这样的授权:对符合某种标准的客户,可予扩大赊账。那么当一个符合这些标准的客户申请赊账时,即可按照一般授权给予批准。

"特定授权"包括严格的条件和有关具体人员。设董事会决定向某一特定财务机构借款 450 万美元,对于这一经济业务,就要作为特定授权。与此相反,把购货部门对一个卖主所提供的正常营业用物品的欠款的归还权力扩大到最高金额为 3 万美元,则是一般授权。

经济业务的执行 "经济业务"这个名词涉及:① 公司与外单位之间交换资产与劳务;② 在公司内部对资产和劳务进行的转移与使用。内部会计控制制度的设计,应使所执行的每项经济业务都经恰当授权,或是一般授权,或是特定授权。在进行业务活动时,通常应具备某种证据,用以证明批准经济业务的人所进行的行动是在其权限之内。但有时,只有观察了所发生的经济业务,才可据此确定执行业务的授权程序。如果一项购货需经电话询问取得了三种价目之后,才可发出订单,那么对于决定采取什么适当的授权程序来说,观察就是必不可少的。

经济业务的记录 内部会计控制制度应按正确的金额,在适当的账户中,按经济业务发生的时期,提供经济业务的记录。对于现金、可上市的有价证券和其他极易引起差错和不轨行为的项目来说,迅速进行记录是个极其重要的问题。因为经济业务的原始记录一经作成,盗用侵吞的风险就减少了。虽然正确的经济业务记录并不一定能保证财务报表编制的合理性,但如果要使这些报表达到合理的要求,正确的记录却又是必不可少的。使用事先已编制号码的凭证,可有助于确定是否已把全部经济业务作了记录。当然,使用事先已编号码的凭证本身是没有价值的,其价值在于对所有编号的凭证都作出会计记录,指出有无缺少的凭证。

接近资产 一个公司拥有用于经营业务的各种资产,而其经营的成功是同有效使用这些资产密切相关的。内部会计控制制度应把资产的使用限于管理当局所规定的用途。为了保护资产的安全,接近资产的应只限于指定的人员。这种接近包括与资产实物的接触以及通过所授予的权限去处理财产的使用和安排等非直接的接近。限制与资产实物的接近,可采用诸如用专柜来保管修理用零配件的方式,非直接的接近,可以通过职务的划分、明确规定的申请和授权程序等来加以限制。

要把记录与现有实存资产定期地进行比较,调查发生差异的原因,可揭示内部会计控制制度在设计或施行中的缺陷,应采取改进措施来纠正制度中的缺陷。当然也应调整账目记录,以反映现有的资产。

3. 组织的规划

内部会计控制制度的一个基本原则是要有一个组织规划,用来明确地规定完成所有工作的职责。当授予一个人或一个部门去担任一项具体职责时,必须相应地扩大在那个领域中进行活动的权力。如果没有授予权力,就不应分配一个人去担任这种职责的活动。

不相容职务的分隔,是在合理地进行组织规划时所要应用到的内部会计控制制度的一个主要概念。授予有权力和负有责任的人员承担着经营和保管的职务,不能同时担任记账的职务。一个处于可犯错误或容易发生不轨行为职位的人,不应又给他担任可以隐匿这些错误或不轨行为的职位。在内部会计控制制度的设计中,应消除这些隐匿的机会。因此,良好的控制是:一个人从客户处收取货款,而由另一个人在应收账款账簿中进行登记。把记账的职务与经营和保管的职务分隔开来,可以防止那些接近资产的人挪用部分资产,并用错误的会计记录来隐匿这些活动。

在许多情况下,活动的性质使记账与经营和保管的职能自然而然地相隔开。举例来说,生产线上的工人就是这种典型,他们既无记账的训练,也没有从事记账工作的必要。在另一些情况下,职能的区别可能就并不那么明显。例如掌管现金收支、借入和偿还借款、扩大赊账、收取应收账款等资产管理方面的职能,对于掌管会计职能的人来说,并不是完全分隔得开的。这些职能都涉及财务和其他与财务密切相关的事务。只要有可能,组织规划要把这些不相容的职务进行分隔。在任何具有相当规模的企业里,财务主任应负责资产管理,而主计长应负责会计事务。

组织业务活动时,要使每项经济业务至少有两个人或两个部门参与其事。

内部控制制度的设计

按照这种方式,就能用一个人的工作去证实另一个人的工作的准确性。只要有关的两个人之间没有互相勾结,差错和不轨行为就很可能被发现。使用几个人去掌管一项经济业务,要利用各人的专长,而不应造成工作上的重复。例如,交付一笔销售订货,会涉及要有人在销售部门取得订单,要一个人在信贷部门检验信贷批准情况,一个人在仓库挑选货物,会计部门的一个账单开单人要作出经济业务的记录,一个运输员要检验发货项目的正确性,并准备发运。这种工作的专门化,不但提高许多作业的效率,而且也使内部会计控制得到实施。

4. 人员的质量和训练

即使是高度自动化的作业,企业的成就主要还是依靠职工的素质。因此,任何内部会计控制制度的成效取决于其设计水平和合格的人员的贯彻执行。为此,要对未来的职员进行认真审查,应选出有经验和才能去完成所任职务的人。然而,不论一个人的能力如何,如果没有充分的训练,很可能是难以胜任其工作的。为此,对于各种业务实施全面的训练项目,同时经常检查和评价每个职工的工作成绩,会大大地有助于提高内部会计控制制度的成效。

职工信用保险　职工信用保险是当企业的财产一旦被职工所侵占时,可按保险数额取得赔偿的一个保险方式。对于那些能接近现金,可转让资产,或其他易于发生挪用资产的每一个职工都应进行信用保险。但是,如有人蓄意舞弊,即使是企业精心设计的内部会计控制制度,也会被他们钻到空子。因此公司管理部门不应认为有了制度就能使资产不被侵占盗用而无须实行职工信用保险。实行了职工信用保险,不仅在财产一旦遭受损失时可取得赔偿,而且还具有一种心理上制止人们犯罪的因素。保险公司在职工实行信用保险前所进行的调查,会使那些有侵占舞弊意图的人不大愿意接受需经信用保险的职业。

休假和工作轮换　对于大多数工作来说,每项职务都需要有一个以上受过训练的职工去担任。当固定职员休假时,总得有人去接替其具体工作,这样以往日常工作中的差错和不轨行为就易于暴露。如果每项工作都有几十个职工受过训练,那么进行工作轮换就可消除有些人蓄谋侵占盗用的打算。因为他们知道,不久还会有人来到这个工作岗位,其诡计将很可能被揭穿的。职工进行轮换,也许不能最有效地利用职工专长,因此这种轮换的成本,必须与因加强会计控制所可能取得的效益进行比较。几乎在所有的情况下,固定职工因休假而由别人替代其工作所花的成本,与采用较为有效的会计控制所获得的效益是基本相当的。替代人不仅有机会去揭露固定职工在其工作中发生的差错和弊端,而且还有可能提出改进工作的新设想。

5. 制度的文件

为了使所有有关人员可以了解全面的内部会计控制制度,尤其是那些委派给各人的任务、职权和责任的界线以及所有的方针程序,都应明确地以书面方式进行阐述。下文叙述一些基本文件的要求。

组织系统图　权和责的界限是以组织系统图表示的。记录的职能与经营和保管的职能应十分明确地加以分隔。组织系统图还应反映出内部审计师是处于参谋的地位,以便能较好地向董事会所属的审计委员会或高级管理人员进行汇报。内部审计师还应处于这样的地位,即可不受限制地调查所有的业务活动,并独立于所有受其审查的单位之外。下面列示一个公司的全面的组织机构系统图。至于公司的方针和每项工作责任的详细情况,大多由其他文件提供。

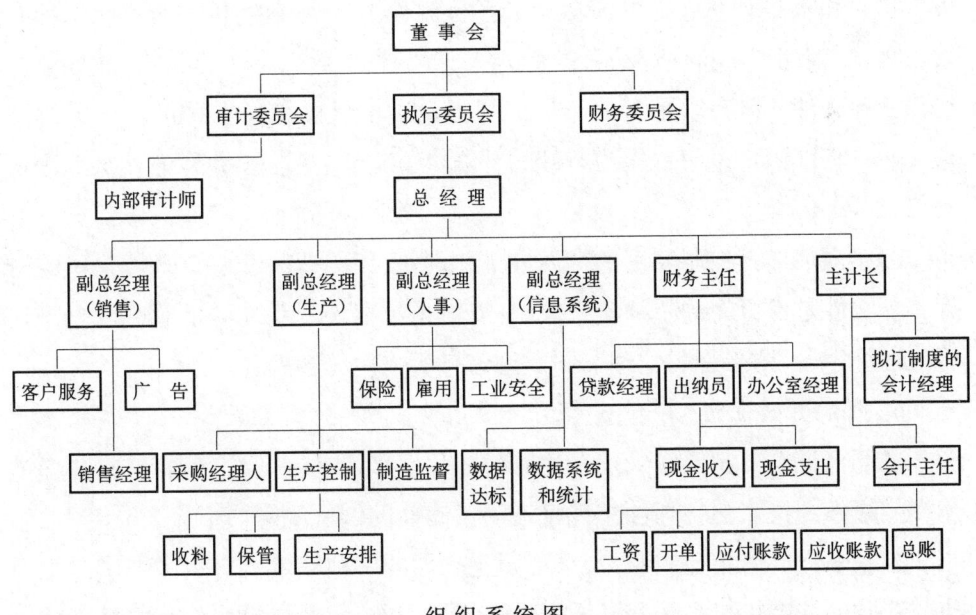

组织系统图

内部控制制度的设计

工作说明　对于一个组织之中的每项工作,通常有一份书面说明,用以反映担任那个职位的人应予履行的任务及其所具权责。这种工作说明,可帮助职工熟悉新工作的要求。职工的上级要经常注意工作说明中有无由于故意、误解、疏忽而与规定的程序发生出入,在必要之处应采取纠正的措施。情况变化可使工作的性质发生相应变化,因而必要时应对工作说明进行修改。

方针和程序的手册　管理当局的指令,只有为职工所了解才能得到执行,而使人们了解的最有效方法之一,就是把这些指令明确地以书面的方式阐述。为了确保同类项目的统一处理,就需要对各种经济业务的会计处理方法作出说明。对下列事务必须规定处理方针:固定资产账户的资本支出的最低数额;采购部门无须经过上级批准即可发出订货单的最高数额;或工作一年可获得休假的日数。方针和程序的手册可按公司的部门或业务,划分成几部分。对于工厂职工来说,所能适用的可能只有总则及有关生产事务的部分;而适用于销售人员的则有总则和有关销售部分。

系统流程图　系统流程图是反映企业业务中的不同职能之间相互关系的一种非常有效的方法和工具。在电子数据处理系统中,尤须应用系统流程图来表示由人和机器所完成的不同功能。系统流程图作为企业管理中的又一种有效工具,对审计师评价内部会计控制也大有裨益。

其他文件　账户表是有助于保证同类性质项目按相同方式进行记录的一种文件。它以账户说明书作为有效的补充,用来提供按业务类型记入每个账户的信息。

由于内部会计控制制度的性质各不相同,要说明适用于一个具体公司的全部必要文件是不可能的。举例来说,具有电子数据处理系统的企业应设电子计算机运算手册,用来说明处理不同类型信息所采用的各种程序。

6. 正确性的证明

内部会计控制制度应采用一切有效的程序来保证制度的正确实施,并保证所提供报告和报表的合理性。现将证明正确性的例子说明如下:

控制账户　使用控制账户,是证明正确性的一种简单而有效的办法。如果应收账款的控制账户是根据一种资料进行登记的,而客户明细账是根据别的资料进行登记的,则控制账户与明细账户的一致,就可用以证明这些资料是互相符合的。即使如此,不轨行为依然可能存在,因为在两种资料来源之间,还可能被串同舞弊。此外,也可能由于记错客户明细账而造成差错。

复式记账　应用复式记账,只是一种提供一定正确性保证的内部会计控制程序。借贷平衡有助于确定账面抄录无误,但并不能保证其正确。应用复式记账,便于确定资产的会计责任。例如,在生产过程中,一项资产从一种形式转变为另一种形式,或从一个部门转移到另一个部门,采用借贷记账,便可记录一方承担了经济责任,另一方解除了经济责任。作为资产耗用的结果,复式记账反映资产从实物状态转变为费用。在任何有效的内部会计控制制度中,复式簿记是十分重要的,因此,不论是怎么小型的企业,都应采用这个基本方法。

分批控制　建立分批控制,是特别适用于电子数据控制系统的一种程序,但也能有效地应用于许多其他方面。一批经济业务不论在任何时候进行记录,或者一堆数据不论以何种方式进行处理,都应对之建立控制数额。在经济业务已经过账或数据已经处理之后,反映其结果的账户和文件的合计数所发生的变动数,应与控制数额相同。如果所产生的结果与分批控制数字不一致,必须确定差异原因,并作必要的改进。分批控制应建立在相对少量的项目之上,因为如果没有大量经济业务和数据,就便于确定差异所发生的范围并找出差异的根源所在。

定额备用制　定额备用制是用来建立正确性控制的另一种方式。常用的例子是由保管人经常负责一定数额的另用现金,这个数额可用货币或已付款的发票来表示。这种基金只有提出并注销了所附发票和收据,才能再行补足到规定的数额。这种制度同样可以用于建立对分支机构或各部门的现金控制。旅费预支也经常按定额备用制进行处理。

7. 内部审计

对管理控制和会计控制这两种内部控制制度进行调查和评价,是内部审计的一种职能。在许多中小型企业里,这种职能可由业主或最高管理部门的一个成员去行使。在较大的单位里,这种职能是委派给内部审计师或其所属人员担任的。内部审计职能是有效的内部控制制度的一个重要因素。如果没有完成内部审计的职能,则执业审计师对内部控制制度所作评价,就往往会有许多不足之处。

内部审计师的检查旨在评价制度设计的效果及其实施的有效程度。审计师要对递交管理部门的报告进行检查,并咨询在这些报告中是否已把发生了些什么情况向管理当局作了汇报,或是否提出了有利于构成决策的附加信息。

(本文原载《上海会计》1983 年第 8 期)

内部控制制度的检查[①]

现代审计是建筑在测试或抽样的基础上,并非对全部经济业务进行详细的审查。审计师进行测试必须具有赖以进行测试的证据。审计师测试所采用的证据,包括会计期间所发生的全部相同项目中具有代表性的并反映于财务报表中的那些项目。内部会计控制制度支配着会计期间所发生的经济业务的处理方式。因而,如果恰当地实施内部会计控制制度,将使各种经济业务达到正确地作出会计记录,并据以编制公允反映的财务报表。审计师要测试内部控制是否合适,如果测试表明它是可靠的,确是恰当地实施着,那么审计师就可信任由此产生的可予信赖的财务记录。内部会计控制检查的主要目的之一,就是要确定对控制制度可予信赖的程度。

内部会计控制制度检查的第二个理由是确定随后的审计程序的范围。不论内部会计控制制度如何有效,审计师必须审查一定数量的证据,以便对反映于账户和报表中的项目直接地加以证实。在财务报表上往往会存在一些差错而可能未被发现,完成进行某些审计程序的目的,就在于减少这种错误存在的可能。在内部会计控制薄弱之处,最有可能在账户和财务报表上发生差误。

内部会计控制检查的第三个理由是为向委托人报告控制制度的评价和建议改进制度打下基础。建议通常与审计报告分别提出。有时,委托人接受了建议并对制度加以改进,可使审计师对之给予较大的信任,从而减少审计测试的范围。在进行审查之初,特别是为新的委托人进行审查之初,检查内部会计控制制度的一个理由就是使委托人能迅速作出改革,加强内部会计控制程序。这样,审计师就能在今后的审查中对会计控制给以较大的信赖。

---

① 本文译自[美]库克、温克尔合著:《审计的哲学和技术》1980 年第 2 版,梅汝和校。

一、审计师进行检查的组织

对于内部会计控制的检查,应以系统的和合理的方式进行审计。审计师选择所应用的方法时,应考虑特定公司的规模、办公室以及营业的位置、业务性质、内部组织和使用的信息系统,以及许多其他特点。虽然各公司内部会计控制的具体步骤不完全相同,但却有几个一般性的概念。这里拟对这些概念进行论述。

企业的规模和性质总是不相同的,内部会计控制的检查和其他审计程序的实施,均需按不同的营业部门或部分分别进行。有时各个部门的检查要委派审计组里的不同人员去担任。甚至对一个较小企业的简单的内部会计控制制度所进行的检查,也可能需要划分为几个部分,以便加速审计师的检查。

要确定进行业务活动的具体部门,审计师应着重考虑业务职能和经济业务之间相互联系的性质,把那些具有共同数据基础,在共同的控制之下、出自相同的事物或是以各种方式紧密地联系的职能,作为一个单位加以检查。划分公司活动和经济业务的几种较为普通的方法是按:① 业务循环;② 经营单位和 ③ 财务报表分类。

(一) 按循环为基础来组织检查

审计师在把内部会计控制制度按业务循环划分成若干部分时,要在每种循环的经济业务或密切相关的领域之间加以识别。由于会计制度是由几种循环相互联系着的综合体,有些账户和经济业务显然要涉及一个以上的循环。例如,现金通常要涉及几乎所有的循环。存货可以列入销售循环、费用和支出的循环,或者可能列入与存货和销售成本有关的不同循环。因为各种循环相互关联,这就产生某种活动划归哪个循环更好的问题。它取决于被审查公司的性质,在某种程度上,还取决于审计师在审查中的选择。从检查的目的来说,对于涉及几个循环的活动,总以划归一个循环为宜。通常是划归该种活动发生最频繁的那个循环,应在那个循环内检查该活动的一切主要方面。

美国执业会计师协会所属特别咨询委员会曾经注意到内部会计控制的检查,使用了下列的循环分类:

(1) 收入循环 　　　　(2) 费用支出循环

(3) 生产或加工循环 　　(4) 财务循环

(5) 对外用财务报表循环

委员会对上述每个循环,从制造单位的角度出发,提出了选择控制程序和技术的标准和实例。委员会指出,有些企业具有不同特点,便应提出不同标准,或者把业务活动归类为不同的循环。为了举例说明在每个循环中可予典型地分类的职能,现从美国执业会计师协会特别咨询委员会的报告中摘引如下:

(1) 收入循环。收入循环包括的职能是:有关收到和接受商品或服务的申请、运送或另外提供商品和服务,核准贷款,现金收入,收取账款活动,开发票,对收入、应收账款、佣金、担保、坏账、退货和其他调整事项等作出会计记录。

(2) 费用支出循环。费用支出循环可再划分为采购、发放工资以及付款的职能。采购包括的职能是有关开发商品、其他资产和服务("商品")的请购单;获取有利的卖主、价格和其他规格的信息;开立购货订单;收入并检验或另外接受运来的或提供的商品;对卖主的应付款项,包括进货运费、现金折扣、退货和其他调整事项作出会计记录。发放工资的职能是有关雇佣职工并决定其直接和间接的报酬;记录上班和所完成工作;对工资成本、工资扣减、职工福利和其他调整事项作出会计记录。付款包括的职能是有关填制、签字和开发支票或支付现金。

(3) 生产或加工的循环。生产或加工的循环包括的职能是有关生产计划和控制,存货计划和控制,资产和递延成本的会计和成本会计。

(4) 财务循环。财务循环包括的职能是有关股票的发行和买回,以及该项经济业务的记录,支付股息;适当理财方式(包括租赁业务)的调查和选择;债务管理,包括契约履行情况的监督;投资管理和证券的实物保管。

(5) 对外财务报告的循环。对外财务报告循环包括的职能,是有关编制分录并把经济业务过入总账(以该项职能并非在别的循环中所完成者为限);决定公司应予执行的公认会计原则;收集并归并为编制财务报表及其他对外用历史财务报告(包括有关的揭示)所需信息,财务报表和其他对外报告的编制和检查。

(二) 以经营单位为基础来组织检查

审计师进行内部会计控制检查和其他审计检查程序,可以企业的业务经营部门为基础来构成审查的单位。有些企业可以明确地划分为生产、仓库、销货和管理部门。虽然每个部门的活动各不相同,但是信息与会计的流程是共同的,人员和工资单就是如此。如果审计师按经营部门来组织审计工作,则须对这些部门本身的关系方面以及信息在部门之间或部门之中的流程给予适当的注意。

(三) 以财务报表的分类为基础来组织检查

有时财务报表或者甚至是试算表可成为审计师用以组织审查的基础。在审查具有简单的内部会计控制制度的小型公司时,这种方法看来较为适用。然而,即使是这样安排的审计步骤,审计师也能看出所有账户的相互关系。例如,现金收入制度的一个方面是收取应收账款,而应收账款却是赊销所引起的结果,这就转而又牵连到存货,该项存货可能是由于反映为应付账款的赊购业务而增加起来的。由于经济业务会对几个有关账户发生作用,所以审计师必须通过那些账户去集中审查该项经济业务的每个具体方面。

总括地说,审计师可按循环、经营单位或财务报表分类为基础来组织内部会计控制制度的检查。不论按哪种基础组织审查,审计师调查的主要目的是要通过内部会计控制制度来了解信息和数据的流程。应该考虑不同的控制和职能的相互关系,因为这些控制和职能会影响到整个会计制度的正确施行和所产生财务信息的公允性。例如,一个审计师可对原料采购的控制进行检查。这项检查虽然可按财务报表分类为基础进行组织,但是审计师却并不只是考虑采购账户,而要把检查范围扩大到销货成本、毛利、原料盘存、在制品盘存、制成品盘存应付账款,或者其他账户。

内部会计控制和随后的实质性测试以及其他审计程序,经常按相同的基础进行组织。然而,也可能是内部会计控制的检查以业务循环为基础进行组织,而例如其他审计程序却以财务报表分类为基础进行组织。这样的安排,为许多审计师所乐意采用。审计师在选择内部控制检查和其他审计程序的组织方式时,应选择最适合于进行具体审查的环境的那种方式。

二、审计师检查的实施

审计师应通过对制度文件、组织系统图、工作说明、程序手册以及系统流程图的检查,并通过与主计长、会计主任、信息系统主任和其他主要成员对制度的讨论,对内部会计控制制度的设计获得透彻的了解。独立审计师要调查内部会计控制制度须具备的各项特点,以便确定这些特点是否存在和是否正确施行。审计师需要把制度的检查作成文件,用以作为执行审计准则的证据,在必要时还可作为修改以后要施行的实质性审计程序的依据。审计师的文件通常是流程图、记事备忘录、问题式调查表的综合,但有时可能只应用其中一两种方式。

(一) 流程图

在选用业务循环、经营单位或财务报表分类等作为归集基础来进行检查时,审计师要检查委托人的程序手册和其他文件,并与委托单位的成员进行讨论,以便了解内部会计控制制度是如何实施的。审计师通常要编制制度的流程图,其中应包括信息的流程、职责的分工、记录的产生和保存。如果委托单位已经制订流程图,则审计师可把它与其他信息合并使用,作为编制审计师工作底稿流程图的依据。采用一些文字说明可补充流程图的不足,当一些例外的和非常规的经济业务并未在流程图内加以描述时,尤其需要这种补充说明。

为了编制内部会计控制制度的流程图,审计师必须对制度作全面的调查和详细的了解。这种图解式的描述可使审计师十分方便地领会制度的全面职能。对于那些检阅审计师工作底稿的人来说,也能轻而易举地了解内部控制制度的情况,并能判明所需完成审计程序的领域是多大。此外,流程图往往可使审计师向委托人提出有价值的改进建议,因为在流程图上易于识别制度中的缺陷。

绘制流程图的技术,已普遍地为现代的审计师们所掌握,并被认为是从事审计职业的一项重要知识。

内部控制制度的检查

初次编制流程图,会花很多时间。然而,为了取得审计工作的成功,审计师可修改以前年度的流程图,反映其现在的变化,从而大大地节约审计的时间和成本。

流程图一旦编就,审计师会感到必须约请适当的委托单位的成员来检查这些流程图上是否恰当地显示了有关业务,是否已把来自多方面的信息都编进图内。

(二)问题式调查表

审计师们传统地使用一种内部控制的问题式调查表,作为取得关于委托人的内部会计控制制度设计的信息的主要方法。常用的问题式调查表是综合性的,包括一般企业中有关各个方面的大量问题。审计师一般要向主计长或其他主要人员详细询问,讨论制度情况。对于一些较为具体的问题则非向经营人员了解不可。现列示内部控制问题式调查表中有关"有价证券和其他证券投资"部分(摘自美国执业会计师协会的内部会计控制问题式调查表)如下:

有关"有价证券和其他证券投资"问题式调查表

	答案		审计意图
	是	否	
1. 证券是否以公司户名存放在银行保险库?			
2. 如果"是",则:			
(1)接触保险库是否需要签名或两位指定的人员在场?			
(2)委托人是否保存着去银行保险库的记录?			
3. 如果"否",则:			
(1)证券是否另有一个专人妥善保管?			
(2)证券是否在一名高级职员的控制下,存放安全之处?			
4. 每种证券的记录(包括证券号码)是否由会计部门或财务部门加以保管?			
5. 是否所有证券(无记名债券除外)均用委托人的户名?			
6. 证券是否定期检查,并与内部审计师或其他指定高级职员或雇员所作的记录相符?			
7. 购入或售出证券,是否获得授权:			
(1)由董事会授权?			
(2)由高级职员授权?			
(3)由财务部门授权?			

	答 案		审 计 意 图
	是	否	
8. 持有他人的证券或持作抵押品的证券,是否以委托人自有证券同样的方式加以记录和保护? ……			

内部会计控制恰当性的结论: _____

_____

_____

编表人_____ 日期_____
检查人_____ 日期_____

问题式调查表中以答案"否"来表示内部会计控制制度的缺陷。当"是"或"否"不能充分回答问题时,通常可在空格中加以说明。在一般情况下,问题式调查表方法具有的优点是相当详细,因为标准化的问题式调查表①的内容,详尽而全面。

人们对问题式调查表方法的一般批评是,用"是"与"否"的答案方式会导致表面化地、例行公事式地去处理问题。然而,如果把内部控制问题式调查表与流程图、记事备忘录结合应用,就有利于检查的全面性,并有助于审计师了解控制制度的全面实施情况。

为了对委托人所使用的文件、职责分工、保持的记录和制度的详细施行情况有确切的了解,审计师可能要在每个职能领域对制度实施的始终,进行一项追根溯源的测试。这种对代表性经济业务的内部控制制度所进行的追溯检查,有时称为"了解性测试"。

完成了内部会计控制制度的检查,审计师就能作出初步的评价。《审计准则说明》第1号曾指出,审计师能确定那些纯属制度设计所造成的缺陷,对于那些领域,以及审计师将按常规地决定不进行符合性的测试,而只把实质性测试的范围、时机或性质建立在制度设计的基础上。

---

① 美国许多大会计公司订有标准化的问题式调查表,以便所属会计师在审计时应用。——译者

内部控制制度的检查

三、内部控制制度的查证

审计师对制度进行检查,所了解到的主要是关于内部控制制度在其设计方面情况。审计师对岗位工作说明和程序手册的检查,以及与主计长所进行的讨论,可提供关于制度如何施行的信息。在日常施行中如何实际运用这种制度?这是审计师真正所要回答的问题。为此要进行符合性测试。

审计师进行符合性测试,是为了合理地确定内部会计控制程序是否与制度的设计要求相符。对此,可采用余额的详细测试或经济业务的测试等方式。"了解性测试"是符合性测试的一部分。在进行符合性测试时,审计师要在每个职能领域选择几项经济业务,对其在整个制度中的符合性进行追溯检查。对于内部控制的各种特点是否加以实施的证据,尤其要给予注意。这项测试工作,通常集中于审计师认为是内部会计控制制度中的至关重要的环节。要达到符合性所要求的水平,审计师不必要对控制制度的所有方面都进行测试。因为广泛的测试扩大将会是莫大的浪费。授权书中的签名、注销的附件、使用电子数据处理程序的完整的贮存记录,以及财产的永续盘存记录定期地按实地盘存数进行调整等,只是审计师进行审查时,判断业务经营是否符合所设计制度的少数例证。

在实行符合性测试时,审计师特别要注意会计程序是否独立地加以施行。注意有无由不相容职能的人员来完成。举例来说,审计师不能只满足于存入现金与当天收入现金总数的核对相符。审计师还应查证存放现金的人员并没有担任收入记录的职务。这通常是不能在文件中发觉的。为此,审计师须向不同人员进行询问并观察职工们所执行的职务。实际上,对职工们所执行的职务进行观察,是审计师能判断内部会计控制符合性唯一途径。进行观察时应尽可能不让职工知道,这样才能设想他们确是和平日同样的方式进行工作。

四、内部会计控制制度的评价

检查了内部会计控制制度的设计情况,并通过对制度实施的符合性测试的查证,审计师便能对制度进行评价,并确定对控制制度的信赖程度。这种评价又依次决定其后的实质性审计程序的范围。

(一) 控制的强弱

为了判断各个领域中的会计控制的完善性,审计师必须对制度的检查情况和符合性测试进行评价,据以表明制度上并不存在重大缺陷。如果审计师从制度设计的检查和初步评价确定,它在某些领域中存在着极大的缺陷,则就不能给予依赖而减少实质性测试,从而也就没有必要在那些特定领域中再进行符合性的检验了。对于会计制度上的弱点只能以扩大实质性审计程序范围的方式来加以弥补。在制度的控制强度和实质性测试程度之间,一般具有一种反比关系。内部控制的强度愈高,实质性测试的范围就愈小。与之相反,控制的缺陷愈大,实质性测试就要增多。显然实质性测试和其他审计程序是决不能削弱的。内部会计控制制度的固有局限性,就往往在于由制度所产生的信息中存在差错与不轨行为的可能性。因此,必须实施实质性审计程序,审计师才能满意地确认信息是公允的。

对于内部会计控制和实质性测试的依赖程度,最后还得取决于审计师的判断。然而,《审计准则说明》第 1 号指出,对内部会计控制和其他有关因素的依赖程度,与实质性测试的可靠水平相结合,应成为审计师所需要的总可靠水平。这个概念可用下列公式表示:

$$S = 1 - \frac{1-R}{1-C}$$

上式中　S——实质性测试的可靠水平

　　　　R——所需综合可靠水平

　　　　C——对内部会计控制和其他有关因素的依赖程度

设所需综合可靠水平分别为 95% 和 90%,应用上述公式进行计算,产生的数据如下表所示。

内部控制制度的检查

审计师对内部控制和其他有关 因素的依赖程度所作的判断	实质性测试所达可靠水平	
	按综合可靠水平 90％计算	按综合可靠水平 95％计算
85％	33.3％	66.7％
80	50.0	75.0
70	60.7	83.3
60	75.0	87.5
50	80.0	90.0
40	83.3	91.7
30	85.7	92.9
20	87.5	93.8
10	88.9	94.4

上表说明,对内部控制的依赖程度下降,则实质性测试的可靠水平就迅速提高。一般地依赖内部控制,就需高度依赖实质性测试。

在制度的设计或符合性(或二者)方面极为薄弱的那些领域,审计师可请求委托人在一定程度上对某些记录重新处理,这样他们才能对这些资料加以依赖。在一些罕见的例子中,控制是如此薄弱或者毫无控制,这时审计师可决定在财务报表中不表述意见。以上所述,是审计师调整实质性测试的范围以弥补内部会计控制缺陷的通常程序。

对于"风险"的控制,审计师要考虑两种不同的风险。第一种是在记录经济业务和编制财务报表过程中所发生的重大差错和不轨行为。审计师要依靠内部会计控制去减少这种风险。第二种是有重大差错反映到账户和财务报表中却没有发觉。审计师要进行实质性测试和审查其他审计证据,以减少这种风险。内部会计控制的强弱与资产项目的性质或经济业务本身,都会对风险发生影响。例如,像现金这种流动性大的资产,在所有权方面就难以识别,并易被挪取。至于像机器之类的项目所涉及的风险就小得多,因为它易于确定所有权,而且难以转移和变成现金。

(二) 实质性测试

实质性测试的性质和范围,受到有关账户和经济业务的风险程度的影响。

审计师规划其实质性测试,就有很大的可能去察觉出影响着经济业务和(或)余额的差错和不轨行为。确定了与每个会计循环、每个经营单元或财务报表上每组项目有联系的风险数,审计师就可确定实施实质性审计测试的范围和方式。

在《审计准则说明》第1号中提出了实质性测试的两种一般性的方式。第一种方式是经济业务和余额的明细数的测试;第二种方式是把重要比例和趋势的分析性检查,与异常变动、差异和有问题项目的调查一道进行测试。经济业务和余额的明细数的测试,是选择抽样经济业务并加以审查的程序。这些抽样的经济业务,是具体领域中业务活动的概括。对这些抽样的经济业务进行审查,或可确定内部会计控制的符合性,或可确定所记录余额的可靠程度。事实上,在有些情况下,完成同一审查程序既是符合性测试,又是实质性测试。

分析性检查包括各种关系的调查。采用这种方式时,要把当期的财务数据与该期的计划数据或与以前的相应数据进行对比。当期的计划数据可能包括在预算表之中,可能是判断性的估计或计划的趋势,或者可用回归分析法求得。如果实际结果与估计大相径庭,则审计师要开展调查,确定差异的原因。只要反映在财务报表上的余额与预期的数额相接近,就表示没有多大的风险和差错。如果与预期的数额相差悬殊,则表示存在较大的风险和差错,因而就需应用较为广泛的审计程序。

(三) 内部审计师的工作

内部审计师的工作,是内部控制的一个显著特点,它对独立会计师的实质性测试尤其发生影响。一个得力的内部审计师能大大地加强公司内部控制制度。当一个内部审计师通过测试经济业务和余额来检查和评价内部会计控制时,除了可保证进行正常的正确性查证之外,还可以增进该公司的会计制度对正确性的保证程度。内部审计师的工作,能使独立审计师减少实质性测试的分量和其他审计程序。例如,如果内部审计师近来已对收入循环进行了审计,并且征询查证了大部分应收账款,则独立会计师就可大大地减少发函征询查证的户数。

独立审计师在决定实质性测试的性质、范围和其他审计程序之前,应考虑内部审计人员的胜任性和客观性,并评价内部审计的程序。询问了解内部审计

内部控制制度的检查

人员的训练、教育和人事管理,就使独立审计师能够评价这些人员的胜任程度。

内部审计师的客观性,是指他们在公司里独立地进行审计活动的能力。客观性可用以下几个方法进行衡量:① 指出他们出具报告的组织水平;② 检查内部审计师所作报告中的建议意见;③ 检查内部审计师工作的文件凭证。如在《审计准则说明》第 9 号指出,独立审计师应对内部审计师的工作进行测试。为了实行这些测试,独立审计师可审查一些经内部审计师审查过的相同证据,或可审查不同的,但属同一类的证据。独立审计师要把其独立测试的结果与内部审计师的测试结果进行比较。为了依赖内部审计师的工作,独立审计师从自己测试中所得到的结论,应与内部审计师的那些结论相一致。如果独立审计师打算在某种程度上依赖内部审计师的工作,就应在进行审计的早期告诉内部审计师。这不仅是个礼貌问题,而且还可获得更有利于独立审计师工作的结果。然而,内部审计师的工作,显然只是独立审计师所采用审计程序的一种补充,而不是一种替代。

五、关于内部会计控制的评论信

通过检查、查证、评价公司的内部会计控制制度,独立审计师就胸有成竹,能对之提出正确的评论和作出关于改革制度的建议。递交管理当局的包括这种建议在内的建设性评价信,是审计业务中一个很有价值的副产品。有些建议可用于改善委托人经营的效率,而并不是单纯与财务报表有关。这种建设性的评论信应递交组织中的适当人员。同时并应向董事、审计委员会,主计长或管理当局中与执行决策有关的其他人员提供副本。

审计师作出改进内部会计控制制度建议,既是保护自己,又是为委托人服务。如果执行了改进的建议,审计师就可能减少今后的实质性的测试。或者减少法律责任。如果改进的建议未曾得到贯彻执行,而万一在审计师先前曾作过改进控制建议的一个领域中发生了侵吞盗用情事,审计师便可声称这是由于委托人一方自己的忽视造成,这样就能在审计师一旦被指控为玩忽职守时得到自卫辩护。

(本文原载《上海会计》1983 年第 9 期)

内 部 审 计①

一、内部审计的作用与组织地位

（一）内部审计的作用

内部审计是由企业内部的审计师所进行的审查。本文将内部审计分为内部财务审计和内部经营审计两部分进行讨论，并着重叙述与管理当局的目标完成情况有关的经营审计问题。在有关文献中，对经营审计所用名称并不一致。本文把管理审计、职能审计等均用作经营审计的同义词，泛指由内部审计师所进行的范围广泛的审计。

几乎每个具有相当规模的公司，都设有由内部审计师组成的小组，许多小型公司也至少有一个专职的内部审计师，他们执行着内部审计的职能。当公司规模不断扩大，以至业主或经理不能亲自检查全部经营活动时，开展内部审计，就有助于使管理当局随时知道企业的经营情况。业主和经理们在企业规模扩大而难以亲自进行监督时，就得依靠执业审计师来确保：会计记录是妥善地保持着的，持有的财产均在手头并得到妥善的保护，正在实施着适当的内部控制。当公司业务继续发展，职工人数增加，经营活动日益广泛和分散时，就得开展内部审计的职能，以便为业主和经理提供内部经营正在恰当地进行着的保证。同时，也得依靠外部审计师的服务来保证财务报告反映的公允性。

---

① 摘译自库克、温克尔合著：《审计的哲学和技术》1980年第2版，梅汝和校。译者对原文节目作了一些调整，并加了若干标题。

使用本公司的人员担任内部审计师,可在较为持续的基础上检查其记录和经营活动,而不是只有外部审计师所执行的检查。此外,内部审计人员能充分熟悉公司的政策和实务,了解本单位的环境和人员情况。内部审计人员还能致力于管理和经营问题的研究,这些都不是属于外部审计师所考虑的正常范围。而且,内部审计人员的服务所耗费用可能比外部审计人员的服务所耗费用为少。

内部审计近来如何发展成为一个主要的业务职能,可从内部审计师协会这个全国性组织仅仅在 1941 年才告成立的这一事实来说明。如同我们对任何年轻的和正在发展中的行业所预期的那样,内部审计的性质与范围在不断发展之中。一个公司中内部审计的职能,是适应每个具体组织的需要而设立的,并且是由公司的管理当局对内部审计师作用的认识而形成的。公司的发展规模和阶段,也会影响内部审计职能的性质。因此,为了适应某一公司的需要,内部审计的内容必须随公司的性质而有所区别,不能套用一般所叙述的内容。

(二) 内部审计师的组织地位

在公司的组织机构中,应给予内部审计师适当的地位,使他们可不受限制地审查本公司经营的所有方面。内部审计师应向组织中的一位个人负责,这个人应有充分的权威能保证审计师进行广泛范围的审计,并能对他们的建议采取行动。

有些评述者主张,内部审计师的报告可直接递交公司的总裁、董事会的审计委员会或董事会本身。这些人指出,内部审计师向最高权力机构作报告,可以提高他们的独立性,因此,要把他们安排在检查、评价和能向最高管理当局报告经营情况的地位。向这一级作报告所可能出现的问题是:位置较高的人员也许不够接近日常经营,因而难以评价内部审计师的调查结果和建议,也许不能及时采取必要改革措施。

另一种主张是,内部审计师应向财务副总裁或主计长负责。处于这种地位的人通常与生产经营无直接关系,能客观地考虑审计师的调查结论和建议,同时也深为熟悉由最高管理当局所规定的目标、计划、程序和控制。重要的是内部审计师向之作报告的有权威的人,要能根据审计师报告中的建议采取行动。

外部审计师的工作独立性,也是内部审计师需具有的一种主要意志状态。但是,只要内部审计师是公司的雇员,就可能难以做到完全独立性。然而,审计师在公司组织中应该具有充分的独立性,才能使审计目标不受干扰。企业管理当局能做不少工作去树立这种独立性,诸如准许审计师有充分的自由去选择特定业务加以研究,并通知那些经营负责人在审查中全面支持审计师的调查。

不论内部审计师在组织系统图中处于什么地位,他们应具有声誉、地位和最高管理当局的支持,使他们能够在全公司中随时取得审计报告所需用的信息。他们应该具有与有关主管人员接近的权利,这些主管人员能对审计师的意见和建议作出迅速而恰当考虑。由于每个公司的组织结构不同,在公司的种种组织地位中,内部审计将可成为一个参谋职能部门。

二、内部财务审计和内部经营审计

(一)内部财务审计

所有早期的内部审计,和即使是当前的许多内部审计,所关注的主要是一个公司中财务或会计活动的检查和评价。实际上,在所有的审计工作中,内部审计师都关注公司内部会计控制的健全性和恰当性的检查与评价。例如,内部审计师可查核出纳员对所有现金收入是否都用一式三份的单据填制事先编有号码的现金收据,所有编号的收据是否已作恰当的记载说明,每天收到的现金是否在当天业务结束时如数存入银行。

从历史上看,内部审计师也一向负有责任去确定公司财产恰当地进行记载和保障其不遭受损失的程度。对于那些远离总公司经营的分支机构和部门以及大型公司中不大可能掌握第一手资产情况(无论是总公司所在地或远方分支机构经营的资产情况)的管理当局来说,上述审查活动尤其具有重要的意义。这种内部审计的内容还包括:现金基金的清点;对存货实地(或观察)盘点计数的查证,确定存货项目的状况;查核是否执行适当的价格政策以及详细审查其他各项资产。

内部财务审计的另一个方面是,审计师要确定保持于公司记录中的会计资料和据以编制的报告的可靠性。要完成这项审计,审计师要审查各种附件,测试经济业务的恰当分类,并要证明明细记录与统驭账户的一致性。对于这方面的工作,内部审计师可向客户发函要求对应收账款余额的证实。这种例子表明,内部审计师所进行的活动,可以减少外部审计师相应工作的分量。

在过去的年代里,内部审计的财务方面在绝大多数公司中处于主导地位,而在今天,许多公司的财务审计也仅仅成为扩大了基础和范围的内部审计的一个方面。在这种审计工作中,财务和会计的控制对于有效的管理和业务经营来说,仍然像过去一样重要,但是内部审计师现在已把其他重要的控制与财务和会计的控制并驾齐驱了。

美国 1977 年所公布的国外贿赂行为法案(FCPA)要求,企业的管理当局要设计并保持内部会计控制制度,用以充分保证所有经济业务都经恰当授权并反映于财务报表,现有资产被恰当地进行记录并经授权才可使用。美国会计师协会(AICPA)和证券交易委员会(SEC)的建议书中指出,公司管理当局需要在具有充分的内部会计控制制度的基础上才作公开的报告。管理当局成员也许对内部审计师的检查、分析和关于以内部会计控制制度作为其报告基础的建议书给予巨大的信赖。由于国外贿赂行为法案的强烈影响和所需报告的发展,内部审计职能的重要性很可能要增加。

(二) 内部经营审计

1. 内部经营审计的内容

在内部审计发展的早期,对于内部审计师把审查范围扩大至公司财务和会计活动之外,已得到了公认。例如,内部审计师协会在 1947 年的《责任说明书》中曾指出,内部审计主要应处理会计和财务方面的事务,但也能处理经营性质的事务。确定公司方针和程序的履行程度,评价这些方针和程序在其设计上对完成管理当局目标的恰当性,估计职工实施这些方针和程序所获成绩的质量,均已发展成为内部审计工作的一个主要方面。

"经营审计"这个名词,被广泛地用来说明内部审计的职能扩大到公司经营的几乎所有方面。经营审计主要适应于未来能作出改进措施；而内部财务审计则着重注意过去，通过现有的控制来对财产提供保护，以及反映在财务记录上的资料的真实性。经营审计是管理的扩大，它要做每一个好的经理在其所在时间、地点所要做的一切工作。内部经营审计要关心一个部门对既定的目标如何有效地执行着。内部审计师要考虑每个职能如何关系到全面的经营，不在于发现对公司方针的较小的违背，而是要帮助别人去了解方针和完成活动目标。内部审计师建议一个业务处理程序，并非因为它在理论上完美无缺，而在于它能降低重大业务经营活动的成本或风险。内部审计师应不断询问在受审查的每个部门中是否采取了良好的管理和业务技术。但更为重要的是要回答这样的问题："这些处理程序能否加以改进？"

2. 内部经营审计的定义

对于经营审计的职能，每个公司很可能有其自己的描述。其较为普遍的组成内容，可用下列定义加以说明：

"经营审计是一种全面审查和对业务经营进行评价，其目的在于向管理当局汇报各种不同的经营是否按指向管理当局目标的既定方针来进行。评价人力和物力资源的有效使用以及评价各种业务经营的程序，也包括在经营审计之内。经营审计还应包括解决问题，提高效率和增加利润等办法的建议。"

3. 内部经营审计与管理当局的目标

经营审计师工作的主要方面，是对于完成管理当局目标的经营情况进行评价。这些目标，显然必须明确规定，作出书面文件，并作适当的传播。

公司应该明确规定长期目标，用来作为公司全面的方向。以这些目标作为长期指南，管理当局应建立短期目标。这些目标应该作成书面形式，以易于理解，并应分配给所有的有关人员。其条件应该十分具体，使审计师可确定这些目标是否正在实现。通常应规定完成每个目标的时间期限，以便衡量其进展情况。

鉴于目标是管理当局所期望完成的结果，计划、方针、程序和战略是达成目标所必要的具体步骤；因此计划、程序和战略就成为一个组织拟予如何完成其特定目标的蓝图。它们构成具体行动过程所应承担的义务。正是这样，它们应与公司经营的环境相一致，并应认为公司的财力、物力和人力资源是适合于每项具体任务的。预算显然是每个计划的主要组成部分。应设计管理和经营的控制,以保证管理部门按规定的程序来贯彻计划。这种程序是作为指导方针卓有成效地加以设计的。

内部审计师进行经营审计,必须彻底了解公司管理当局所具有的目的和已经确定的目标。内部审计师作为管理当局的代表,应该具有管理当局同样的思想,应该想管理当局之所想,应能协助将管理当局的目的和目标通知别人。虽然审计师通常并不过问由管理部门所确定的目的与目标,但是他们有责任去探究关于计划和程序在特定环境下的适宜性。内部审计师不应停留于考虑现在程序的缺点,而应着重为未来行动作出积极的建议,用以作为制订将来计划的方向。内部审计师在一定程度上能为各级管理人员较好地完成其工作作出积极的贡献,他们行使着最高管理当局的专业顾问或管理当局班子中的主要成员的职责。

三、内部审计工作的范围

现摘引美国内部审计师协会所发布的"内部审计职业实务准则①"中"工作范围"部分如下:

300 工作范围

内部审计的范围应包括审查和评价内部控制组织系统的恰当性与有效性,以及执行分配任务所得成果的质量。

.01 本准则所规定的内部审计工作范围,包括审计所应完成的各项工作。然而对于管理当局和董事会所提出的关于需予审计的工作范围和活动的总方向,也认为应列入工作范围。

.02 内部控制制度恰当性检查的目的,在于确定所设制度是否能为经济而有效地实现该组织的目标和目的提供合理保证。

.03 内部控制制度有效性检查的目的,在于确定该项制度是否按原来的

---

① 该文件为美国的内部审计师协会所公布,全文共有5章25节,这里是其中第三章"工作范围"部分,按该协会1981年7月第5次印刷文本译出。——译者

意图发挥作用。

  .04 成果质量检查的目的,在于确定是否完成了组织的目标。

  .05 内部控制的主要目的是保证:

    .1 信息的可靠性和完整性;

    .2 符合方针、计划、程序、法律和规定;

    .3 保护资产;

    .4 资源的经济而有效的使用;

    .5 实现业务经营或计划方案所既定的目标和目的。

310 信息的可靠性和完整性

  内部审计应检查财务与经营的信息的可靠性和完整性;并要检查用于鉴别、衡量、分类和报告这些信息的方法。

  .01 信息系统提供决策、控制和符合外界需要的数据。因此,内部审计师应审查信息系统,并适当地确定是否做到:

    .1 财务与经营的记录和报告,内容真实、可靠、及时、完备和有用;

    .2 对记录的登记和报告的控制是恰当而有效的。

320 符合方针、计划、程序、法律和规定

  内部审计师应对所设制度进行检查,以保证符合于对经营和报告具有重大影响的方针、计划、程序、法律和规定,并且应确定其组织是否与之相适应。

  .01 管理当局要负责建立制度,其设计要保证符合方针、计划、程序、所适用的法律和规定的要求。内部审计师要负责确定制度是否恰当、有效,以及所审查的活动是否符合适当的要求。

330 资产保护

  内部审计师应检查资产的保护措施,并适当地查核这类资产的实存情况。

  .01 内部审计师应检查用于保护资产的措施,以防止由于偷窃、火灾、不合适的或非法的活动以及暴露于风雨等自然力量而造成各种损失。

  .02 内部审计师在核实资产的实存情况时,应使用适当的审计程序。

340 资源的经济和有效使用

  内部审计师应对资源使用的节约和效率进行评价。

.01 管理当局要负责制定经营的标准,用以衡量每一业务活动是否经济而有效地运用了资源。内部审计师要负责去确定是否做到以下几点:

    .1 已建立的用于衡量效益的经营标准;

    .2 所设置的经营标准是易于理解并适合需要的;

    .3 脱离经营标准的差异得以查明、分析,而且把该项资料递交有关负责人员以便采取改进的行动;

    .4 已经采取了改进的行动。

.02 有关经济而有效地使用资源的审计,应查明下列情况:

    .1 未利用的设备;

    .2 非生产性工作;

    .3 在成本上不值得进行的程序;

    .4 人员过多或人员不足。

350 实现业务经营或计划方案的既定目标和目的。

内部审计师应检查业务经营或计划方案,以确定其结果是否与规定的目标相一致,并要确定业务经营或计划方案是否执行计划进行。

.01 管理当局负责规定业务经营或计划方案的目标和目的,建立和实施控制程序,并要达到预期的经营或计划方案的结果。内部审计师应确定这种目标和目的是否与该组织规定的相一致,是否适合需要。

.02 内部审计师能向建立目标、目的和制度的经理们用下列方式提出帮助:确定基本的假定是否合适;是否应用真实的、现行的和有关的信息;是否把适宜的控制与业务经营或计划方案相结合。

四、经营审计的阶段

经营审计的阶段取决于公司的性质、被审查业务经营部门的性质和审查组的规模和专门知识水平。典型的审计阶段如下:

① 选择进行审计的业务经营领域;② 事前准备;③ 初步审视;④ 审计方案;⑤ 调查和分析;⑥ 评价和建议;⑦ 最终的报告。

（一）选择进行审计的业务经营领域

经营审计的第一阶段是确定列入审查的领域和职能。通常以企业中的一个活动、一个系统、或一个职能为基础；绝少有以账户分类作为审查领域的基础。例如：采购职能，运送系统，电子数据处理系统，工程活动等，均可确定作为经营审计的领域。

在有些组织中，内部审计师有权选择审计的领域，而无须等待管理当局提出申请。审计师主动地选择审计领域，是因为他们有责任去审核一切场所的所有经营业务。例如，有些公司可能订有为期五年的审核计划。当然必须要有个优先次序的制度，而最优先的应由最高管理当局指派去请求审查那些存在问题或获利不足的领域。这种请求可以是业务经营部门的经理自己所提出。

在选择审计领域方面，审计师要考虑许多因素，对于那些涉及巨大开支或投资的经营，应给以特殊优先。对于最近取得的公司或新创立的部门，也应该属于很大的优先。在这种情况下，内部审计师尤其有责任去了解管理当局的目标和计划是否已为大家所知道，以及是否实施恰当的程序。对于管理当局不经常前去视察的那些远方业务经营，也值得同样的注意。

（二）事前的准备

需要审计的业务一经选定，就应尽快地委托给检查组的职员进行审查。因此审计师在实际开始审计之前，要有机会去深入了解该领域的情况，包括：研究岗位工作说明和程序手册，阅读贸易日记账，或者要出席有关特殊职能领域的讨论会。委派给检查组的审计师的才能、背景和经验，会影响到需予熟悉工作的步骤。

指派受审查领域中的一名职员担任联络员或提供资料的人员，对于制订审计计划及其执行成果常有所裨益。这个人能与审计师讨论技术上的事宜或指引审计师向适当人员取得所需信息。

最高管理当局应把选定作为即将审计的领域通知经理，他应依次通知那个领域中的人员。一经通知，审计师可与该领域的人员见面，说明经营审计的性质、目的、拟予施行的程序，以及作报告的过程将怎样。树立信任和合作的态度，对于进行成功的经营审计是十分重要的。

（三）初步审视

审计师应熟悉管理当局对被审核的经营业务所规定的一般目标，并应深切了解这个经营领域的人员试图完成这些目标的方式、所实施的程序、正在实行的控制以及遇到的问题等。并应知道这个领域内的组织结构，任务分配，工作流程以及报告的性质和时机。

与委派的提供资料人员和经营领域的人员进行讨论、交谈，是审计师取得信息的源泉。在这个审视阶段，审计师可对所附证据作小型抽样，用以证实报告的内容。

审计师要把调查的结果写成书面文件，编制审计工作底稿。精心编制的工作底稿，使审计师可会同经营领域的人员顺利地检查调查结果和建议。它对完成工作和写出最终报告，是必不可少的。

（四）审计方案

编写审计方案是准备进行经营审计的一个极为重要的方面。审计师只有深悉经营情况，才能确定审计方案的一切步骤。由于审计师对经营情况的了解是在全部审查活动中不断加深的，因此审计方案经常须予修改。即使如此，审计师仍应根据初步调查，制订一个最初的审计方案。与受检查领域的经理磋商应包括于审计方案中的步骤，不仅可保证列入该领域中被认为有问题的事项，而且还能增进双方的合作态度。

（五）调查和分析

随着审计方案的制订，审计师要力求发现关于受审查领域中的实际情况。这种探索往往是由审计师在抽样的基础上以判断方式选择审查项目进行的，而不是以统计的方式进行的。如果发现有许多差错，或与规定的程序存在很大差距，那么就得扩大抽查样本。审计师要审查足够的证据，以取得这样的结论：

分配的任务和进行的经营活动,如何紧密地按规定的程序和控制办事。这些程序和控制,都是为实现管理当局的目标而建立的。审计师要确定经营记录是否正确,报告是否真实、全面,并以及时而合适的方式发布。审计师还要确定内部控制是否实施,并要确定它与其他经营领域的控制是否恰当地协调。

(六) 评价和建议

通过调查和分析程序,审计师同时可开始其调查结果的评价。在他们的调查和分析的结论中,审计师要对所有事实进行一次全面的考虑;然后才能在遵循恰当的程度和发生差距的理由等方面,对经营领域进行评价。他们还应评价控制的恰当性和报告制度的有效性。

在整个调查、分析和审计评价方面,审计师很有可能发现许多较小的差异。他们应把这些事情促使最基层的、具有改正权力的管理人员加以注意。对于这些较为次要的项目,除了在审计工作底稿中注明外,通常不再采取什么行动或作什么报告。

在审查过程中,审计师也应与经营领域的经理和适当的主管人员非正式地讨论有关调查结果和可能的建议。这些人的评论和反应,在作最后的建议时要着重考虑。

(七) 最终的报告

内部审计师考虑到作为管理当局的成员,在他们的最终的报告中,很可能要作出很多具体步骤的建议供经营人员采用,以期今后更紧密地坚持规定的程序,应用较好的控制,防止差错,最后增加利润。十分可能,对于有些情况,审计师的知识与经验不容许去作出建议。这时,他们只应报告对事实的评价,而由最高管理当局与具有专门技术的权威人士磋商,以作出良好的建议。

审计师在把建议列入最终报告之前,应与经理和受审核领域的经理、主管人员会面并讨论建议。也许,审计师已拟就检查报告的初稿,但他们应乐于听取有关报告的所有事宜的意见。

审计报告应尽可能简明和合理。应着重叙述能改善业务经营和增加利润的项目,而防护性控制的改善,则是减少偷窃、浪费和其他效能低下的最好办法。

　　文字报告的格式中应包括:目的、范围、审计的限度和审计师的调查结论、意见、评价和建议。报告书要用业务主管人员所能理解的文句,并应避免使用术语。

　　该项最终报告应送交财务主管人员或审计师应向之作报告的人员,也要送交受审查经营领域的经理。还应把报告的复本或适当的摘录分送给报告所涉及的所有经营领域的经理。

(本文原载《上海会计》1983 年第 10 期)

论内部会计控制在社会主义
条件下的具体运用

内部会计控制是西方现代化企业为加强内部管理所采用的一种重要手段。它的基本特点是什么,我国实施内部会计控制应遵循哪些原则,应运用哪些适合于我国国情的会计控制方式,本文拟就这些问题进行探讨。

一、西方国家中内部会计
控制的基本特点

西方资本主义企业的内部会计控制,主要是应用会计方法和其他有关方法,对财务、会计工作和有关经济业务进行控制。其目的是保护企业财产、增进会计资料的准确性、提高工作效率、确保企业经营方针的贯彻,以攫取最大限度的剩余价值。

会计控制最初的方式是"内部牵制制度",即每项经济业务必须由两人或两人以上分工掌管,以便互相制约,防止弊端。现代意义的内部控制,是在本世纪40年代才逐步建立起来的。例如美国蒙高马利所著的《审计学》,从1912年的第二版到1934年的第五版,均只提"内部牵制",直到1940年的第六版才开始论述内部控制。近几十年来,西方国家对内部控制十分重视,提出了多种多样的控制措施,逐步形成了目前相当完整的内部控制体系。

资本主义企业重视内部控制,是有其客观原因的。第二次世界大战以后,资本主义国家的生产和资本高度集中,跨国公司大量涌现,企业的规模越来越大,竞争愈益剧烈。在这种情况下,资本主义企业就得采取各种措施,加强对其所属部门和业务活动的控制，以提高竞争能力，从而攫取最大限度的剩余价值。内部控制受到重视的第二个原因，是开展审计工作的需要。由于现代企业规模大、业务多，因而在进行审计工作时，无论从审计的人力、时间和审计所花的费用来说，都难以对经济业务逐笔进行详细审查。正因为这样，现代审计已从过去对经济业务的详细审核转变为以对内部控制制度的评价和测试为基础，即进行所谓"符合性测试"（Compliance Test）。如果测试表明企业内部控制制度是合理的，而且是认真地执行的，那么审计人员就可对企业的会计记录和报表给以信任，从而适当地减少"实质性测试"（Substantive Test）。

内部会计控制是内部控制的重要组成部分。美国审计准则委员会于1972年对内部会计控制作了如下的表述：

"会计控制包括组织机构的规划以及与财产保护和财务记录可靠性有关的程序和记录，因而其设计要为以下几点提供合理的保证：

（1）按管理当局的一般的或特定的授权进行业务活动。

（2）经济业务的记录必须做到：① 编制财务报表要遵循公认会计原则，或适用于这些报表的其他标准；② 保持资产会计责任的记录。

（3）只有按管理当局授权，才准接近资产。

（4）资产的会计记录与实存资产，要在合理的间隔期间进行核对，对发生的任何差异要采取适当措施。"①

美国政府在1977年所颁行的国外贿赂行为法案（FCPA）中除强调以上四点外，又规定以下两点：

（1）填制和保持的账簿、记录和账目，要合理地详尽、正确和公允地反映业务事项和财产处理情况。

（2）要设计和保持内部会计控制制度。

目前国外有关内部会计控制方面的书籍可说是汗牛充栋，提出的控制方式也很不一致，但是大致上还是以上述文件的表述为依据。现把美国有关著

---

① 《The Auditor's Study and Evaluation of Internal Control》, AICPA Professional Standards Au § 320. 28。

作中所论述的内部控制的特点概括为以下几点：① 运用可靠的人员去担任明确规定的职务；② 对某些职务实行分管；③ 恰当地进行授权（包括一般授权与特定授权）；④ 具有充分完备的凭证；⑤ 规定恰当的业务处理程序；⑥ 妥善保护财产实物；⑦ 实行职工业务训练、职工信用保险、休假和职务轮换；⑧ 正确性的证明；⑨ 内部审计师的查核；⑩ 控制措施的成本及其所得效益的分析①。

由此可见，资本主义国家企业的内部会计控制，一部分属于防止企业财产遭受损失的防护控制措施；另一部分则是保证会计信息的完整、正确而采取的控制措施，其最终目的是为了维护资本家的利益。它是资本家榨取劳动人民血汗的工具。

二、社会主义企业实行内部会计 控制应遵循的指导原则

我国的社会主义企业是以生产资料社会主义公有制为基础的经济单位，它与资本主义企业的社会性质具有根本的区别。

马克思指出：簿记"对公有生产比资本主义生产更为必要"②。作为会计重要职能之一的会计控制，在社会主义制度条件下，必然是管理社会主义经济的有效手段，而且比在资本主义生产条件下更为必要。

我认为，社会主义条件下的内部会计控制，主要也是采用会计方法和其他有关方法，对企业的财务、会计工作和有关的经济活动进行组织、制约、考核和调节。其主要目的是贯彻执行党和国家的财经方针、政策，考核计划的完成情况，保护社会主义财产的安全、完整，保证会计信息的质量，以提高企业的素质和经济效益，加速社会主义经济的发展。

这里先论述我国企业实行内部会计控制所应遵循的几个指导原则。

---

① 参阅 Charles T. Horngren：《Cost Accounting — A Managerial Emphasis》，1982 年版，第 27 章；Cook/winkle：《Auditing-Philosophy & Technique》1980 年版，第 7 章。

② 《马克思恩格斯全集》第 24 卷，人民出版社 1972 年版，第 152 页。

论内部会计控制在社会主义条件下的具体运用

（一）社会主义企业实行内部会计控制，要以社会主义生产目的为出发点

内部会计控制是为一定的生产目的服务的。如前所述，资本主义企业的内部会计控制，是为资本家攫取最大限度的剩余价值服务的。在社会主义制度下，内部会计控制要为社会主义的生产目的服务。具体地说，就是要求企业在国家统一计划指导下，为整个社会提供数量多、质量好、成本低的物质产品和劳务，为发展社会主义生产和提高人民生活水平创造更多的税收与利润。正如斯大林所指出的，要"保证最大限度地满足整个社会经常增长的物质和文化的需要"[①]。我国企业实行内部会计控制，必须以此为出发点。凡是符合生产目的的活动，要积极支持、促进；不符合生产目的的活动，要控制、约束和抵制。

（二）社会主义企业实行内部会计控制，要坚持党的群众路线，实行专业人员控制与群众性控制相结合

职工群众是社会主义企业的主人，坚持党的群众路线，实行民主管理，是社会主义企业管理的基本原则。实行内部会计控制，也要依靠群众，即对控制的措施和办法，要集思广益，广泛吸收群众的合理建议，并使各种措施能为群众所掌握，做到"从群众中集中起来，再到群众中坚持下去"[②]。同时，对于内部会计控制的意义、做法，也要向职工进行宣传，使大家自觉遵守制度，积极配合。实行内部会计控制，除以专业会计人员为主进行组织、制约、考核和调节等工作外，还要与群众性的控制相结合。例如，组织工人群众在班组核算中实行单项指标的控制，开展全厂规模的群众性财务检查等。

（三）社会主义企业实行内部会计控制，既要有切实可行的控制措施，又要不断加强思想政治教育

近几年来，由于我国实行了对外开放、对内搞活经济的政策，社会主义经济

---

① 《苏联社会主义经济问题》，人民出版社1961年出版，第62页。
② 《关于领导方法的若干问题》，《毛泽东选集》合订本，人民出版社1967年11月版，第854页。

建设发生了极为可喜的变化,振兴中华已成为人们一致的愿望和行动的方向。但是,也应看到在人民内部,资产阶级意识形态和封建意识形态的影响还将长期存在,有些人把个人利益置于社会主义、共产主义事业之上,置党纪国法、制度规章于不顾。因此,在实行内部会计控制时,企业一方面应建立会计控制制度,提出控制措施,用以保护国家和企业的利益,同时还要坚持进行社会主义和共产主义道德品质教育,不断清除精神污染,批判错误的、有害的东西,"绝不允许把我们学习资本主义社会的某些技术和某些管理的经验,变成了崇拜资本主义外国,受资本主义腐蚀,丧失社会主义中国的民族自豪感和民族自信心。"①这样就能使我国的企业,不但有以社会主义公有制为基础的经济特征,并且还有以共产主义思想为核心的社会主义精神文明的思想特征,从而保证内部会计控制的顺利实施。

(四) 要从实际出发,走自己的道路,建立有中国特色的社会主义内部会计控制

邓小平同志在党的十二大开幕词中指出:"把马克思主义的普遍真理同我国的具体实际结合起来,走自己的道路,建设有中国特色的社会主义,这是我们总结长期历史经验得出的基本结论。"②实行内部会计控制,我们也要总结自己的实践经验,有分析地吸收外国有用的东西,建立有中国特色的内部会计控制。应该承认,过去由于"左"的思想的干扰,我国的内部会计控制曾被视作"管、卡、压"而没有得到充分的重视,以致我国还没有建立起系统而完整的内部会计控制的理论和方法。但是,我国在企业管理实践中,也采取了不少带有内部会计控制性质的措施。例如,规定凭证要经过审核才可成立;使用现金要按国家规定的现金管理制度加以控制;对材料物资实行永续盘存制,并对财产进行定期清查;有些企业实行内部稽核制度;有些企业实行钱、物、账分管;有些企业实行产品成本计算的定额法,及时揭示脱离定额的差异;等等。特别是国家制订的

---

① 《邓小平文选》,第 226 页。
② 《邓小平文选》,第 372 页。

论内部会计控制在社会主义条件下的具体运用

有关财经法令、制度,都是企业进行会计控制的依据。这些控制,对于保护国家财产,保证会计信息的正确性,都起了积极作用。所以,我们开展内部会计控制,一定要认真总结自己行之有效的控制经验,同时要有分析地研究国外的控制办法,建立起具有我国社会主义特色的内部会计控制制度。

三、社会主义企业内部会计控制的主要方式

赵紫阳同志指出:"形势的发展,要求我们把自己的经验加以总结,把好的东西,成功的东西同国外先进经验结合起来。"① 我们应该根据这一讲话的精神,联系上述指导原则,确立具有我国社会主义特色的内部会计控制方式。我认为,我国可采用以下各种主要的内部会计控制方式。

(一) 合法性控制

这是指企业的财务、会计工作要以国家规定的财经政策、财经制度和法令为标准,对企业的经济活动进行控制。这是社会主义企业内部会计控制的重要内容之一。

社会主义企业的经济活动,都是受国家的财经政策、财经制度和法令制约的。例如,对于货币资金和结算业务,国家规定了现金管理制度和结算制度;对于非生产消费商品和专项控制商品的购置,国家规定了范围、控制限额和专项控制办法;对于职工的工资、固定资产折旧的计提、产品成本开支范围、行政开支的标准、专项资金的提成和使用、贷款的取得和偿还、税金和利润的上缴等,国家都有统一的规定。这些规定都是强制性的,都是对企业业务活动进行控制的依据。任何弄虚作假,隐匿收入,乱挤成本,巧立名目滥发奖金、津贴等违反政纪、党纪的做法,都是不能容忍的。

这里值得一提的是社会主义企业的会计人员在政策性控制中的作用问题。

---

① 赵紫阳同志在接见全国第五次质量管理小组代表会议时的讲话。《人民日报》1983 年 10 月 20 日。

我国的会计人员,不但要为本单位的利益服务,还要代表国家利益,对本单位的经济业务进行监督,为全社会服务。这就是我国企业会计的社会性原则,也是区别于资本主义企业会计的特点。会计人员一定要坚持会计的社会性原则,以严肃的态度按政策进行会计控制,为社会主义企业把关守口、当家理财。

由于企业的经济活动都要在会计记录中反映,所以会计部门具有按政策控制企业经济活动的客观条件。为了合法性控制,会计部门不但要按政策控制企业的经济活动,而且还要进行遵纪守法的宣传,使广大职工知法、守法;同时也要对企业及其所属各部门的遵纪守法情况进行定期考核和评价,对违反纪律的事件查明原因,明确过失者的责任,及时上报企业领导采取改正措施,必要时还应直接向企业的上级机构或纪律检查部门汇报。

(二) 目标性控制

这是指会计工作要制订生产、销售、财务、成本等目标并对其执行情况进行控制。

社会主义企业的生产经营活动是在国家计划的统一指导下,按预定的目标(即计划指标)进行的。工业企业的内部会计控制,要着重对财务及成本方面的目标进行控制。财务方面的控制目标如目标销售额、目标利润额、流动资金定额、流动资金周转计划天数等;成本方面的控制目标,如原材料消耗定额、工资定额、产品计划单位成本、车间经费及企业管理费预算等。目标性控制要对计划指标的执行情况在生产经营过程的每一个环节加以控制,做到层层把关;要从"管结果"转向"管因素",及时揭示实绩与目标的差异及其原因,并进行反馈控制,修改原订的目标。这种控制是管理会计的一项主要内容。

在生产资料公有制的社会主义经济中,国民经济有计划按比例发展的规律要求企业实行计划管理。因此,企业的目标控制直接关系到社会主义国家国民经济计划的完成。为了进行目标控制,我国企业要编制企业计划,实行资金、成本的分口分级管理,推行全面经济核算制,对企业内部各部门目标任务的完成情况进行考核。在成本控制方面,我国在工业企业里早就实行"成本计算定额法",这种方法是以定额成本为基础,在生产过程中经常揭示定额差异,从而能

论内部会计控制在社会主义条件下的具体运用

对生产费用及时加以控制。在我国企业的会计报表中,还把目标任务与实际成果并列。例如,我国生产企业的利润表,列有销售收入、销售成本和销售利润的计划数和实际数,以便比较分析有关计划的完成情况;在产品成本表中,列有计划成本、上期成本和本期的实际成本,以便揭示成本差异,进行成本控制。我国的企业里,还定期开展经济活动分析,及时研究企业计划的执行情况,挖掘增产节约的内部潜力。以上这些做法,都体现了目标控制的要求。这些有效的目标控制措施,今后应继续加强、不断完善,以提高企业素质和经济效益。

(三) 群众性控制

这是指由职工群众自己所进行的内部会计控制。如前所述,坚持党的群众路线,实行民主管理,是社会主义企业管理的基本原则。我国在群众性的会计控制方面,已具有丰富的实践,主要有以下几种形式:

(1) 党委领导下的职工代表大会制度。这是我国企业民主管理的基本形式。职工代表大会是职工群众管理企业、监督干部、行使政治民主、技术民主、经济民主和生活民主的权力机关。在财务控制方面,它可审议通过企业预决算和各项经费的分配使用办法,讨论决定企业利润分配中集体福利基金和职工奖励基金以及劳动保护费的使用方案,讨论通过职工工资调整、经济责任制等办法。企业召开职工代表大会,不但可以调整国家、集体、个人三方面的关系,而且也是实行群众性控制的重要制度。

(2) 经济监督委员会或经济监督小组。在职工代表大会领导下,可设立经济监督委员会,也可在各级基层中设立经济监督小组,由不脱产的职工代表组成,对本企业的或各部门的经济活动进行经常性的检查和控制。

(3) 企业内部群众性的财务大检查。我国有些大型企业(如大庆油田等)建立了群众性的财务大检查制度,一般先由各部门对财务纪律的执行情况进行自查,然后在部门之间进行互查,及时处理所发现的问题。这种检查制度可定期进行,它对于促使企业遵守财务纪律、厉行节约、降低产品成本,具有重要意义。

(4) 群众性经济核算。群众性经济核算是由职工群众直接参加内部各基层单位的经济核算,例如我国工业企业的班组核算、商业企业的柜组核算、建筑安装企业的队组核算等。一般按"干什么、管什么、算什么"的原则,由职工群众自己控制其直接所从事的那部分经济活动,实行群众理财,并把目标完成情况的考核与劳动竞赛的评比奖励相结合。实行这种控制方式,有利于充分发挥职工群众的社会主义创造性和积极性,有利于企业总目标的完成。

(四) 授权控制

授权控制是企业各级人员必须获得批准和授权,才能执行有关经济业务。这一措施,是把各类经济业务在其发生之际就加以控制,使企业各级人员按其所授的权限办事,在其位,谋其政。

我国国营企业实行党委领导下的厂长(经理)负责制。企业党委实行集体领导,主要是对贯彻执行党的方针、政策和思想政治工作方面实行领导,企业的生产经营活动则交给厂长(经理)统一指挥,全面负责。因此,党委和厂长(经理)是社会主义企业的授权者。

按授权的性质,有"一般授权"和"特定授权"两种。一般授权通常规定处理正常性经济业务的标准。例如销售人员被授权可按统一价格出售一般商品;采购人员被授权可在一定金额范围内购买常用原材料,销售员或采购员在其授权范围内可独立处理销售和采购业务,均为"一般授权"。特定授权指授予处理特定业务活动的权力,例如企业要削价销售不属于一般销售范围的一大批呆滞材料,就需经企业领导特别批准授权才能进行处理,即为"特定授权"。

"权"与"责"是相联系的,单位或个人被授予权力时,就负有相应的责任。按照工作岗位所确定的责任制度即为岗位责任制。在建立内部控制制度时,通常要求每个单位或个人按其所具权力和应负责任作成书面的"岗位工作说明",上级部门要根据该项工作说明,定期检查其执行情况。这样就便于做到事事有人管、人人有专责、办事有标准、工作有检查,从而能对经济活动进行有效的控制。

授权控制也是保护财产完整、防止发生弊端的一种重要措施。在国外,十分强调"只有按管理当局的授权,才准接近财产"的内部会计控制原则。这在我国也是可以适用的。实行内部会计控制,要求各级人员充分认识授权控制的重

论内部会计控制在社会主义条件下的具体运用

要意义,并以严肃的态度对待这项控制。例如企业签发支票,需企业领导签章,这就是批准授权,但是有些领导人却把自己的印章长期交给支票的填制人,造成授权的"名存实亡",从而产生漏洞,给贪污盗窃分子以可乘之机,这些都是在授权控制时应予注意的问题。

(五) 职务分管控制

在企业里,某几种相互有关的职务(如销货与收取货款、仓库保管与料账记录等)如由一个人担任,发生了差错或弊端可由本人掩盖,这些职务就称为"不相容职务"。职务分管控制,就是把这些不相容的职务,分别由几个人掌管,不要集中于一人。这种措施,即是内部牵制,它是内部会计控制的一个重要组成部分。内部会计控制实际上是从内部牵制演化发展而来的。

我国不少企业早就实行钱、账、物分管的控制制度,对于防止差错、堵塞漏洞、保护财产起了积极的作用。但是,现代内部会计控制中的职务分管控制,其含义较之钱、账、物分管为广,一般应包括以下几方面的分管:

(1) 某项经济业务的授权批准职务应与执行该项业务的职务实行分管。例如,审批支付货款的人员不能同时担任出纳人员;有权审批发料(货)的人员不能同时担任仓库保管员。广东某农业银行有个贪污犯,在半年内盗用银行资金103万元,贪污60.5万元,就是由于这家银行没有严格实行这种不相容职务的分管而被他钻了空子。

(2) 执行某项经济业务的职务应与该项业务的记账职务实行分管。例如,从整个企业的组织机构来说,会计部门应与经济业务执行部门分别设置,以便会计部门对经济业务执行部门进行监督;就人员的具体分工来说,执行经济业务的人员(如采购员、售货员等)不应兼任记账工作。

(3) 物资的保管职务应与物资的记账职务分管。例如,仓库的保管人员如果同时担任材料明细账工作,假设此人发生贪污行为,他就可伪造账目,仍能做到"账实相符",从而隐匿其犯罪活动。

(4) 某种财物的保管职务应与该种财物的账实核对职务实行分管。例如,银行存款调节表不宜由经手银行日记账的人员来编制;财产清查的账实核对工作不宜单独由财产保管人员担任。

（5）货币资金出纳职务应与总分类账记录职务实行分管。在国外的企业里，通常分设财务主任及主计长两个并行的职位，款项收支由前者管辖，会计工作由后者管辖。在我国的企业里，一般设一个财务会计部门，为了实行出纳与记账分管，一般地说，出纳员只处理货币资金的收支及保管，除了登记现金出纳备查簿外，现金日记账、银行存款日记账和总分类账均应由其他人员登记，以便相互制约、堵绝流弊。如果由出纳员兼管现金日记账和银行存款日记账，则总分类账必须由别人登记，并要对现金日记账和银行存款日记账进行经常性的检查。从保护货币资金的安全完整来说，这项分管是十分重要的。某铁矿有个贪污犯贪污 26 万元巨款，就是利用一人兼管了出纳与登记总账这两种不相容的职务而遂其贪污阴谋的。这该是我们值得吸取的教训。

（六）可靠性控制

指为保证会计信息的可靠性而进行的控制。可靠的会计信息，是会计工作的基本要求。实现这个要求的控制措施是多种多样的，这里择要提出几项：① 对会计凭证进行审核；② 凭证要连续编号并进行检查，会计部门要对各部门或个人领用的空白凭证设置备忘记录进行登记，并且要定期检查这些凭证的使用情况；③ 总分类账要与有关明细分类账进行核对；④ 把大量的经济业务按一定的特点划分成相对少量的批别，进行分批控制和检查差错，从而保证会计信息的正确性；⑤ 建立复核制度，对凭证填制、记账、过账、报表编制进行复核，做到账证、账账、账表相符；⑥ 在大中型企业中，设置具有独立性的审计组织，配备专职的审计人员，实行内部审计。

（七）财产安全控制

指为确保财产的安全、完整而采取的控制措施。上文所述各项控制中，实际上大部分是与保护财产安全、完整有关的措施。这里再列举几项与保护财产直接有关的控制措施：① 发生的经济业务要立刻记录入账，某些从事现金销售的企业，尤其要重视这项控制；② 材料物资实行"永续盘存制"，在账上随时反映出结存数额；③ 定期进行财产清查；④ 材料、物资的科学化编号（如"四号定位"）和合理的码垛（如"五五化码垛"），以便于发料、便于盘点、便于识货、便于核算、便于做到账卡及账实的数量相符；⑤ 财务与会计档案要妥善保管，并要编造清册，定期清查。

在西方企业里，广泛实行一种所谓"职务轮换"控制，采用不定期地调动包括财会人员在内的管理人员的职务。这种做法，是资本家为保护财产而采取的一种控制措施。职务轮换的目的是：第一，由于工作人员随时有调动职务、移交工作的可能，所以必须按时完成自己的本职工作，不能拖拉疲沓；第二，实行了职务轮换，使原来工作人员的工作在调动后要受到接替人员的检验，因而有利于抑制舞弊行为的发生；第三，实行了职务轮换，还能使工作人员提高业务技术水平，也便于企业领导统筹安排工作。这种职务轮换，一般是在本部门的范围内进行调动。我国的国情与西方国家不同，这种控制在我国是否适用，是需要慎重研究的一个问题。

（八）业务处理程序标准化的控制

业务处理程序标准化的控制，是把企业中与财务及会计有关的重复出现的经济业务，按客观要求，规定其处理的标准化程序，作为行动的准则。这种标准化程序，可以用文字说明的制度来表示，也可以用流程图方式来表示。规定了业务处理的标准化程序，就可使各项业务按科学的程序办事，避免工作杂乱无章，职责不清，互相扯皮，如果发生了问题，也便于查明原因及责任人，及时加以解决。因此，企业应把各项业务处理的标准化程序编成《工作手册》，由有关部门及其人员遵照执行，并作为控制业务活动的依据。

企业各种管理制度，如企业的材料核算办法、固定资产管理制度、产品成本核算制度等等，都是用文字表示的业务处理标准化程序。这些都是我们所熟知的业务控制的依据。

用流程图表示的业务处理程序，可以直观地反映某项业务处理的全过程，包括各种业务凭证所通过的部门、各部门所需处理的作业和信息的流向等。对于有些无法在图上表示的问题，可用简要的文字说明作为流程图的附件。在国外,流程图一般用特定的符号代替文字说明,用以表示业务活动的内容。在日本,常用的有"横式"的流程图符号(由日本产业能率短期大学创制,又称"能大式")和"纵式"的流程图符号(由日本能率协会创制,又称"日能式")。美国、英国、澳大利亚等国,也有其特定的流程图符号。

现根据日本的纵式流程图符号的部分内容(对个别符号,由本文作者作了修改和补充),举例编制"发料业务处理流程图"(见第64页),并附有符号(见第65页),以供参考:

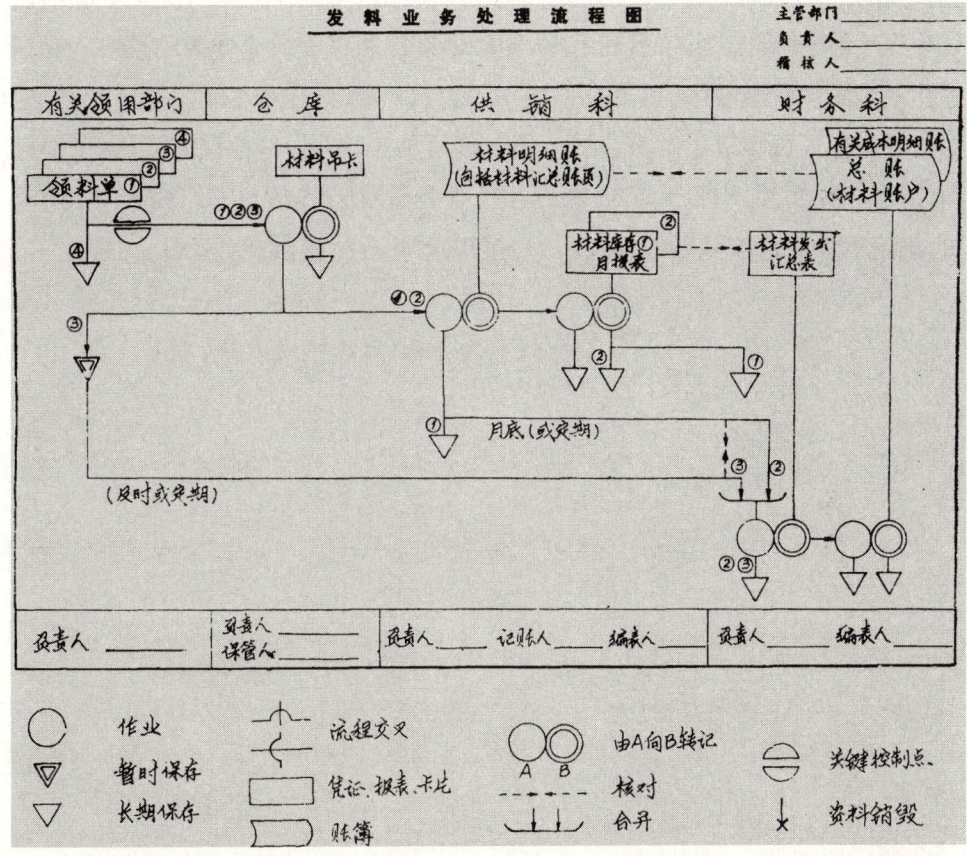

上页流程图中反映某企业的材料业务(按"一单一料制"或"一单多料制"),通过领用部门(车间或科室)、仓库、供销科及会计科四个部门,其领料单的流程、材料吊卡和材料明细账的记录、材料库存月报表及发料汇总表的传递以及

论内部会计控制在社会主义条件下的具体运用

记入总分类账、成本明细账的程序。

编制业务流程图时，要进行周密的调查研究，详细研究流程的合理性，既要有严格的控制，又要简便易行。流程图绘出以后，要组织有关部门的群众和负责人进行讨论，并到实践中去试验。经过实践证明流程畅通、切实可行，就可以把它确定为某项经济业务的标准化处理程序，由厂长颁布施行，作为控制业务活动的标准。

用特定符号编制的流程图来表示经济业务处理的标准化程序，是实行管理现代化的一项基础工作，在控制上具有以下作用：第一，流程图比文字说明的处理程序易于为职工所了解和掌握，便于据以控制有关的业务活动；第二，有利于建立科学的管理秩序，提高工作效率；第三，有利于明确各部门的职责，使各部门的工作人员可以了解自己的工作在某项业务处理中的地位，并可据以制订岗位责任制；第四，审计人员可据以评价企业管理工作的水平，进行符合性测试，确定审计的范围和程序；第五，为编制电算化程序提供有利条件。

（本文原载《财经研究》1984 年第 1 期）

加强内部会计控制
提高企业管理素质

—— 论社会主义企业实行内部会计
控制的指导思想和控制方式

内部会计控制,主要是应用会计方法和其他有关方法,对企业中的财务、会计工作和有关的经济活动进行组织、制约、考核和调节。在社会主义条件下,内部会计控制的主要目的在于贯彻执行党和国家的财经方针、政策,考核计划的完成情况,保护社会主义财产的安全完整,提高会计工作的效率和信息质量。它是提高企业管理素质的一种重要手段。

应该指出,我国企业的管理素质是不平衡的。不少企业通过整顿,认真执行财经制度,完善了经济责任制,健全了包括财务、会计制度在内的管理制度,严格执行奖惩制度,加强了对职工的思想政治教育,从而具有较好的管理素质。但是有些企业的管理素质较差,在管理工作中存在着种种漏洞。例如,有的企业在财物收支、对外联系和经济往来方面,缺少严格的审批手续;财会、供销工作没有明确分工,不能互相监督、制约;有关部门之间职责不清,遇事推诿,不负责任;有些单位的负责人违反财经纪律,随意批条子,出证明,甚至发生违法乱纪行为;对于经济业务的处理没有严格的控制制度,或者有章不循,制度废弛。这些管理素质方面的问题,不少是由于企业中没有实施严格的内部会计控制而造成的。为此,企业必须加强内部会计控制,不断提高企业的管理素质,以保证实现预期的经济效益。

一、社会主义企业实行内部
会计控制的指导思想

在社会主义企业里实行内部会计控制,我认为应以下列几点思想为指导。

1. 社会主义企业实行内部会计控制要以社会主义生产目的作为控制的出发点

社会主义的生产目的要求企业在国家统一计划指导下,为整个社会更好地提供数量多、质量好、成本低的物质产品和劳务,为国家、企业的生产发展和人民生活水平的提高创造更多的税收与利润。正如斯大林所指出的,要"保证最大限度地满足整个社会经常增长的物质和文化的需要。"①我国企业进行内部会计控制,必须以这个目的作为控制的出发点。凡是符合生产目的的活动,要积极支持、促进;不符合生产目的的活动,要加以控制、约束和抵制。

2. 社会主义企业实行内部会计控制,要坚持党的群众路线,实行专业人员的控制与群众性控制相结合

实行内部会计控制,要依靠群众。控制的措施和办法,要集思广益,广泛吸收群众的合理建议,务使各种措施能为群众所掌握。做到"从群众中集中起来,又到群众中坚持下去。"②对于内部会计控制的意义、做法,要向职工做宣传,使群众自觉遵守制度,积极配合。在实行内部会计控制过程中,除了要以专业会计人员为主进行组织、制约、考核和协调外,同时还要与群众性的控制相结合。例如组织工人群众在班组核算中实行单项指标的控制,全厂规模的群众性的财务检查等等。

3. 社会主义企业实行内部会计控制,既要有切实可行的控制措施,又要不断加强思想政治教育

我国的生产资料社会主义公有制,劳动人民当家做主人,创立了在人们之

---

① 《苏联社会主义经济问题》,人民出版社 1961 年版,第 62 页。
② 《关于领导方法的若干问题》,《毛泽东选集》第三卷,第 902 页。

间建立同志式的互助合作关系的条件,提高了人们建设社会主义的积极性,保证了国民经济的发展。但是也应看到在人民内部,资产阶级思想意识形态和封建意识形态的影响还将长期存在,有些人把个人利益置于社会主义、共产主义事业之上,置党纪国法、纪律制度于不顾。因此,在实行内部会计控制时,企业一方面固应建立会计控制制度,提出控制措施,用以保护国家和企业的利益,同时还要坚持进行社会主义和共产主义道德品质教育,不断清除精神污染,批判错误的、有害的东西,这样就能使我国的企业不但有以社会主义公有制为基础的经济特征,并且还有以共产主义思想为核心的社会主义精神文明的思想特征,从而保证内部会计控制的顺利实施。

4. 要从实际出发,走自己的道路,建立中国化的社会主义内部会计控制

邓小平同志在党的十二大的开幕词中指出:"把马克思主义的普遍真理同我国的具体实际结合起来,走自己的道路,建设有中国特色的社会主义,这是我们总结长期历史经验得出的基本结论。"①实行内部会计控制,我们也要总结自己的实践经验,有分析地吸收外国有用的东西,建立有中国特色的内部会计控制。

应该承认,由于过去"左"倾思想的干扰,我国的内部会计控制曾被视作"管、卡、压"而没有得到充分重视,以致我国还没有建立起系统而完整的内部会计控制的理论和方法。但是内部会计控制是企业管理的客观需要,在我国不少企业中,曾在企业管理实践中采取了不少带有内部会计控制性质的措施。例如对填制的凭证要经过审核才可成立;对现金的使用要按国家规定的现金管理制度加以控制;对材料物资实行永续盘存制,并对财产进行定期清查;有些企业实行内部稽核制度;有些企业实行钱、物、账分管;有些企业实行产品成本计算的定额法,及时揭示脱离定额的差异;等等。特别是国家制订的有关财经法令、制度,都是企业进行会计控制的依据。这些控制,对于保护国家财产,保证会计信息的正确性,都起了积极的作用。所以,我们开展内部会计控制,一定要认真总结自己行之有效的控制经验,同时要有批判地研究国外的控制办法,建立起具

---

① 《邓小平文选》,第372页。

加强内部会计控制　提高企业管理素质

有我国社会主义特色的内部会计控制制度。

二、社会主义企业内部会计
控制的主要方式

现在联系上述指导思想,以提高企业管理素质和经济效益为目标,设想提出 8 项主要的控制方式:① 合法性控制,② 目标性控制,③ 群众性控制,④ 授权控制,⑤ 职务分管控制,⑥ 可靠性控制,⑦ 财产安全性控制,⑧ 业务处理程序标准化控制。以下依次说明其内容。

(一) 合法性控制

合法性控制,是指财务、会计要以国家规定的财经政策、财经制度和法令为标准,对企业的经济活动进行控制。这是社会主义企业内部会计控制的重要内容之一。

社会主义企业的经济活动,都是受国家的财经政策、财经制度和法令制约的。例如对于货币资金和结算业务,国家规定了现金管理制度和结算制度。对于非生产消费商品和专项控制商品的购置,国家规定了社会集团购买力管理办法,规定了范围、控制限额和专项控制办法。对于职工的工资,国家规定了工资制度和工资基金管理的有关规定,用以加强工资基金管理,严格控制工资总额。对于产品成本,国家订有关于产品成本开支范围的规定;对行政开支也具体规定了费用开支的标准。这些规定,都是强制性的,都是对企业进行业务活动进行控制的依据。

由于企业的经济活动都要在会计记录中加以反映,所以会计部门具有按政策控制企业经济活动的客观条件。为了进行政策性控制,会计部门不但要按政策控制企业经济活动,而且要做好遵纪守法的宣传工作,使广大职工知法、守法;而且还要对企业及其所属各部门的遵纪守法情况进行定期考核和评价,对违反纪律的事件要查原因,明确过失者的责任,及时上报企业领导采取改正措施,必要时还可直接向企业的上级机构或纪律检查部门汇报。

(二) 目标性控制

目标性控制是指会计工作要对生产、销售、财务、成本等目标的制订及其执行情况进行控制。

大家知道,社会主义企业的生产经营活动是在国家计划的统一指导下,按预定的目标(即计划指标)进行的。就工业企业的内部会计控制来说,要着重对财务及成本方面的目标进行控制。财务方面的控制目标如流动资金定额、流动资金周转计划天数、目标销售额、目标利润额等;成本方面的控制目标如原材料消耗定额、工资定额、产品计划单位成本、车间经费及企业管理费预算等。目标性控制要对计划指标的执行情况在生产经营过程的每一个环节上加以控制,做到层层把关,要从"管结果"变为"管因素",及时揭示实绩与目标的差异及其原因,并进行反馈控制,修改原订的目标。这项控制是管理会计的一个主要内容。

为了进行目标控制,企业要编制全面的计划,实行资金、成本的分口分级管理,推行全面经济核算制,对企业内部各部门目标任务的完成情况进行考核。在成本控制方面,工业企业可实行"成本计算定额法",以定额成本为基础,在生产过程中经常揭示定额差异,从而能对生产费用及时加以控制。在企业的会计报表中,要把目标任务与实际成果并列,以便比较分析财务成本计划的完成情况。同时,企业还要定期开展经济活动分析,及时研究企业计划的执行情况,挖掘增产节约的内部潜力。

(三) 群众性控制

群众性控制是指由职工群众自己所进行的内部会计控制。

我国在群众性的会计控制方面,具有丰富的实践,这是社会主义内部会计控制的特点所在。

群众性控制主要有以下形式:

(1) 党委领导下的职工代表大会制度,是我国企业民主管理的基本形式,也是群众性控制的一项重要制度。职工代表大会是职工群众管理企业、监督干部、行使政治民主、技术民主、经济民主和生活民主的权力机关。在财务控制方面,它可审议通过企业预决算和各项经费的分配使用办法,讨论决定企业利润分配中集体福利基金、职工奖励基金以及劳动保护费的使用方案,讨论通过职工工资调整、经济责任制等办法。

(2) 经济监督委员会或经济监督小组。在职工代表大会领导下,可设立经济监督委员会,也可在各级基层中设立经济监督小组,由不脱产的职工群众担任,对全企业或各部门的经济活动进行经常性的检查和控制。

(3) 企业内部群众性的财务大检查。我国有些大型企业(如大庆油田等)建立了群众性的财务大检查制度,一般先由各部门对本单位财务纪律的执行情况进行自查,然后在部门之间进行互查,及时处理所发现的问题。这种检查制度可定期进行,它对于促使企业遵守财务纪律、厉行节约、降低产品成本,具有重要意义。

(4) 群众性经济核算。群众性经济核算是由职工群众直接参加的内部各基层单位的经济核算。例如我国工业企业的班组核算,商业企业的柜组核算、建筑安装企业的队组核算等。一般由职工群众自己控制其直接所从事的那部分经济活动,实行群众理财,并把目标完成情况的考核与劳动竞赛的评比奖励相结合。实行这种控制方式,有利于充分发挥职工群众的社会主义创造性和积极性,有利于企业总目标的完成。

(四) 授权控制

授权控制是指企业各级人员必须获得批准和授权,才能执行有关的经济业务。这一措施,是把各类经济业务在其发生之际就加以控制,使企业各级人员按其所授权限办事,在其位,谋其政。

按授权的性质,有"一般授权"和"特定授权"。一般授权通常规定处理正常性经济业务的标准。例如,销售人员被授权可按统一价格出售一般商品;采购人员被授权可在一定金额范围内购买常用原材料,均为"一般授权"。销售员或采购员在其授权范围内可独立处理销售和采购业务。特定授权是指授予处理特定业务活动的权力。例如企业要削价销售不属于一般销售范围的一大批呆滞材料,就需经企业领导特别批准授权才能处理,即为"特定授权"。

授权控制也是保护财产完整、防止发生弊端的一种重要措施。在国外,十分强调"只有按管理当局的授权,才准接近财产"的内部会计控制原则。这在我国也是可以适用的。

实行内部会计控制,要求各级人员充分认识授权控制的重要意义,并以严肃的态度对待这项控制。应该指出,我国有些单位领导和工作人员对授权控制尚认识不足。例如,联系工作的介绍信就是一种委以处理某种业务的授权凭证,但是有些单位却把整本盖就单位印章的空白介绍信交给采购员,以致出现了种种弊端。根据中央纪律委员会 1983 年 7 月 25 日的报告,有个刑满释放分子,以某厂推销员身份行骗四个省 34 个单位,签订"合同"金额达 1 100 多万元,使这些单位损失 200 多万元。这个骗子的行骗工具就是空白介绍信这个授权凭证。又如,企业签发支票,需企业领导签章,这种签章,就是批准授权,但是有些企业领导人却把自己的印章长期交给支票的填制人,造成授权的"名存实亡",从而产生漏洞。这些都是在授权控制时应予注意的问题。

(五) 职务分管控制

在企业里,某几种相互有关的职务(如销货与收取货款、仓库保管与料账记录等),如由一个人担任,发生了差错或弊端,这个人就可自己加以掩盖。这些职务,称为不相容职务。职务分管控制,就是把这些不相容的职务,分别由几个人掌管,不要由一人担任。这种措施,即是内部牵制,它是内部会计控制的一个重要组成部分。内部会计控制实际上是从内部牵制演化发展出来的。

我国不少企业早就实行钱、账、物分管的控制制度,对于防止差错、堵塞漏洞,保护财产,起了积极的作用。但是,现代内部会计控制中的职务分管控制,其含义较之钱、账、物分管为广,一般应包括以下几方面的分管:

(1) 某项经济业务的授权批准职务应与执行该项业务的职务实行分管。例如,审批支付货款的人员不能同时担任出纳人员;有权审批发料(货)的人员不能同时担任仓库保管员。有个银行贪污犯,在半年内盗用银行资金 103 万元,贪污 60.5 万元,就是由于这家银行没有实行这种不相容职务的分管而被他钻到了空子。

加强内部会计控制 提高企业管理素质

（2）执行某项经济业务的职务应与该项业务的记账职务实行分管。例如：执行经济业务的人员（如采购员、销货员等）不应兼任记账工作。

（3）物资的保管职务应与物资的记账职务分管。例如，仓库的保管人员如果同时担任了材料明细账的记账工作，设此人有贪污行为，他可伪造账目，仍能做到"账实相符"，从而隐匿其犯罪活动。

（4）某种财物的保管职务应与该种财物的账实核对职务实行分管。例如，银行存款调节表不宜由经手银行日记账的人员来编制；财产清查的账实核对工作不宜单独由财产保管人员担任。

（5）货币资金出纳职务应与总分类账记录职务实行分管。一般地说，出纳员只处理货币资金的收支及保管，除了登记现金出纳备查簿外，现金日记账、银行存款日记账和总分类账均应由其他人员登记，以便相互制约、堵绝流弊。如果由出纳员兼管现金日记账和银行存款日记账，则总分类必须由别人登记，并要对现金日记账和银行存款日记账进行经常性的检查。从保护货币资金的安全完整来说，这项分管是十分重要的。有个贪污犯贪污 26 万元巨款，就是利用一人兼管了出纳与登记总账这两种不相容的职务而进行贪污的。这该是我们值得吸取的教训。

（六）可靠性控制

可靠性控制是指为保证会计信息的可靠性而进行的控制。可靠的会计信息，是会计工作的基本要求。实现这个要求的控制措施是多种多样的，这里择要提出几项。

（1）对会计凭证进行审核。

（2）凭证的连续编号和检查。各种凭证应连续编号，会计部门要对各部门或个人领用的空白凭证设置备忘记录进行登记，并且要定期检查这些凭证的使用情况。

（3）总分类账与有关明细分类账进行核对。

（4）采用分批控制方式，把大量的经济业务按一定的特点划分成相对少量的批别，以便进行控制。

（5）建立复核制度，对凭证填制、记账、过账、报表编制进行复核，做到账证、账账、账表相符。

（6）在大中型企业中，设置具有独立性的内部审计组织，配备专职的审计人员，进行内部审计。

（七）财产安全性控制

财产安全性控制是指为确保财产的安全、完整而采取的控制措施。上文所述各项控制中，实际上大部分是与保护财产安全、完整有关的措施。这里再列举几项与保护财产直接有关的控制措施。

（1）发生的经济业务要立刻记录入账，这不仅有利于及时提供会计信息，而且可防止因拖延入账而发生弊端。

（2）材料物资实行"永续盘存制"，在账上随时反映出结存数额。

（3）定期进行财产清查。

（4）材料、物资采用"四号定位"编号及"五五化"码垛，以便于识货、便于核算、便于做到账卡、账实相符。

（5）财务与会计档案的妥善保管及定期清查。

（八）业务处理程序标准化控制

业务处理程序标准化的控制，是把企业中与财务会计有关的重复出现的经济业务，按客观要求，规定其处理的标准化程序，作为行动的准则。这种标准化程序，可以用文字说明的制度来表示，也可以用流程图方式表示。规定了业务处理的标准化程序，就可使各项业务按科学的程序办事，避免工作杂乱无章，职责不清，互相扯皮，如果发生了问题，也便于查明原因及责任人，及时加以解决。因此企业应把各项业务处理的标准化程序编成《工作手册》，由有关部门及其人员遵照执行，并作为控制业务活动的依据。

企业各种财务会计制度，如企业的材料核算办法、固定资产管理制度、产品成本计算制度等，都是用文字表示的业务处理标准化程序，这些都是我们所熟知的业务控制的依据。

用流程图表示的业务处理程序,可以直观地反映某项业务处理的全过程,包括各种业务凭证所通过的部门、各部门所需处理的作业、信息的流向等。对于有些无法在图上表示的问题,可用简要的文字说明作为流程图的附件。在国外,流程图一般用特定的符号代替文字说明,用以表示业务活动的内容。在日本,常用的有"横式"的流程图符号和"纵式"的流程图符号,美国、英国、澳大利亚等国也有其特定的流程图符号。

编制业务流程图时,要进行周密的调查研究,详细研究流程的合理性,既要有严格的控制,又要简便易行。流程图绘出以后,要组织有关部门的群众和负责人进行讨论,并到实践中去试验,经过实践证明流程畅通、切实可行,就可以把它确定为某项经济业务的标准化处理程序,由厂长颁布施行,作为控制业务活动的标准。

＊　　　　＊　　　　＊　　　　＊

我国的社会主义经济建设,已进入崭新的发展阶段,企业正面临着一个提高素质的新转变,这对每个企业是一场严重的挑战。实施内部会计控制,用以保护社会主义财产的安全和提高会计信息的质量,是提高企业素质的一个重要途径。为此,每个会计工作者要积极创造条件,加强内部会计控制,为进一步提高企业素质、促进经济效益作出更大的贡献。

（本文根据徐政旦同志 1983 年 11 月在上海市会计学会所作《内部控制》的专题发言摘要整理）

现代审计中内部控制测试的探讨[①]

一、现代审计以内部控制的
测试为基础

现代意义的内部控制是现代化大生产发展的产物,是西方资本主义企业为加强内部管理而在 40 年代逐步形成的一种管理制度。它是现代化企业对其业务活动进行组织、制约、考核和调节的重要工具,也是审计工作中用以收集和评价的有关证据,确定审计程序的主要依据。

内部控制的产生,使审计工作在方法上随之发生了新的变化。原先,审计往往是对被审查单位的全部账目和报表逐一进行全面性的详细审计。这种做法,实际上是重复会计人员的全部工作。由于现代企业规模大、业务量多,如果采用全面的详细审计,不但要耗费大量的人力和时间,而且费用也过高。为了减少审计所花的人力、时间和费用,审计工作中采用了大量抽查审核的办法来代替详细审计,即在全部账目中抽取一部分资料进行查核(例如抽查三分之一或四分之一等)。这样固然可减少审计的人力、时间和费用,但是由于抽查到的业务只是企业中一部分经济业务,而且抽查的资料又是审计者所主观选取的,如据以作出审计结论,难免以偏概全,甚至导致审计判断不尽恰当。而且即使是抽查,所审核的数据也不能过少,如果抽查全部业务量的三分之一到四分之一,工作量还是十分繁重的。现代意义的内部控制出现后,审计工作便逐步转向以内部控制的测试为基础。其基本做法是:① 了解并评价内部控制的完整、

---

① 本文与周忠惠、周勤业合作撰写。

健全及其功能有效发挥的程度;② 采用一定的方法对有关业务是否认真执行制度进行测试,即所谓"符合性测试",用以判断对有关业务数据可予信赖的水平;③ 确定验证审查的重点,以及审查的具体程序和方法;④ 对改善企业管理制度和业务处理程序提出建设性的意见。这样就有利于提高审计效率,确保审计质量,使审计结果具有较大的客观性和正确性。这种审核方法可称为"以制度为基础的审计"。

综上所述,可见内部控制的测试与详细审计和大量抽查审核的主要区别在于:后两者都是对会计数据的真实性进行审查,是着重审查会计数据本身;而内部控制的审计测试则着重审核包括会计制度在内的内部控制制度及其执行情况,研究数据所由产生的制度是否合理、严密,以及是否认真执行制度。如果某个业务部门的控制制度是妥善的,在测试中证明是被认真地贯彻的,则就可对其数据给予信赖,从而相应减少"实质性测试"的分量。如果在测试中发现某些业务的内部控制制度松弛,或虽有制度而不严格遵循,形同虚设,就必然存在漏洞和弊端,审计人员就需进行重点审查,增加"实质性测试"分量。由于内部控制的测试对数据所由产生的制度本身进行评价并检查其遵循程度,因而便可从根本上去了解数据产生的条件,据以确定这些数据的可靠程度。所以这种方式不但可节省审计工作量和审计费用,而且可把审计结论建立在科学的基础上。因此近一二十年来,这种做法已在西方的审计工作中普遍应用,并被列为一项审计准则。例如《国际审计准则》中指出:"审计人员对于会计制度和有关内部控制,应有所了解;对于有些内部控制,审计人员要据以确定其他审计程序的性质、时间和深广度的,必须进行研究和评价。"

我国审计工作开展伊始,我们认为在审计方法上,也应以内部控制的测试为基础来起步。我国的社会主义企业为了贯彻党和国家的财经方针、政策,保护社会主义财产的安全、完整,保证会计信息的质量,提高企业的管理素质和经济效益,必须建立和巩固内部控制制度。从内部控制的指导思想来说,我国企业的内部控制,要以社会主义生产目的为出发点,对于符合社会主义经济发展的活动,要积极支持和促进,对于不利于社会主义经济发展的活动,要控制、约束和坚决抵制;要坚持党的群众路线,实行专业人员控制与群众性控制相结合;

在建立切实可行的控制措施的同时,要不断加强思想政治教育。从内部控制的方式来说,应该一方面总结自己的经验,同时有分析地吸收国外有用的控制方式,建立具有我国社会主义特色的内部控制方式。从内部会计控制的方式来说,应建立合法性控制、目标性控制、群众性控制、授权控制、职务分管控制、会计信息可靠性控制、财产安全控制、业务处理程序标准化控制和内部审计制度等。事实上,我国在内部控制方面,国家所制定的有关企业管理的制度和规定,特别是规定的统一会计制度,都为企业建立内部控制制度提供了依据。因此,我国已经具备了采用以内部控制的测试为基础来开展审计工作的基本条件,问题是要把有关规定和制度加以系统化,纳入内部控制的轨道,从而充分发挥内部控制的应有作用。(关于我国建立内部会计控制的指导思想和我国实行内部会计控制的方式问题,请参阅徐政旦:《论内部会计控制在社会主义条件下的具体运用》一文,载《财经研究》1984 年第 1 期)

二、我国实施内部控制
测试的步骤和方法

(一) 首先要充分了解企业内部控制制度

了解内部控制制度一般包括以下几方面:

(1) 了解企业组织机构,审阅被查企业的各种文件,并与有关管理人员和职工群众进行谈话。

(2) 绘制"业务处理和会计控制的流程图"。流程图是一种记录企业业务处理程序的直观图式,它将一笔业务从发生到终止的整个过程,用事先规定的具有一定代表意义的符号如实地绘制出来。

有些企业往往已将各项业务的处理程序,绘成流程图。在这种情况下,审计人员只要对流程图进行复查,以便于在审计中进行评价、测试。如果企业没有绘就流程图,则由审计人员自行绘制。

(3) 编制"问题式内部控制调查表"。

现代审计中内部控制测试的探讨

问题式调查表是通过提问的形式来了解企业内部控制制度的完善和健全程度。采用调查表的方式了解内部控制制度,首先要确定所需调查的问题。这种问题不是对企业经营性质、内容、状况等作泛泛的了解,而是针对企业各种业务的内部控制制度中的关键控制点或主要问题进行调查。该表列出"是"、"否"两栏,其中"否",即为控制弱点,应再按其轻重,分栏填列。可见,该表的填制过程,也就是对内部控制过程进行评价。

现以编制材料发出业务的内部控制问题式调查表为例,表内所列的调查问题,主要有:① 材料入库是否有验收制度? ② 发料是否根据经过领导批准的领料单发放? ③ 材料明细账是否由保管员以外的专人登记? ④ 供销部门是否每月编制库存月报表? ⑤ 财务部门是否定期将领用部门和供销部门转来的领料单相互核对,并据此编制材料发出汇总表? ⑥ 材料发出汇总表是否与供销部门的材料收、发、存汇总表进行核对? ⑦ 供销部门的材料明细账和财务部门的材料总账是否定期进行核对?

内部控制测试应该有一个系统的观念,即各种测试方式既要各有一定的测试范围和不同的测试重点,又要相互参照,相互依赖,从多角度、多方面和不同深度进行测试。因此,上述的流程图和问题式调查表,在审计时应该结合起来进行研究,这样就有助于审计人员对被审查单位的内部控制有透彻的了解,从而对内部控制作出恰如其分的评价。

(二) 对内部控制制度进行初步评价

对内部控制制度的评价问题,是确定对企业的内部控制制度能否依赖的关键。因为对被审查企业的一系列审计程序、抽样的多少和审查的重点等,都要根据内部控制的评价水平具体确定。

对内部控制制度的评价,主要从以下几方面进行:

(1)评价制度的健全程度。既要从企业的整个制度进行评价,又要对企业各个业务部门的制度进行评价。至于制度是否健全的标志是:所有的控制目标是否已达到;各种制度是否符合内部控制的基本原则。

(2)评价控制的合理性。评价控制点的设置是否合理;有没有安排过多的或不必要的控制点,在每个需要控制的地方是否都建立了控制环节;控制职能是否划分清楚;人员间的分工和牵制是否恰当,即既不是分工过细,又能起到牵制作用。

(3) 评价控制的有效性。研究管理人员的素质和经验能否胜任控制职能,控制的目标能否实现,诸如所有收支是否已作正确及时的记录,各项业务是否经过授权及批准手续,资财是否有妥善的保护措施等。

通过对内部控制制度的评价,既可发现内部控制较强的环节,同时也可发现控制薄弱的环节。这些薄弱环节,会给企业带来损失和危害。进行内部控制,应能将损失和错误消灭在萌芽阶段,避免酿成更大损失和错误。因此,在初步评价时,就要对所有发现的弱点和错误所可能造成的影响作出评价,并编制"控制弱点登记表"。

"控制弱点登记表"是综合初步调查中发现问题的文件。该表将发现的问题按不同性质进行分类,并列示错误的性质,可能产生的影响,以及与企业有关管理人员商讨核实的结果。它不仅是系统评价企业内部控制制度的重要依据,同时也是对审计人员工作质量的检验。"控制弱点登记表"的主要内容包括:① 内部控制问题式调查表编号索引;② 控制弱点的性质及其产生的原因;③ 与该弱点有关的管理人员交谈后,管理员的意见和认识;④ 是否可能产生重大的影响;⑤ 是否有必要写入致领导的管理意见书中;⑥ 后续审查中,了解企业是否采取措施加以纠正。

(三) 对内部控制制度进行符合性测试

对内部控制制度作了了解,并对其存在的一些薄弱环节作了评价后,即可初步明确对内部控制制度可予依赖的程度。但是制度的建立与执行所建立的制度并不是一回事。审计人员还必须了解企业有关部门执行制度的情况,是否充分发挥了这些制度的作用,这就要求进一步研究有关内部控制制度是否得到遵循以及遵循的程度如何。这项工作,通常即称为"符合性测试"。

1. 符合性测试的方法

符合性测试的方法通常有:

现代审计中内部控制测试的探讨

（1）检查证据。即检查有关的凭证、单据、内部报表、对账单，以及作为证据的其他文件，用以验证有关的控制制度是否已被认真执行。例如，检查有关的单据是否有部门负责人的批准和签章，购货发票是否有购货定单作为请购、审批的依据，等等。

（2）重做。即按照被审查企业有关人员处理业务的过程，根据制度规定重新做一遍。例如，把购货发票与购货申请单，发票与验收单及收料单进行核对，把付款凭证与发票进行核对，用以验证购货业务是否按规定的控制程序进行处理。

（3）实地察看。即实地观察工作人员对业务处理是否按规定制度进行。这种观察，一般在不让有关工作人员知晓的情况下进行为妥。例如，审计人员要实地观察在支付款项时，有关报销单的附件是否都经审核，各附件的金额是否已予加总计算，附件金额总数与报销单所列金额是否相等，支付款项后是否在附件上加盖"付讫"印章，等等。

2. 符合性测试数量的确定

符合性测试数量（即抽查证据的数量）的确定，主要视控制执行的频率而定。一般说来，控制执行的次数越多，需要抽查的凭证数量就须相应增加。现提供国外会计公司通常进行测试的数量如图表1，以供参考。

图表1

控制执行的频率	建议年度测试数量	
	对控制执行的凭证的检查	重做一遍
每月一次（注）	2～4	1～2
每周一次	4～10	2～4
每日一次	10～25	4～10
每天数次		
（1）全年次数在 1 000 次以下	25～50	10～15
（2）全年次数在 1 000 次以上	50～100	15～20

注：指每月只发生一次控制监督，例如发料汇总表与材料库存月报表的核对。以下以此类推。

在测试过程中如果发现问题,则要根据问题的性质、产生的影响等因素,再抽查一定数量的凭证或记录,以确定这种错误是偶然的,还是管理控制上的薄弱环节。

测试数量确定之后,就要从企业全年的经济业务中选取证据进行检查。

选择证据的方法有多种,常用的方法有:① 分层抽样,就是根据被抽查凭证的总的编号,每间隔一定数量就抽取一份凭证,直到抽出全部需要的数量。② 整批抽样,就是把事先编号的凭证,按 1~50、51~100、101~150、…分成若干批,再任意从中抽取某几批进行检查。③ 判断抽样,根据审计人员的经验判断进行抽样。④ 利用随机数表。在国外审计工作中,常根据随机数表,先任意确定一个数,查找随机数表,然后找出要抽查的凭证。

总之,抽取的证据要力求做到广泛性,有代表性,尽可能避免人为的偏见。

3. 符合性测试的时间安排和测试记录

符合性测试的时间,主要根据审计人员的具体安排而定。一般来说,审计人员的工作在年末较忙,因此符合性测试,可放在年度中间,以免工作中前松后紧,同时也可适当减轻年末进行实质性测试的工作量。期中进行了符合性测试,可以对内部控制的职能是否充分发挥有较为深刻的了解,这样在年末进行实质性测试时,就可以把重点放在符合性测试以后至年度终了的这一阶段上。

进行符合性测试,通常要编制测试表,用以记录测试的项目、程序和数量。例如测试材料发出内部控制功能是否正常发挥的测试记录表的内容主要有:一是详细测试项目,如到仓库和供销部门,将提货单或订货单与入库单进行比较核对,同时观察验收过程,以证明:① 货物只有经过验收才能入库;② 管理人员须验收后,才在入库单上签字。又如,检查库存材料明细账和财务部门的总账和有关明细账,以验证记录材料的收、发和结存数。再如,到仓库抽取几批领料单,以验证:① 领料单上有领用部门负责人签证;② 领料单上有发料员的签名;③ 与材料吊卡核对,证明吊卡每日都有记录;④ 吊卡记录与材料明细账登记者并非同一人。二是注明测试水平(即注明抽查证据的数量、编号及其发生的日期)。

4. 符合性测试结果的评价

这是符合性测试结果的综合结论。审计组负责人要将所属各审计员测试

现代审计中内部控制测试的探讨

的单项结果加以汇总,以便对整个控制系统作出评价。同时要区别测试中所发现问题的轻重,作出是否要填入控制弱点汇总表或写入致企业领导的改进管理意见书。这个综合评价过程,也是最后确定在多大程度上,在哪些方面能够依靠内部控制体系,以便进一步制订或修改实质性测试的审计计划。

(四)以内部控制测试为基础的审计程序图解

归纳前面所讲的内容,可把依赖内部控制测试为基础的审计程序用图解表示如图表 2 所示。

(五)符合性测试和实质性测试的区别

以上已论述了符合性测试的基本方法。根据符合性测试的结果,便可确定实质性测试的分量和具体计划。

所谓"实质性测试",一般指收集确切证据并进行更为深入的测试,以便审计人员据以作出审计总论。

实质性测试主要包括以下内容:① 实物盘点;② 向第三者询证;③ 复算;④ 仔细检查某项业务及其余额;⑤ 账账、账表、账证之间进行核对;⑥ 对账户中数字和余额的内容进行分析比较;⑦ 对有关文件(如购货合同、会议记录等)进行"复阅";⑧ 对重要的比率和趋势、不平常的波动以及较重大的问题进行分析性的复查、审核和研究。

实质性测试与符合性测试在方法上有许多相同之处,但是两者也有区别。主要的区别是:① 符合性测试着重了解和评价会计数据所由产生的制度,而实质性测试则着重对数据是否合法、正确、真实进行验证。② 符合性测试一般不采用询证、账户分析和实物盘点等方法,而实质性测试则需经常应用这些方法。③ 实质性测试注重报表数据之间的内部联系,十分强调进行分析性审阅,通过数据之间的对应关系,以及变化的差异程度来看企业财务状况是否正常,而符合性测试中一般不作这样的分析。④ 符合性测试一般在期中进行,实质性测试一般在期末进行。⑤ 符合性测试通常以内部控制原则为依据,实质性测试则以会计原则为主要依据。

图表 2

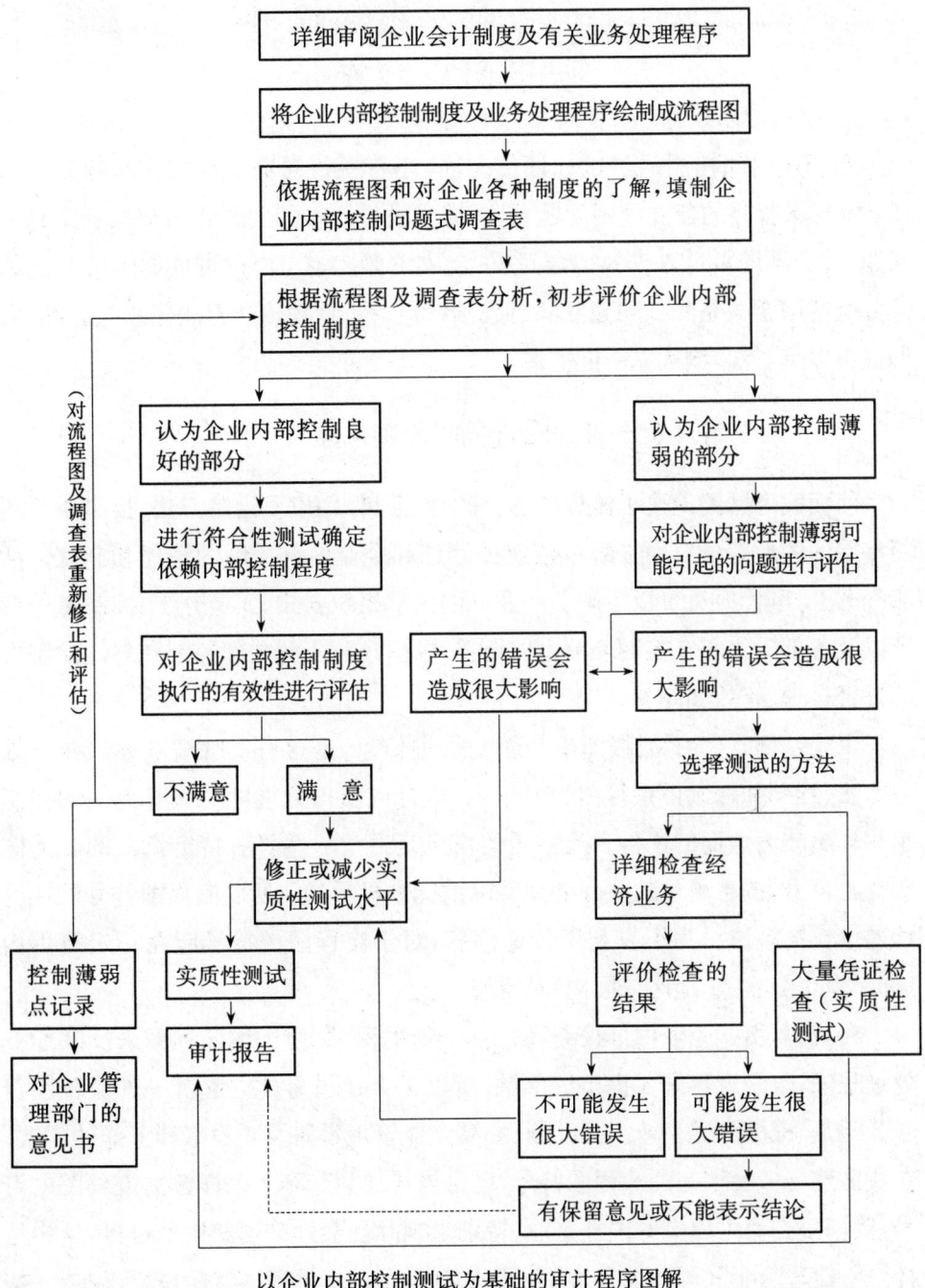

详细审阅企业会计制度及有关业务处理程序

将企业内部控制制度及业务处理程序绘制成流程图

依据流程图和对企业各种制度的了解,填制企业内部控制问题式调查表

根据流程图及调查表分析,初步评价企业内部控制制度

（对流程图及调查表重新修正和评估）

认为企业内部控制良好的部分

进行符合性测试确定依赖内部控制程度

对企业内部控制制度执行的有效性进行评估

不满意　　满意

产生的错误会造成很大影响

认为企业内部控制薄弱的部分

对企业内部控制薄弱可能引起的问题进行评估

产生的错误会造成很大影响

选择测试的方法

详细检查经济业务

评价检查的结果

大量凭证检查（实质性测试）

不可能发生很大错误

可能发生很大错误

修正或减少实质性测试水平

控制薄弱点记录

对企业管理部门的意见书

实质性测试

审计报告

有保留意见或不能表示结论

以企业内部控制测试为基础的审计程序图解

131

现代审计中内部控制测试的探讨

三、有关企业内部控制
若干问题的探讨

在企业内部控制的测试和评估方面,还有一些问题有待进一步探讨。诸如:流程图符号的建立原则问题、是否需要设计统一的问题式内部控制调查表问题、关于不同审计方法的结合问题、企业内部控制与岗位责任制的关系问题等。这些问题关系到如何建立具有我国特色的审计理论和方法体系。为此,我们提出以下看法,同大家一起探讨。

(一) 关于制订统一流程图符号的原则问题

前面我们已经论述了流程图的目的、性质、作用以及绘制方法,指出流程图用特定的图形符号全面描绘单位业务处理和企业内部控制的程序和制度。从流程图上,审计人员可以了解各项业务的内部组织安排、人员分工、控制点的设置以及各部门之间在控制环节上的衔接情况;还可了解局部控制和整体控制之间是否合理、有效和完整。

因此,可以认为:流程图本身就是一种信息,是含有反映被查单位业务处理方法、程序和控制体系等内容的信息,审计人员据此能够对被查单位的控制水平作出较为全面的评价。流程图的信息是通过一些具有特定意义的几何图形作为符号,按各单位的业务处理实际情况来显示的。所以流程图符号就成为传递信息的载体。为了有利于传递信息,对于流程图的符号应在一定范围内(如一个企业、一个地区或国内)求得统一。

在我国,由于企业内部控制尚是一个新的课题,对于用流程图来反映业务处理程序,也是近年来才提出的问题,所以至今还没有建立起统一的流程图符号。但是,根据加强企业内部控制、提高企业管理素质及开展审计工作的需要,在我国建立一套统一的流程图符号,已是当务之急。至于怎样建立流程图的符号,我们一方面可以借鉴国外企业、特别是国际性会计公司使用的符号,从中选择一些能适合于我国的加以运用;另一方面,可以根据我国实际情况,创造一些

比较适合我国国情的符号。不管是选用还是创造,作为流程图的符号,应该满足以下一些原则和要求:

(1) 简易性。流程图的特点之一在于它的直观感强,能迅速转变成审计人员的判断和结论。要达到这种直观感,流程图符号就应该图形简单、易于绘制,而且图形符号在数量上也应有一定限制。一般在 10~15 个之间。

(2) 可理解性。流程图符号应该含义明确,易于为人们所理解。要使代表作业活动、凭证、账册、报表、关键控制点等每一个符号都有明确的含义,尽量避免用相近的符号代表意义不同的活动和文件。

(3) 完整性。流程图符号应该具有完整的一套,能满足反映内部控制流程的需要,以便于把一个企业中的各项业务都能用符号在流程图中列示出来。

(4) 通用性。从我国审计发展趋势来看,采用电子数据处理程序的审计已为时不远。为了适应这一发展趋势,目前设计符号就应注意符号的通用性,即既便于审计人员绘制手工操作情况下的流程图,又便于绘制电算化程序的流程图。这样才能达到一图多用的效果。

(5) 形象性。流程图符号应从所描绘的实物和工作过程抽象而成,在感观上应多少与实物和工作有联系。这样的符号既便于记忆,又便于理解,并且容易为被查单位的管理部门所接受。

(二) 关于是否采用统一的问题式内部控制调查表的问题

运用问题式内部控制调查表,是了解企业内部控制制度是否健全、完整、有效的重要方法。在西方国家的审计工作中,这种方法被普遍采用。国外许多大型的会计咨询公司都把问题式内部控制调查表格式化、规范化、标准化。我们认为,根据我国的具体情况,可以分别行业(如工业、交通运输、商业、银行、保险业等)制订统一的调查表。这种统一的调查表具有下列作用:

(1) 节约制订审计计划的时间。采用统一格式的调查表,审计人员既可摆脱编拟调查提纲的重负,又可根据统一格式的调查表所提出的问题逐一了解企业的内部控制情况,从而为下一步审计实施阶段留有充分的时间余地。

(2) 便于全面考核内部控制制度。在现代审计中,审计计划的制订,审查重点和抽查证据数量的确定,都离不开对被查企业内部控制制度的评价。而且这种评价必须尽可能全面,应该包括企业的组织、管理、人事安排、供产销以及各种规章制度等等方面。统一的问题调查表,综合了同一类型企业经营管理的基本特征和关键控制点,对各个方面提出系统的调查问题,这就保证审计人员能得到足够的信息,用以作为分析评价企业内部控制制度的依据。

(3) 可避免发生评价的片面性。审计过程是一个分析、判断和评价的过程。统一的调查表是根据审计实践,综合了集体的经验和智慧,从众多的调查问题中概括、提炼出来的。它具有较强的针对性、客观性、逻辑性和系统性。因此,根据统一的调查表了解企业的内部控制情况,可避免审计人员个人的某些偏见和片面性,保证在对内部控制制度的分析评价中,能得出中肯而正确的结论。

综上所述,可见我国完全有必要,也完全有可能按不同行业制定统一的问题式内部控制调查表。这对我国开展审计工作来说,应该是一项基本建设。

(三) 关于以内部控制测试为基础的审计方法与详细审计方法、大量抽查方法的结合运用问题

详细审计方法与大量抽查方法都是传统的审计方法,在以内部控制测试为基础的审计方法(以下简称"制度测试方法")出现以后,对于前面两者是摒弃不用还是在一定条件下相互结合运用,这是我国审计工作中所面临的现实问题。

制度测试方法的出现,反映了审计介入企业管理的趋势,因为这种方法对企业管理方针和内部控制制度的抽查与评价,实质上是对企业加强管理的督促。我国开展审计工作,应该着重推行制度测试方法,以期使审计工作能在改善管理制度,提高经济效益方面发挥较大作用。

但是,我国的企业数以百万计,情况复杂,管理水平有高有低,规模有大有小,因此在审计方法上,应该根据具体情况,采用不同的方法,不宜"一刀切"。例如,对于规模较大,管理和控制制度较为完善的企业,应该采用制度测试方法,通过对内部控制制度的测试和评价,确定实质性测试的范围和分量。而对于那些规模小或没有建立完善内部控制制度的企业,就可采用详细审计方法或

大量抽查的方法。同时,即使在建立了内部控制的大型企业里,同一企业中不同部门的管理水平和内部控制的水平也是不一致的。对于管理水平较低、内部控制较为完善的部门,可采用制度测试方法,而对于那些管理较差,内部控制不健全的部门,或者虽有较好的内部控制制度而并没有遵循执行的部门,则应增加实质性测试的分量,或进行大量抽样审核,甚至进行详细审计。总之,这三种审计方法应该根据具体情况,相互配合,交替使用,以取得最佳的审计效果。

(四) 关于内部控制与岗位责任制的关系问题

企业中实行了岗位责任制,是否可以替代内部控制制度,两者的关系又是怎样,这是实施内部控制及其测试中所需明确的问题。

岗位责任制是一种重要的管理制度,但就其性质来说,它是内部控制的一种方式,是从属于内部控制的。例如,在内部控制的授权控制中,要求企业各级人员必须获得批准和授权,才能执行有关的经济业务。而"权"与"责"是相联系的。单位或个人被授予权力时,就负有相应的责任。岗位责任制即是按照工作岗位授予一定权力并负有相应责任的一种制度。实行岗位责任制,就是加强内部控制,但内部控制的范围和内容则要比岗位责任制广泛得多。

同时,在建立岗位责任制时,必须要以内部控制的基本原则为指导。例如:内部控制中强调不相容职务分管的控制,因此,企业的出纳人员只能掌管货币资金的出纳业务,而不能兼任总账的登记工作。如果在这方面建立岗位责任制,就应把这两种职务分别列作两个岗位的责任,而不能混为同一岗位的工作。这说明在建立岗位责任制时,首先要按内部控制的原则进行分工,然后具体规定岗位的责任,只有这样,才能使岗位责任制发挥其应有的作用。

(本文原载《财经研究》1985 年第 3 期)

内部控制的审计测试

内部控制是采用一定的方法,对单位的业务活动进行组织、制约、考核和调节。工业企业里实行内部控制的目的的,在于明确企业内部各部门的职责、权限,相互联系而又相互制约地进行工作,促使提高工作效率,保护财产的安全、完整,确保会计数据的正确性,保证国家财经纪律的贯彻执行和企业经营目标的实现。它是加强企业管理的一种有效手段。对工业企业的内部控制制度进行审计测试,就是对内部控制制度进行检查和评价,它是工业审计的重要组成部分。

通过内部控制的审计测试,可以了解企业内部控制的情况,明确控制的有效程度和有关数据的可靠性,据以确定审计的具体程序和范围。在这一讲里,我们拟阐述以下四个问题:内部控制的基本原则;内部控制测试在审计中的作用;内部控制检查的步骤和方法;内部控制的评价。

一、内部控制的基本原则

内部控制按其控制范围,一般可分为内部会计控制和内部管理控制两种。内部会计控制主要是运用会计方法和其他有关方法,对贯彻国家的财经纪律、保护财产的安全和会计资料的真实、准确和完整等方面所采取的控制措施。内部管理控制的范围较广,它包括整个企业组织机构的规划、对国家经济管理方针有效的贯彻执行、企业的经营效率、质量控制、人员培训计划、时间定额和操作的研究等。这里着重说明内部会计控制的原则。

现结合我国具体情况,说明工业企业内部会计控制的基本原则如下:

(1) 合法性控制。指财务、会计要以国家规定的财经政策、财经制度和法令为标准,对企业的经济活动加以控制,对于不合法的经济活动,要予以抵制。

(2) 目标性控制。要对生产、销售、财务、成本等制订目标,并在业务执行过程中按目标进行控制,及时分析实绩与目标的差异。

(3) 群众性控制。指由企业职工群众对企业的经济活动进行控制。例如职工代表大会对企业重大经济活动的控制、企业内部的群众性财务大检查、群众性经济核算等。

(4) 授权控制。指企业各级人员必须获得批准和授权,才能执行有关的经济业务。这一措施,是把各类经济业务在其发生之际就加以控制,使各级人员按其所授权限办事。"权"与"责"是相联系的。在建立内部控制制度时,通常要求每个单位或个人按其所具权力和应负责任,确定"岗位责任制",明确岗位应予履行的任务及其所具权责,并应由上级定期进行检查。这样就便于做到事事有人管、人人有专责、办事有标准、工作有检查,从而能对经济活动进行有效的控制。

(5) 内部牵制性控制。主要是指某些相互有关的职务,分别由两个人以上担任,以便相互核对,相互牵制,防止舞弊。例如销售与收取货款,实物保管与记账,出纳与稽核等职务,均应分别人员掌管。

(6) 会计资料可靠性控制。为了保证会计资料的可靠性,要对会计凭证进行审核,对凭证要连续编号并检查,总分类账要与有关明细分类账核对相符,对大量经济业务要按一定的特点划分批别进行控制,建立复核制度,实行内部审计。

(7) 财产安全性控制。诸如:发生的经济业务要立刻记录入账,材料物资实行"永续盘存制",定期进行财产清查,财务与会计档案要妥善保管及定期清点。

(8) 业务处理程序标准化的控制。这项控制,是把企业中与财务会计有关的重复出现的经济业务,按客观要求,规定标准化的处理程序。这种标准化的程序,可用文字说明的制度来表示(如各种会计制度),也可用一定的符号以流程图方式来表示各种业务处理程序。规定了业务处理的标准化程序,就可使各项业务按科学的程序办事,避免职责不清,相互扯皮。

内部控制的审计测试

大家知道,现代大中型企业规模较大,经济业务繁多。为了有效地管理企业,提高企业管理素质,防止贪污舞弊和维护财产的完整,因此加强内部控制已成为必然的趋势。企业的各项经济业务按照上述的控制原则进行处理,就可防止财产物资的浪费、损失,能保证会计资料的合法、完整、真实、可靠,且使企业内部各部门工作的协调,并确保国家方针的贯彻执行和企业任务的顺利完成。

二、内部控制测试是现代
审计工作的基础

随着企业内部控制的发展,在审计方法上有了新的变化。

早期的审计,一般是全面性的详细审计。详细审计对被审查单位的全部账目逐一进行复查,必然要花费大量的审计人力、时间和费用。为了节约审计所花的人力、时间和费用,在审计的发展过程中,曾采用大量抽查的审核方法(即从全部账目中抽查三分之一或四分之一)来代替详细审计。但是采用这种方法所抽查的业务量还是很大,而且抽查的资料是由审计人员主观选取的,难免以偏概全。近半个世纪来,由于现代化企业广泛推行内部控制制度,因而审计工作也逐步由详细审计和大量抽样审核转向以内部控制测试作为审计的基础。

内部控制的审计测试具有以下两个特点:

(1)内部控制审计测试与详细审计和大量抽查审核不同,后两者都是着重对数据本身的真实性进行审查,而前者则着重审核各项数据所据以产生的制度是否合理、严密,以及是否认真执行这些制度,从中了解内部控制中的缺点或薄弱环节,再有的放矢地制订进一步的审计计划。

(2)实行内部控制的审计测试,可促使企业注意防微杜渐,及早防止贪污盗窃和非法活动,而不是单纯的事后揭露问题。这种由事后揭露转变为事前防止,是现代审计的一项重要发展。

内部控制审计测试的基本做法是:

(1)对企业内部控制制度本身是否健全、完善进行了解;

(2)采用一定的方法,检查企业各部门是否认真执行有关的内部控制制度,

用以判断对有关业务数据可予信任的程度,这种检查通常称为"符合性测试";

(3) 对企业的控制水平和执行制度的情况作出评价,并提出改进控制制度的意见;

(4) 根据上述对内部控制的检查和评价,确定审查的重点和范围,制订审查的具体程序,以进行深入的、具体的审查,即"实质性测试"。

由此可见,通过内部控制的测试,即对内部控制制度进行检查和评价,可以估计内部控制的健全程度及其执行情况,进而明确控制中的缺点和存在的问题,便于进一步有重点地深入地进行审查,这样就不但可节省审计工作所花的人力和时间,而且可使审计的程序以及所得结论,建立在科学的基础之上。因此,内部控制测试是审计工作的重要组成部分。

三、内部控制检查的步骤和方法

进行内部控制测试,首先要对企业中有关的内部控制制度进行检查。

检查的步骤和方法如下。

1. 充分了解企业内部控制制度是否健全、完善

这项工作包括以下几个方面:

(1) 了解企业组织机构、审阅企业有关的各种文件,并与有关部门的职工进行谈话。

(2) 了解企业中各种经济业务的处理程序,包括了解企业会计制度在内的各种管理制度和有关业务的处理程序。

在不少企业里,往往已将各项业务的处理程序绘成流程图。在这种情况下,审计人员只要对流程图进行复查,以便于在审计中进行评价、测试。如果企业没有绘就流程图,则由审计人员自行绘制。

(3) 编制"问题式内部控制调查表"。

问题式调查表是通过提问的形式来了解企业内部控制制度的完善和健全程度。采用调查表的方式了解内部控制制度,首先要确定所需调查的问题。这种问题不是对企业经营性质、内容、状况等作泛泛的了解,而是针对企业各种业

务的内部控制制度中的关键控制点或主要问题进行调查。该表列出"是"、"否"二栏,其中"否",即为控制弱点,应再控其轻重,分栏填列。可见,该表的填制过程,也就是对内部控制过程进行评价。

现联系材料发出业务,编制内部控制问题式调查表,用以说明调查表的编制和填写方法。

图表 1   **内部控制问题式调查表**   调查表编号 M001

调查单位: ××机器制造厂   调查时间: 1984.8.15
调查内容: 材料发出的内部控制制度
内部控制目标:原材料及辅助材料的发出有严格的审批和发放程序,并且正确记录在相应账册

调 查 问 题	流程图编号	调 查 结 果				回答"是"后进行符合性测试情况	回答"否"后登记控制弱点登记表编号
		是	否 — 弱点				
			较轻	较重	不适合		
1. 材料入库是否有验收制度?		✓					
2. 是否采用限额领料制度?			✓				
3. 是否根据经过领导批准的领料单发料?		✓					
4. 是否采用永续盘存制?		✓					
5. 仓库是否根据领料单登记材料吊卡?		✓					
6. 材料明细账是否由保管员以外的专人登记?		✓					
7. 仓库发料后,是否将一联领料单退回领料部门?		✓					
8. 领料部门是否将仓库退回一联领料单转给财务部门?				✓			
9. 供销部门是否每月编制库存月报表?		✓					
10. 财务部门是否定期将领用部门和供销部门转来的领料单相互核对,并据此编制材料发出汇总表?				✓			

140

调 查 问 题	流程图编号	调 查 结 果				回答"是"后进行符合性测试情况	回答"否"后登记控制弱点登记表编号
		否 — 弱 点					
		是	较轻	较重	不适合		
11. 材料发出汇总表是否与供销部门的材料收发存汇总表进行核对？		✓					
12. 供销部门的材料明细账和财务部门的材料总账是否定期进行核对？				✓			
13. 财务部门是否定期根据材料发出汇总表登记有关的成本计算单？		✓					
14. 材料差价是否每月调整？		✓					

审计调查人　　　　　　　　　　　　　　　　审计负责人

通过上述各种方式的了解，就可初步明确企业对有关业务的内部控制制度是否完善、健全，从而明确对企业内部控制制度可予依赖的程度。例如，根据上表可知该厂在发料业务方面，大部分有较好的控制，但是在8、10、12几项控制上，还存在较大的弱点，这说明该企业在发料方面的内部控制制度，尚存在一定的缺陷。

2. 对内部控制制度进行符合性测试

如果经过了解，认为有关的控制制度是严密、合理而且可予依赖的，那么，企业有关部门是否认真执行了制度的规定呢？是否充分发挥了这些制度的作用呢？这就要求进一步研究有关内部控制制度是否得到遵循，以及遵循的程度如何。这项工作，通常即称为"符合性测试"。

（1）符合性测试数量的确定。符合性测试数量（即抽查证据的数量）确定，主要视控制执行的频率而定。一般说来，控制执行的次数越多，需要抽查的凭证数量就应相应增加。现提供国外会计公司通常进行测试的数量如图表2，以供参考。

内部控制的审计测试

图表 2

控制执行的频率	建议年度测试数量	
	对控制执行的凭证的检查	重做一遍
每月一次（注）	2～6	1～2
每周一次	4～10	2～4
每日一次	10～25	4～10
每天数次		
（1）全年次数在 1 000 次以下	25～50	10～15
（2）全年次数在 1 000 次以上	50～100	15～20

注：指每月只发生一次控制监督，例如发料汇总表与材料库存月报表的核对。以下以次类推。

（2）凭证或记录的抽查方式。在测试过程中如果发现问题，则要根据问题的性质、产生的影响等因素，再从企业全年的经济业务中抽查一定数量的凭证或记录，以确定这种错误是偶然的，还是管理控制上的薄弱环节。

选择证据的方法有多种，常用的方式有：① 分层抽样，就是根据被抽查凭证的总的编号，每间隔一定数量就抽取一份凭证，直到抽出全部需要的数量。② 整批抽样，就是把事先编号的凭证按 1～50、51～100、101～150、…分成若干批，再任意从中抽取某几批进行检查。③ 根据审计人员的经验判断进行抽样。④ 利用随机数表找出所要抽查的凭证。

总之，抽取的凭证要力求做到广泛性，有代表性，尽可能避免人为的偏见。

（3）符合性测试的方法。

符合性测试的方法通常有：① 检查证据。即检查有关的凭证、单据、内部报告、对账单，以及作为证据的其他文件，用以验证有关的控制制度是否已被认真执行。② 重做。即按照被审查企业有关人员处理业务的过程，根据制度规定重新做一遍。③ 实地察看。即实地观察工作人员对业务处理是否按规定制度进行。例如，审计人员要实地观察在支付款项时，有关报销单的附件是否都经审核，各附件的金额是否已予加总计算，附件金额总数与报销单所列金额是否相等，支付款项后是否在附件上加盖"付讫"印章，等等。

142

四、内部控制的评价

根据内部控制检查的结果,审计人员就可据以作出企业内部控制的评价。内部控制的评价,主要包括以下各项内容。

1. 对内部控制制度本身是否健全、合理进行评价

这项评价,主要从以下几方面进行:

(1) 评价制度的健全程度。既要从企业的整个制度进行评价,又要对企业各个业务部门的制度进行评价。至于制度是否健全的标志是:所有的控制目标是否已达到,各种制度是否符合内部控制的基本原则。

(2) 评价控制的合理性。评价控制点的设置是否合理;有没有安排过多的,或不必要的控制点,在每个需要控制的地方是否都建立了控制环节;控制职能是否划分清楚;人员间的分工和牵制是否恰当,即既不是分工过细,又能起到牵制作用。

(3) 评价控制的有效性。研究管理人员的素质和经验能否胜任控制职能,控制的目标能否实现,诸如所有收支是否工作正确及时的记录,各项业务是否经过授权及批准手续,资财是否有妥善的保护措施等。

通过对内部控制制度的评价,既可发现内部控制较强的环节,同时也可发现控制薄弱的环节。这些薄弱环节,必然会给企业带来损失和危害。进行内部控制,应能将损失和错误消灭在萌芽阶段,避免酿成更大损失和错误。因此,在评价时,就要对所有发现的弱点和错误可能造成的影响作出估计,并编制"控制弱点登记表"。

"控制弱点登记表"是综合初步调查中发现问题的文件,该表将发现的问题按不同性质进行分类,并列示错误的性质,可能产生的影响,以及与企业有关管理人员商讨核实的结果。它不仅是系统评价企业内部控制制度的重要依据,同时也是对审计人员工作质量的检验。"控制弱点登记表"的格式列于图表3。

2. 对符合性测试结果进行评价

这项评价即是对企业各部门是否认真执行内部控制制度所作的结论。审

内部控制的审计测试

内部控制弱点登记表

调查单位：××机器制造厂　　　　　　填表时间：<u>1984.8.15</u>
调查内容：<u>材料发出的内部控制制度</u>

内部控制问题式调查表编号	控制弱点的性质及其产生的原因	与该弱点有关的管理人员交谈后，管理人员的意见和认识	是否可能产生重大影响		是否有必要写入致领导的管理意见书中		后续审查中，了解企业是否采取措施加以纠正	
			是/否	说明原因	是/否	时间	是/否	时间
8.10	财务部门没有获得领料部门应该送来的领料单，未能据此核对登账	当事人承认缺少应有的控制	是	无法控制材料的领用，容易发生弊端	是	1984.8.15		
12	财务部门材料总账与供销部门材料明细账没有按时核对	财务部门和供销部门负责人都承认工作上有问题	是	可能发生账账、账表不符，给贪污盗窃以可乘之机，增加年终盘点困难	是	1984.8.15		

填写人_____
审计负责人_____

计人员一般要对各种单项业务的内部控制符合性测试结果进行汇总，据以对整个企业控制系统作出评价。在评价中，要着重说明以下几点：

（1）各部门主管人员及职工对有关内部控制制度是否正确对待；是否做到令行禁止，认真执行。

（2）在执行制度方面有哪些肯定的成绩，取得成绩的原因何在。

（3）存在些什么问题，性质是否严重，是偶然的疏失，还是一贯的有章不循，其影响及后果如何。

（4）对企业的内部控制体系，在多大程度上、在哪些方面可资信赖和依靠，可予信赖和可予依靠的程度如何。

3. 确定实质性测试的分量并制订具体的审计计划

根据对内部控制制度本身和符合性测试的评价，便可明确企业各个部门的内部控制情况，并可据以确定实质性测试的分量和深入审查的计划。

所谓"实质性测试",一般指搜集确切证据并进行更为深入的测试,以便审计人员据以作出审计结论。

实质性测试主要包括以下内容:① 实物盘点;② 向第三者询证;③ 复算;④ 仔细检查某项业务及其余额;⑤ 账账、账表、账证之间进行核对;⑥ 对账户中数字和余额的内容进行分析比较;⑦ 对有关文件(如购货合同、会议记录等)进行"复阅";⑧ 对重要的比率和趋势、不平常的波动以及较重大的问题进行分析性的复查、审核和研究。

如果企业内部会计控制制度的设计较为严密、合理,对其执行也较为认真,则由此而产生的财务、会计数据必然较为可靠,审计人员也就可以对这些数据给予较大的信任,从而相对地减少实质性测试的分量。所以内部控制的强弱,与随后的实质性测试的分量是成反比的,内部控制越强,则实质性测试的分量就可相对减少;反之,就要增加。

最后,审计人员要根据内部控制的审计测试,用书面向企业领导报告内部控制方面的成绩和缺点,并提出改善内部控制的具体建议,以期使企业的内部控制更能在保证会计数据的真实、准确、财产的安全、完整,管理效率的提高和企业目标的实现方面,发挥出更大的作用。这样也就使审计工作不是局限于消极地揭露问题,而是起到促进提高企业管理水平和经济效益的功能。

(本文原载《审计通讯》1985 年第 3 期)

内部控制的审计测试

开展会计改革　增强会计活力

我现在就会计改革的一些问题,谈谈个人的一些看法。

一、开展会计改革增强会计
活力的迫切性

1. 从经济体制改革看会计改革的迫切性

党的十二届三中全会作出了《关于经济体制改革的决定》,以城市为重点的整个经济体制的改革正在深入开展。在《决定》中明确提出把增强企业活力作为经济体制改革的中心环节。要增强企业活力,必须增强各项管理工作(包括技术管理、劳动管理、物资管理等)的活力,当然也要求增强会计管理的活力。不如此,就很难适应形势的发展,也很难增强企业的活力。会计在增强企业活力中的作用是多方面的,概括起来说就是要做好"生财、聚财、用财"这些方面的工作。《决定》中强调要有"能够严格维护财经纪律,精打细算,开辟财源的总会计师"正是体现了"三财"之道的要求。其实不仅总会计师要做到这一点,其他财会人员都要从这些方面去努力。因此,随着经济体制改革的深入开展,必然要求会计作相应的改革。

2. 从《会计法》的要求看会计改革的迫切性

《中华人民共和国会计法》已由六届人大常委会第九次会议通过,并决定从五月一日起施行。制订《会计法》的目的,就是为了加强会计工作,保障会计人员依法行使职权,发挥会计工作在维护国家财政制度和财务制度、保护社会主义公共财产、加强经济管理、提高经济效益中的作用。《会计法》第四章专门规定了会计机构、会计人员的主要职责。那就是第一,要真实、准确、完整并按照

会计制度规定进行会计核算；第二，要严格按照国家统一的财政制度、财务制度规定进行会计监督；第三，要拟订本单位办理会计事务的具体办法；第四，参与拟订经济计划、业务计划，考核分析预算、财务计划的执行情况；第五，办理其他会计事务。其中第三、第四、第五项以及上面所讲的会计要达到加强经济管理，提高经济效益的目的，都是与增强会计活力息息相关。要增强会计活力，不但要搞好会计核算，进行会计监督，而且要能结合本单位的具体情况，设计会计制度，拟订成本计算方法进行财务、成本的预测、参与决策以及制订内部结算制度等；要能通过预测、分析、控制等方法，挖掘内部潜力，检查计划的执行情况，提高经济效益。因此，随着《会计法》的实施必然要求会计进行必要的改革。

二、会计如何进行改革

会计改革必须从会计理论、会计工作和会计教学三个方面进行系统的全面的改革。

1. 会计理论的改革

理论来源于实践，但理论并不永远停留在原有基础上，随着对客观事物认识水平的提高，理论也要向前发展。一旦新的理论形成以后，反过来又能在新的基础上指导实践。会计理论亦然如此。

会计理论主要包括会计含义、会计属性、会计对象、会计原则及其依据、会计职能、现代会计的模式，会计研究的方法论以及会计的发展方向等。就上海市会计学会在学术活动中对会计理论改革的讨论情况来看，需要研究以下几个问题：

（1）关于会计的含义和定义问题。会计的含义长期以来称为"记账、算账、报账"这些当然是很重要的，也是会计最基本的要求。但是现在看来光有这些已不适应加强管理的要求。必须扩大为"记账、算账、报账、用账、查账、建账（指建立企业内部会计制度）"。前面三个"账"是积累数据或者叫信息，后面三个"账"是通过对数据的进一步加工，起到挖掘潜力、对计划与决策起反馈作用。从上面六个"账"的内容来看，现代会计的定义，可以从不同的侧面进行表述。

147

第一，会计记录是数字和文字的结合，而文字说明是寄托在数量基础之上。从这一点来看，会计是一种计量的技术。

第二，会计对各种原始数据进行加工，产生信息，因此，信息是会计工作所产生的结果。从这一点来看，会计是一个信息系统。

第三，会计是用货币量度计算和记录财产物资的增减变化，并以变化的结果来评价企业生产经营情况。从这一点来看，会计是使经营责任有所着落的手段。

第四，会计凭借计算、记录、分析和检查这些手段从一个特定的侧面管好企业的生产经营。从这一点来看，会计是一种管理活动。

我认为会计是一种"管理活动"的定义，比较恰当地反映了会计的实质。

（2）关于建立具有中国社会主义特色的会计理论结构问题。对这个问题过去已经讲过，这里不准备多讲了。主要是要从会计的任务、会计的环境、会计的假设、会计的基本理论概念、会计原则、会计技术方法、会计制度及内部会计控制制度等方面来确定会计的理论结构。现在看来，时机已经成熟，应当考虑这个问题了。

（3）关于建立具有我国社会主义特色的会计原则的体系问题。目前我国还没有正式制定会计原则，这个问题也必须及早加以考虑。在制定过程中，要研究哪些原则可以借鉴西方的，哪些原则是我国特有的。我认为：大体上可以分为下列几类：

第一，有关会计基本指导思想的原则，如：政策性原则、讲究经济效益的原则、社会性原则、群众性原则、民主理财原则等；

第二，有关会计反映方法的原则，如：历史成本原则、统一性原则、配合性原则、收入实现原则、重要性原则、揭示差异原则等；

第三，有关会计信息质量的原则，如：会计法所要求的真实、准确、完整、及时等就是属于这一类的。还要注意相关性，以便能用于决策。

（4）关于现代会计的模式问题。多少年来，会计模式只考虑凭证、账册、报表这是很不够的，应当把预测、决策、控制、分析放进去。这样一头从预测、决策到制订计划；另一头是制订会计制度包括内部控制制度。并且通过记账、算账、

报账——包括内部报表和外部报表然后进行分析检查。通过分析检查又为预测、决策提供信息。形成比较完整的会计模式。（附图表）

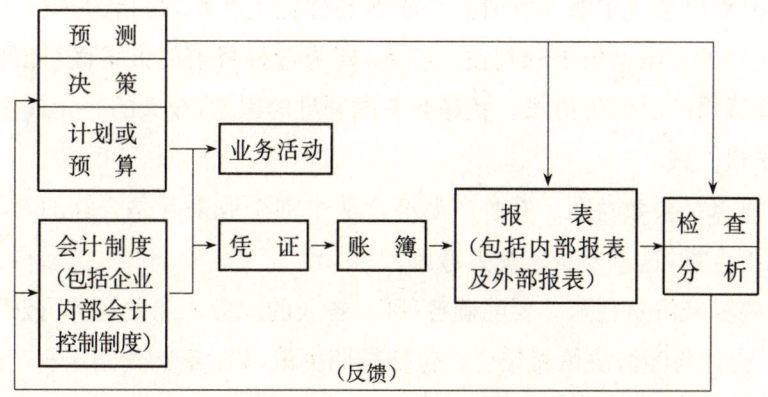

（5）关于会计的职能问题。过去常常把马克思所讲的"过程的控制"理解为"监督"，把"观念总结"理解为"反映"这是不全面的，应当重新认识。我认为："过程的控制"不能只理解为"监督"，应当包括"提出目标"、"揭示差异"、"加强监督"三个方面；"观念总结"也不应只理解为"反映"，应当包括："系统反映"、"探索规律"、"优化决策"三个方面。这样，会计的职能可概括为："预测、反映、控制、监督、挖潜、决策"。会计具有这样的职能，就能有效地促进经济效益的提高。

（6）关于要重视会计研究方法论问题。要开创会计研究新局面就要改革传统的研究方法。过去我们所用的方法论，主要是：归纳和演绎的方法论、政策规范的方法论、调查研究的方法论、广泛联系的方法论、比较研究的方法论。我认为今后仍要继续运用这些方法，但还必须根据经济体制改革的要求，从我国实际出发，吸收西方对我有用的经验，补充下列各种研究方法，即：社会和经济价值论、行为论、信息论、系统论、控制论等。

2. 会计工作的改革

（1）会计必须从事后的反映监督转到与事前预测和事中、事后的控制相结合。具体表现在"算账"环节上。

A. 要算历史账。这是传统的做法。

开展会计改革　增强会计活力

B. 要算未来账。例如：本量利分析，预测目标成本，目标利润，实行目标管理。

C. 要算机会成本账。所谓机会成本又称择机代价，是指为执行一种方案而放弃另一种方案所失去的利益或收入，即为选择目前的方案而付出的代价。例如要算货币的时间价值账。就是要考虑利息的因素，今天的一元钱比明天的一元钱来得值钱。

D. 要算社会效益账。有些产品经营从个别企业来看是合算的，但从宏观来看，就不合算，这就要从宏观去考虑。

E. 要算经济责任账。要明确各部门、各人的职责才能做到赏罚分明。

（2）会计与经济决策相结合。包括长期决策，如：新购置固定资产的决策、固定资产更新改造的决策等等；短期决策，如：购进原材料是一次付款合算，还是分次付款合算；零部件是自制合算还是外购合算等。

（3）会计与技术经济分析相结合。例如：运用价值工程和价值分析，算产品寿命成本及科技开发成本等。

（4）会计中广泛应用数学模式。例如：线性代数、矩阵、微积分、概率、回归分析等。

（5）加强内部会计控制，防止因失控而造成的损失浪费。

（6）实行会计电算化，改变长期以来会计用手工操作的局面。

3. 会计教学的改革

会计教学关系到会计人员的素质，事关重大，所以要改革会计理论、改革会计工作，其决定性因素是会计教学要进行改革。在会计教学改革中必须使学生求知有动力、学习有压力、深造有潜力。

改革会计教学首先要进行课程改革。新中国成立后，会计课程基本上是"老四门"。其优点是：务实性强，与实务工作亦步亦趋。但其缺点是：理论性不足，少后劲；成本会计阐述不够；重在记账、算账、报账，缺少用账、查账、建账这些方面，体系不完整，少活力。

上海财经学院从 1982 年开始进行会计改革，设置了基础会计、财务会计、成本会计、管理会计、审计、会计制度设计、资本主义会计、中外合资企业会计、比较会计和会计理论等课程。试点结果,反映较好,提高了学生独立工作能力,增加了知识深度,受到各方面的好评。

其次,从实战出发进行教学实践。① 上海财经学院同上海市会计学会合办大华会计师事务所,利用学校的智力优势和会计学会会员的力量,带领学生走出课堂,面向社会、面向实际、面向基层,参与会计咨询、专业培训和审计业务,从实际工作中提高学生的实践能力,以补充书本知识的不足。② 参加电算化程序设计。上海财经学院会计系于 1983 年、1984 年间均安排部分教师、毕业生到高桥石化总厂和国棉二十一厂等单位帮助他们设计成本计算程序的通用软件包,积累了会计电算化的经验。

三、会计理论工作者和会计实际工作者
要当会计改革的促进派

当前会计战线上呈现着一片大好形势,最近又公布了《会计法》,这是党和国家对会计工作的重视,既使我们受到很大的鼓舞,又给我们莫大的鞭策,加重了我们的责任。会计学会要通过各种学术活动,积极推动上述三方面的改革并组织经验交流,使会计改革得以顺利进行,为开创会计工作新局面,为建立具有我国社会主义特色的会计理论、会计工作和会计教学体系作出贡献!

(本文原载《广东财会》1985 年第 4 期)

内部审计与内部会计控制的依存关系

一、内部审计与内部控制的关系

现代内部控制的产生和发展,使审计建立在内部控制测试的基础上,从而促进了内部审计的发展。从某种意义上来说,内部审计是随着内部控制的产生而逐步发展起来的,二者间存在着你中有我,我中有你的血缘关系,因此,西方有关论著中常把内部审计作为内部控制的一个组成部分,正因如此,内部审计对内部控制的依存性,也可以说是内部审计的一个特征。

我们认为,内部审计与内部控制,是现代企业中两个并行的管理制度。二者互相依存,互相促进。内部控制是内部审计的前提,进行内部审计,先要了解企业的内部控制制度是否健全、有效,进而审查企业有关部门在执行其业务活动时是否遵守所规定的内部控制制度,据以确定会计信息的可靠性和企业工作的优缺点,从而可有的放矢地进行深入审查,并提出中肯的建议。通过内部审计所揭示企业管理工作中所存在的问题和作出的建议,又可反过来促进完善内部控制。因此内部控制与内部审计相互联系又相互依存,而内部审计则起着"对内部控制进行控制"的作用。西方国家对以审查内部控制制度为基础而进行的内部审计,称为"制度基础审计"或"制度审计",这是现代审计在方法上的重大发展。

二、内部控制的一般方式

在我国开展内部会计控制,我认为结合我国国情,可采用以下几种一般的控制方式：

（1）合法性控制，即财务和会计工作要以国家规定的财经政策、财政制度和法令为标准，对企业的经济活动进行控制；

（2）目标性控制，即企业要制订生产、销售、财务、成本等各种目标，并对其执行情况进行控制；

（3）群众性控制，即由职工群众通过职工代表大会、经济监督小组、群众性经济核算等方式所进行的内部控制；

（4）授权控制，即企业各级人员执行经济业务，必须先获得批准和授权，按其所授予的权限办事；

（5）内部牵制性控制，即对某些易于发生弊端的职务（如出纳与记账、销货与收取贷款、仓库保管与料账记录等），分别由几个人分工掌管，以资牵制，我国早就实行的钱、账、物分管办法，即属内部牵制性的控制；

（6）会计信息可靠性控制，例如凭证的连续编号和审核，总账与明细账并行登记，复式记账，复核制度等；

（7）财产安全性控制，如采用永续盘存和定期的财产清查等；

（8）业务处理程序标准化控制，即把企业中重复出现的经济业务，按客观要求，规定其处理的标准化程序，用文字或流程图表示。

企业根据上述的一般控制方式，要对各种业务如采购、生产、销售等业务提出控制要点，制订具体的控制步骤。例如，对于销售业务，要注意控制以下一些关键问题：

（1）销货合同、销货发单和发货单，须经有关负责人员的审核签证才能生效；

（2）按规定的价格进行销售，提价或降价要经有关主管部门审批；

（3）发票及发货单要顺序编号，如有缺号，必须查明原因，经批准后注销；

（4）销售业务必须尽可能根据合同进行，会计部门要参加合同会签，并把合同副本留在会计部门，发票中的品名、数量、单位、金额及付款方式，均应与销售合同的内容相一致，并经专人复核无误，对非合同销货及门市销售，要建立经常的检查制度；

内部审计与内部会计控制的依存关系

（5）废料和废料的出售，要开单入账，与一般的销售同样处理；

（6）销售退回须经有关负责人批准后才可办理销账和退款手续，坏账转销要按规定审批程序办理；

（7）实行钱、账、物分管，开发货单与发货、开发票与收货款的人员要分开；

（8）应收账款明细账与应收账款总分类账户金额相符；等等。

三、评价内部控制的主要程序

内部审计对内部控制进行审计的主要程序是：

（1）了解企业及有关部门的内部控制情况。包括了解组织机构情况，审阅有关文件，并与有关职工进行谈话，了解（或绘制）有关业务处理和会计控制的流程图，编制"问题式内部控制调查表"等。

（2）对内部控制制度进行评价。主要可从制度的健全程度、控制的合理性和控制的有效性等方面进行评价，从中确定控制中的优点和弱点。对于控制中的弱点，要评价其可能造成的影响。

（3）对内部控制制度进行符合性（遵循性）测试。这主要是检查企业各个部门是否认真执行有关的控制制度，检查方法可以是采用抽样方法检查证据、根据规定的制度重做验证、实地察看制度的遵循情况等。对于符合性测试，通常要编制测试计划并进行记录，用以作为评价符合性的依据，根据上述符合性测试，内部审计人员要对这项测试结果进行评价，作出综合结论，用以确定在哪些方面和在多大程度上可以对财务和会计的信息加以信赖，对哪些问题需要进一步有的放矢地进行深入审查，即进行实质性测试。

实质性测试的方法有：实物盘点，向第三者询证，复算，详细检查某项业务的账户及其余额、账账、账表、账证之间的核对，对账户数字和余额进行分析比较，对重要的比率和趋势进行分析等。通过内部审计揭示了内部控制制度方面的薄弱环节和存在问题，便于据以提出改进措施，完善内部控制制度和改进业务工作。

内部审计与内部控制的依存关系如下图所示。

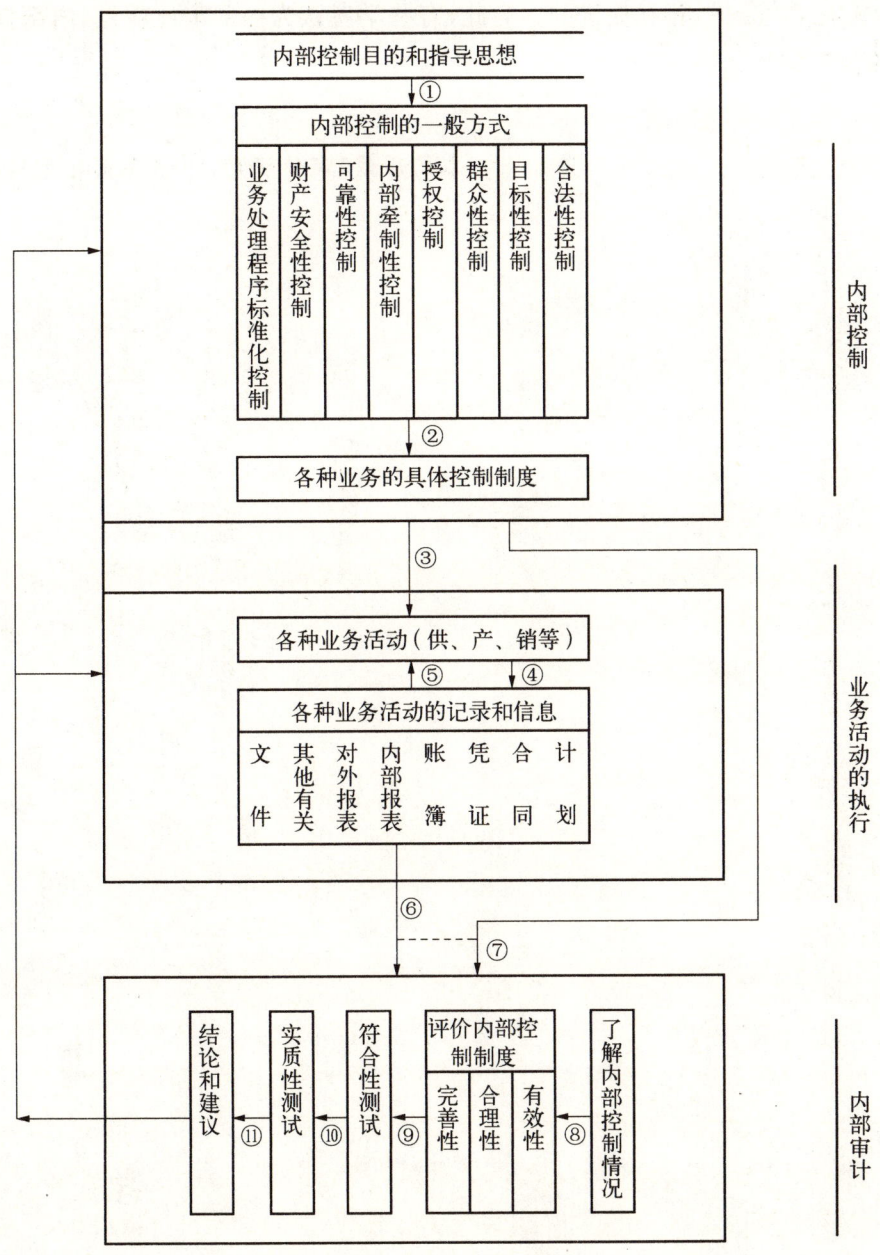

内部控制与内部审计的依存关系

内部审计与内部会计控制的依存关系

综上所述,可见内部控制与内部审计的关系十分密切,二者是既是相互依存,又是互为条件,相互促进的。为此,有些学者认为内部审计就是"内部控制的审计"。

(本文原载《审计研究》1986年第2期)

积极做好培训工作，努力发展注册会计师队伍[①]

为了加强对注册会计师的管理，充分发挥他们在对内搞活、对外开放中的积极作用，国务院最近公布了《中华人民共和国注册会计师条例》。这个条例的公布，把我国方兴未艾的注册会计师工作推进到一个新的阶段。

在我国，注册会计师制度还是一项新的工作。目前这方面的人才不足，经验缺乏，而人才问题，尤为突出。我国经批准的注册会计师只有一千余人，远远不能适应经济发展的需要；而且现有注册会计师的年龄老化，以上海来说，他们的平均年龄已达64岁。可见培养人才、壮大队伍，实乃当务之急。

要壮大注册会计师的队伍，我认为应采取多种措施：

一要进行多层次的培养，既要从大专院校毕业生中考选人才，进行注册会计师的专业培训，也可以从中专毕业生中进行选拔，进行较长期的培养，提高他们的会计、审计理论水平和实际工作能力，作为注册会计师的后备队伍。

二要广开学路，采取多种教学形式（包括函授、电视等教学形式），普及注册会计师业务知识，造就成千上万具有这方面专业知识的人才，以便于进行考选，择优录用。

三对现有的注册会计师要进行有计划的培训。例如可进行为期两三个月的专业强化教育，组织注册会计师们学习新知识、研究新问题。例如可组织他们学习管理决策、现代审计技术、西方企业财务会计、会计电算化方法、经济法

---

① 为了贯彻施行《中华人民共和国注册会计师条例》，交流各会计师事务所的工作经验，探讨注册会计师查账验证和咨询服务的理论及实践的有关问题，《会计研究》编辑部于8月21日在哈尔滨市召开了北京、上海、天津、广州、福州、黑龙江等地十家会计师事务所主任会计师座谈会。本文为作者的发言摘要。

等课程,进行知识补缺和更新。还要持续地进行后续教育。例如可由我国的注册会计师协会举办验资、查账、清算等业务知识讲座,或由各会计师事务所根据需要,定期或不定期地学习和研修有关的新知识和新问题。这样就能不断提高他们的业务素质,更好地做好工作。

为了做好注册会计师培养工作,有关的主管部门要研究注册会计师所必须具备的知识结构体系,编写适用教材,使有志于从事注册会计师工作的人员学习有内容,研修有方向,以利于他们的成长。

注册会计师制度在我国还是一枝初生的蓓蕾,让我们共同扶持,精心灌溉,使它苗壮成长,根深叶茂,早日结出丰硕的果实。

论社会主义企业内部审计的特征

内部审计是由部门或企业、事业单位的内部审计人员,在本单位主要负责人的领导下,按照一定的程序和方法对其单位中的财会工作、内部控制制度和经济活动等进行检查分析,作出评价和结论,并提出改进工作的建议。实施内部审计,有利于保护财产完整、保证会计信息的真实可靠、加强对单位工作的管理和控制、促进挖掘内部潜力、提高经济效益。它是经济监督的一种有效形式。

内部审计是经济发展的产物,是西方资本主义企业为加强经济监督和经营管理的需要而于 20 世纪 20 年代开始产生并逐步发展起来的。我国根据宪法规定,于 1983 年成立国家审计署和各级审计机关,并把内部审计作为我国审计监督体系中的一个组成部分。但是,在我国开展内部审计还是一项新的工作,为了做好这一工作,应该充分认识其在社会主义条件下的特征。本文联系西方企业内部审计中可资借鉴的内容,结合我们开展内部审计的具体情况,对社会主义企业内部审计的特征,作些初步的探索,以期有助于我国企业内部审计工作的开展。

我认为社会主义企业的内部审计,有以下几个特征。

(一) 服务上的内向性

企业的内部审计是为加强经济管理和控制服务的。企业的内部审计人员是企业领导在经济监督方面的助手,是经济管理方面的参谋。因此,不论在我国还是在外国,服务上的内向性是内部审计的基本特征。美国执业会计师协会(AICPA)在 1975 年所发布的第 9 号审计标准中指出:"内部审计经常要为管理服务,其中包括(不仅限于)研究和评价内部会计控制制度、审查经营活动、提高经济效益,以便根据管理要求提供专门咨询"。

在我国的审计机构中,国家审计署及地方各级审计局和社会的审计、会计组织所进行的审计,对企业来说,是属于外部审计。审计署的审计工作,要向国务院负责并报告工作,其他审计机构则向上一级审计机关和本级人民政府负责并报告工作。这些审计机构,按国家的财经法令、制度和规定,对企业的经济工作进行审计监督,它们对受审单位所作的审计结论和决定,具有法律效力。这种审计主要是为国家执行经济监督,是国家对企业的一种宏观控制。

企业的内部审计与外部审计不同,它在本单位主要负责人领导下进行工作,一般只向本单位领导负责。内部审计在内向服务中起到以下一些作用:① 保证企业会计信息的真实性、可靠性、合法性和及时性,便于企业领导正确地把会计信息用于决策;② 揭示经济工作中的错误、弊端及其原因,消除浪费,保护财产完整;③ 保证企业履行国家财经法纪,按预定的目标和方针进行业务活动;④ 揭示和分析经营管理中各项工作的效果、效率以及节约情况,促使挖掘内部潜力,提高经济效益。因此,做好内部审计工作,充分发挥其内向服务的作用,对于发展社会主义经济建设,加强企业管理,具有重要的意义。

(二) 组织上的独立性

我国宪法规定:"审计机关依法独立行使审计监督权,不受其他行政机关、社会团体和个人干涉。"因此,内部审计与外部审计都必须具有独立性,才能保证审计工作的公正和客观。外部审计是由企业以外的审计人员来进行的,在我国是由国家审计机构和经国家批准注册的社会审计、会计组织的人员来担任工作的。其本身地位超然,具有权威性,因而较易保持独立性。内部审计则是由企业负责人领导下的职工进行的,内部审计人员一方面是企业的成员,与企业的利害休戚相关;另一方面又是企业的经济监督人员,要对企业工作进行检查,其独立性显然不如外部审计。所以,如何保持内部审计的独立性,是开展内部审计的一个主要问题。

要保持内部审计的独立性,内部审计机构应有以下主要职权:有权独立编制审计计划;有权检查被审查部门的账目、财产和有关文件、资料;有权参加被审查部门的有关会议,并对审查中发现的问题,有权进行调查并索取证明材料;

有权责成被审查部门纠正违反国家规定的收支和管理工作中的缺点、漏洞,制止严重的损失、浪费;有权对企业中违反财经法纪的行为进行审查,并向本企业的领导人和上一级主管部门的审计机构报告工作。

企业内部审计机构在行使上述职权时,怎样才能保持独立性而不受干扰地工作呢?

美国内部审计师协会在《内部审计实务准则》中指出:"内部审计人员对于所审核的活动,必须保持独立性","这种独立性是通过组织上的地位和客观性来实现的"。这说明,内部审计的独立性,首先是与审计机构在企业中的地位有联系的。

目前,我国企业的内部审计机构,在企业中大致有以下几种组织方式:① 在企业会计部门中设审计组,由会计主管领导;② 设置与会计部门、其他职能部门地位平行的专职审计组织,由企业的总会计师领导;③ 设置地位高于其他职能部门的审计组织,由企业的最高负责人(总经理、董事长)领导。我认为,企业内部审计组织所隶属的领导层次,是内部审计独立程度高低的决定性因素。所隶属的领导层次越高,独立性就越大。在以上三种组织方式中,第①种方式不但在业务范围上难以跨出财务审计领域,而且因为审计工作受制于会计部门的负责人,即使进行财务审计,也很难保持其独立性。第②种方式则略胜一筹,不但可独立地进行财务审计,而且可以审查在总会计师主管下的其他有关经营管理活动,但是对全企业的经营管理活动进行审查,还嫌权力不足,免不了受干扰者限制。在第③种方式下,内部审计人员具有较大的独立性,它可以作为企业最高负责人的经济监督代理人的身份去行使审计职权,所受干扰当然较小。究竟采取哪一种组织方式,还应考虑企业的组织体制、规模大小、领导人员和职工队伍的素质等多种因素确定。由于我国建立内部审计伊始,对于如何保持其独立性的问题,还有待在今后的实践中进行探索和总结。

(三) 审查范围的广泛性

我们知道,现代审计从其内容来说,包括财务审计和经济效益审计;从审计的时间来说,包括事后审计和事前审计。但是直到现在,国外不少国家的职业会计师主要还是着重于财务审计和事后审计。以美国来说,美国职业会计师通常把经营审计视为一种管理咨询服务,而不愿称之为"审计"。因为他们认为,这些审查活动缺乏财务审计那样以明确的公认会计原则作为审计的标准,因而难以对审计报告承担法律责任。对于事前审计问题,国内外也有些分歧观点。有的认为,如果外部审计人员进行事前审计,就是介入了经营管理工作,这样就会使审计失去超然性,从而难以明确会计责任。

内部审计则不然,它是作为企业负责人在经济监督方面的助手和管理方面的参谋进行工作的,因此它既可进行内部财务审计和内部经济效益审计,又可进行事后审计和事前审计;进行的审计工作,既可以是防护性的,也可以是建设性的。一般应做到,企业领导要审查什么,内部审计人员就应有目的地审查什么。因此,它的业务范围较外部审计更广泛。

应该指出,内部审计在经济效益审计方面,具有优越的条件。这是因为开展经济效益审计,审计人员要熟悉企业的经营过程和有关行业的专门知识。以工业企业的内部审计来说,审计人员应了解产品的生产类型和工艺技术过程、产品结构及其特点、耗用的主要原料及其价格、劳动消耗定额、产品生产周期、产品的历史成本及实际成本、产品销售的方针及市场现有状况和趋势等。对于这些内容,企业的内部审计人员比较了解,对其管理要求和控制目标也较为熟悉。因此,由内部审计人员进行经济效益审计,能有效地确定经营成果、经营管理的效率以及人力、物力、财力的利用情况,提出的改进意见和提高经济效益的建议,也较有针对性和可行性。在这一点上,外部审计人员是难以与之比拟的。

(四) 工作方法的群众性

我国开展内部审计,应该在专业审计人员的主持下,充分依靠群众,把专业人员的审计与群众性的经济监督结合起来。职工群众是企业的主人,他们最关心企业的经济效益,最了解企业的经营管理情况和企业工作的优缺点,也最能提出改进企业管理、挖掘内部潜力的建议。为此,开展内部审计,要走群众路线,与群众共同研究存在的问题和改进的措施。只有这样,才可把审计工作"做深"、"做活"。在有条件的企业里,内部审计机构还应协助基层单位(如工业企业中的车间、班组,商业企业中的部门、柜组)定期或不定期地对其本单位的经营情况、内部控制制度的执行情况、资产保管和使用情况、经济责任制的履行情况等进行审查。专业审计人员要加强对群众性指导,并对群众的审查结果加以研究、分析,补充企业审计的不足,使专业人员审计的结论和建议更加深刻,更有成效,更能在企业管理中起促进作用。由此可见,内部审计中贯彻群众路线,比外部审计具有较为有利的条件,这也体现了社会主义内部审计较之资本主义内部审计的优越之处。

(五) 审查问题的及时性

如前所述,企业内部审计是为加强经济管理和控制服务的。这种服务,在时间上应该及时,做到领导上什么时候需要审查,内部审计机构应随时进行审查。它与外部审计一般进行定期性的审计有所不同。内部审计的及时性,具体应体现在以下几个主要方面: ① 国家在检查企业对财经法纪的执行情况(如税利检查)或经济改革情况时,企业审计机构应予及时配合,进行"自查";② 根据企业领导管理上的需要而进行及时审查;③ 对企业各项内部控制制度及其遵守情况及时地进行检查或抽查;④ 对群众所反映或揭露的问题及时进行审查;等等。

(六) 微观控制与宏观控制的统一性

审计是通过对经济活动过程的检查、评价、分析和提出建议来进行控制的。它是一种间接的控制。这种控制的性质,外部审计与内部审计有所不同。国家各级审计机构和社会审计、会计组织等进行的外部审计是代表国家执行审计任务,它们要从国家利益出发,根据国家的财经政策、制度、法令,检查企业的财务收支和经济活动,并作出结论和建议,向上一级审计机关及各级政府部门报告。因此,外部审计是一种宏观控制。企业内部审计则不同,它既要进行微观控制,也要进行宏观控制。企业内部审计机构一方面要代表企业负责人执行经济监督和管理控制,纠错防弊,保护社会主义财产,为企业加强内部管理服务,这是微观控制的性质,也是内部审计的主要方面。同时,内部审计机构还要在上一级主管部门的审计机构的业务指导下,从整个社会的利益出发,对企业及其各部门是否遵守国家的财经法纪和财务制度进行审查,对违反财经法纪的行为,要向本企业的领导及上一级主管部门的审计机构报告。这些方面的内部审计,就具有宏观控制的性质。

赵紫阳同志曾指出,经济越是搞活,越需要加强经济监督。目前,我国企业中的违纪问题比较严重。内部审计人员在其工作中必须从国家的利益出发,对企业的经济活动进行评价、分析,并在保证维护国家利益的前提下,使微观控制与宏观控制相统一。当两者有矛盾时,微观应服从于宏观。这一点,与资本主义企业内部审计完全奉行资本家的意志,只讲微观控制,不讲宏观控制,是迥然不同的。

(七) 对内部控制的依存性

现代企业内部控制的产生和发展,使审计建立在内部控制测试的基础上,从而促进了内部审计的发展。从某种意义上来说,内部审计是随着内部控制的产生而逐步发展起来的,两者间存在着你中有我、我中有你的血缘关系。因此,西方有关论著中常把内部审计作为内部控制的一个组成部分。正因为如此,内部审计对内部控制的依存性,是内部审计的又一个特征。

笔者认为,内部审计与内部控制,是现代企业中两个并行的管理制度。内部控制是内部审计的前提。进行内部审计,先要了解企业的内部控制制度是否健全、有效;进而审查企业有关部门在执行其业务活动时是否遵守规定的内部控制制度,据以确定会计信息的可靠性和企业工作的优缺点,从而可有的放矢地进行深入审查,并提出中肯的建议。通过内部审计所揭示企业管理工作中存在的问题和作出的建议,又可反过来促进、完善内部控制。因此,内部控制与内部审计既互相联系,又互相依存,而内部审计则起着"对内部控制进行控制"的作用。西方国家对以审查内部控制制度为基础而进行的内部审计,称为"制度基础审计"或"制度审计",这是现代审计在方法上的重大发展。

以内部控制制度为基础进行内部审计的主要程序是:

(1) 了解企业及有关部门的内部控制情况。包括了解组织机构情况,审阅有关文件,并与有关职工进行谈话,了解(或绘制)有关业务处理和会计控制的流程图,编制"问题式内部控制调查表"等。

（2）对内部控制制度进行评价。主要可从制度的健全程度、控制的合理性和控制的有效性等方面进行评价,从中确定控制中的优点和弱点。对于控制中的弱点,要评价其可能造成的影响。

（3）对内部控制制度进行符合性（遵循性）测试。这主要是检查企业各个部门是否认真执行有关的控制制度,检查方法可以是采用抽样方法检查证据、根据规定的制度重做验证、实地察看制度的遵循情况等。对于符合性测试,通常要编制测试计划并进行记录,用以作为评价符合性的依据。根据上述符合性测试,内部审计人员要对这项测试结果进行评价,作出综合结论,用以确定在哪些方面和在多大程度上可以对财务和会计的信息加以信赖,对哪些问题需要进一步有的放矢地进行深入审查,即进行实质性测试。

实质性测试的方法有：实物盘点,向第三者征询,复算,详细检查某项业务的账户及其余额,账账、账表、账证之间的核对,对账户数字和余额进行比较,对重要分析的比率和趋势进行分析,等等。通过内部审计揭示内部控制制度方面的薄弱环节和存在问题,便可据以提出改进制度的措施,完善内部控制制度和改进工作。

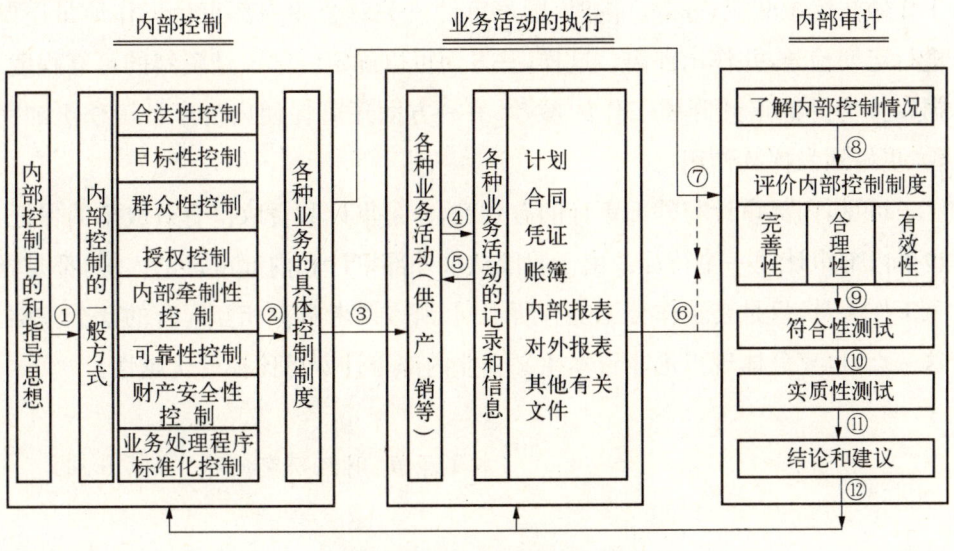

内部审计与内部控制的依存关系

论社会主义企业内部审计的特征

（八）对外部审计的配合性

在我国,企业的内部审计应与国家审计机关所进行的外部审计有机配合和紧密联系,以有效地发挥审计的积极作用。两者之所以必须配合,主要因为:

(1) 由于现代企业规模大,业务量多,外部审计一般是定期审计,要对企业的大量业务进行审计,势将投入较多的人力、物力和花费较长的时间。为了较快掌握企业情况,外部审计可用内部审计所提供的资料,进行分析研究,明确审计的重点,以制订恰当的审计计划。

(2) 内部审计所审查的范围较广,审查深度也较深,特别在开展经济效益审计方面,内部审计较外部审计具有较大的优越条件,因此在企业经营效果、工作效率和厉行节约情况等方面的内部审计结果,可有助于外部审计对企业作出评价和提出建议。

为了更好地发挥内部审计的作用,外部审计应加强对企业内部审计机构的业务指导和帮助。例如:国家审计机关应协助企业进行审计机构的设置;对企业领导人员进行宣传教育,使他们认识内部审计的重要性;帮助企业审计人员进行业务学习和培训;指导一定时期的审计工作重点;对内部审计技术、方法和工作做法组织交流;等等。同时,国家审计机关对企业内部审计工作质量还要进行定期检查,并作出评语。这样,一方面可以确定内部审计资料的可靠程度,据以作为外部审计开展工作的参考,另一方面还可促使内部审计工作更加完善,更好地发挥其作用。

可见,内部审计与外部审计的有效配合,是审计监督取得有效成果的保证,也是内部审计的一个特征。由于我国从事外部审计和内部审计的人员,都是国家工作人员,只是在工作分工上有所不同,所以两者具有相互配合的社会基础。这一点,也充分体现出远非资本主义企业内部审计所可比拟的优越性。

（本文原载《财经研究》1986 年第 6 期）

试论我国社会主义审计
模式的若干原则^①

　　模式是对事物运动规律以一定方式所作的描述,是对某种事物进行研究所观察到的现象及其实践经验所作的概括和归结,结合我国实际,研究审计的历史和现状,建立科学的、具有中国社会主义特色的审计模式,对于指导和开展我国审计工作,具有重要意义。

　　我国远在周代已有政府部门的审计,可谓源远流长,"周代的内部控制、预算和审计等的程序,在古代世界上没有任何国家可以与之比拟"〔迈克尔·查特菲尔德著:《会计思想史》,第 8 页(Michael Chatfield, *A History of Accounting Thought*)〕。在以后我国各个朝代里,审计也有所发展。但是,在封建政治制度下,经济发展缓慢,致使审计的发展也极其缓慢。新中国成立后,我国社会主义经济有了迅速的发展,但由于种种原因,在较长一段时期内,审计工作没有受到应有的重视,只是在近几年中,审计工作才真正得到重视和发展。

　　自从 1983 年全面开展审计工作以来,目前,从中央到地方,在企业、机关和事业单位中,都已逐步建立起审计机构,配备了审计人员,形成了一支数达十一万多人(其中国家审计机构人员四万余人,内部审计人员七万余人,注册会计师一千余人)的审计队伍,并开展了大量的审计活动。成绩显著,对于维护财经纪律、保护社会主义财产、促进社会主义物质文明和精神文明的建设,起了积极的作用。但是由于新中国的审计建设为时不久,我国的审计理论体系正处在建设阶段,因此对于中国审计模式这样重大的理论和基础问题,尚有待总结和概括。

---

　　① 本文与谢荣合作撰写。

为了加强我国审计的理论建设,更好地推动我国审计工作的开展,科学地建立一个适合我国国情的审计模式,已刻不容缓。本文试图建立我国审计模式应予考虑的原则问题进行探讨。

我们认为,审计作为一门经济管理学科,不仅具有它自身发展的一般规律,而且还受到不同的社会制度和环境的影响,因此各国的审计模式除了有其共性的一面外,都各具其个性。为此,确立中国审计模式,除了应对审计学科发展的一般规律有一充分认识外,更重要的是应全面认识我国开展审计工作的社会环境,以使审计模式不仅具有理论上的抽象概括性,更具有实践上的普遍适用性。为了探讨具有我国特色的审计模式,我们提出如下几点确立中国审计模式的基本原则。

(一) 建立我国的审计模式,必须以社会主义审计的目标为出发点

列宁曾指出,从资本主义社会走上通往共产主义社会的任何一条道路,必须经历一个实行社会主义的核算和监督的过渡时期。可见实行审计监督是社会主义历史时期的必要职能。我国现阶段乃至今后一个较长的历史时期内建立和实行审计监督制度,不仅是为了有效地维护社会主义财经法纪和提高经济效益的需要,同时也是为了实行对外开放、对内搞活的经济政策、进行经济改革的需要。

目标是一切工作的出发点。社会主义经济建设和经济体制改革对审计监督的需要,既决定了社会主义社会进行审计的必要性,也决定了社会主义审计的目标。我国审计目标主要是:① 确保党的社会主义经济建设的路线、方针、政策的切实贯彻,以维护党的经济工作的领导;② 加强宏观控制和管理,严肃财经纪律,保证经济体制改革的顺利进行;③ 促进提高社会主义经济效益,保证社会主义经济建设的顺利发展。建立我国审计模式,无论是审计组织、审计内容和审计方法诸因素,都必须从上述目标出发,才能保证据此建立的审计模式以及由其指导的审计实践与社会主义经济建设和经济体制改革的要求相一致。

(二) 审计模式的建立,必须以我国多种经济成分并存的客观实际为基础

我国的社会主义经济是以生产资料公有制为基础的经济,但与此同时,还

并存着资本主义经济和个体经济等成分,随着对外开放政策的贯彻,还建立了中外合资、合作的企业和外资企业。由于国家对各种经济性质企业的管理制度和要求的不同,使各种经济成分实施审计的目的和要求也不同。

例如,对于近年来随着对外开放政策的实施发展起来的中外合资、合作企业和外资企业,《中外合资经营企业法实施条例》第九十条规定:"合营企业的下列文件、证件、报表,应经中国注册的会计师验证和出具证明,方为有效:① 合营各方出资证明书;② 合营企业的年度会计报表;③ 合营企业清算的会计报表。"从而使以经济公证为目的的民间注册会计师审计得到迅速发展,并形成制度化。

对于国营企业来说,由于提高企业的经济效益和严格遵守国家的财经法纪,是企业现阶段的主要目标,根据这一情况,就要重点开展经济效益审计和法纪审计,从而使具有我国特色的经济效益审计和财经法纪审计蓬勃发展。

同时,随着国营企业厂长(经理)负责制的实施,以评价离任厂长(经理)工作业绩的厂长(经理)离任责任审计也应运而生。

由于各种审计直接影响审计模式构成诸要素和内涵,因此,审计模式的建立,必须以各种经济成分的审计实践为基础进行抽象和概括,使审计模式具有广泛的适用性和高度的科学性。

(三) 审计模式要正确处理审计监督与其他经济监督形式的关系

社会主义经济监督是一个有财政监督、税务监督、银行监督、工商行政监督、物价监督、计划监督、会计监督、统计监督和审计监督等组成的复杂而又完整的系统。

在这个庞大的系统中,除审计监督以外的其他监督,都是一种特定的行政专业管理监督,因此都囿于特定的范围和方面;而审计监督则是代表国家对上至国家财政收支计划、下至企事业单位的经济活动实行独立的多层次、全方位的综合性监督,它不仅对会计监督实行再监督,也对财政、税务、银行、计划等其他监督职能实行再监督,因此,它是国民经济监督系统中的神经中枢。需要指出的是,在国民经济监督系统中,审计监督对其他监督实行再监督是出于审计监督的职责,并非一种行政隶属监督关系。所以,一方面,审计监督与其他监督都是国民经济监督系统的子系统;另一方面,审计监督又具有其超然性,实施着专职监督的职能。因此明确审计监督与其他经济监督形式的关系也是建立审计模式的一项重要原则。

(四)审计模式应具有较强的生命力和普遍的指导意义

审计模式是对审计活动本质特性的最一般抽象,和任何模式的建立需要对客观事物本身及其发展的最基本特征进行认真分析一样,建立审计模式首先必须对审计活动的基本特征进行分析。由于审计学是经济管理学的一个分支学科,因此它也具有一切管理科学都具有的两重性,即自然属性和社会属性。作为自然属性,有审计的技术、方法等;作为社会属性,有审计的组织体系、内容、对象和目标等。因此,分析审计活动的基本特征,必须综合考虑审计的自然属性特点和社会属性特点。对于自然属性,必须批判地吸收古今中外一切先进的审计技术和方法,特别是新技术革命产生的技术和方法方面的科研成果。对于社会属性,我们必须研究我国现阶段及整个社会主义历史时期经济建设和管理的最基本要求,进而分析社会主义审计组织体系和内容对象的最一般特征,从而科学地揭示出我国社会主义制度下审计活动的一般规律。一个审计模式的建立是否成功、科学,检验的标准有两条:一是从空间上考察,它是否具有广泛的适用性和普遍的指导意义;二是从时间上考察,它是否具有较强的生命力和长期指导意义。达到这两条标准,就证明审计模式的建立是成功的,否则就不成功。

(五)审计模式的建立必须吸收国外有用的成果与总结我国审计实践相结合

从审计发展的历史来看,18 世纪产业革命以来,特别是近一百年来西方现代审计发展的实践,具有如下几个基本特点:

(1)审计虽然源于政府部门的审计,但随着资本主义生产力的发展和生产社会化程度的提高,及其生产资料为私有化的特点,民间财务审计逐渐成为西方现代审计的主流。

（2）西方现代审计在不断改进、完善财务审计技术、方法的同时,正在向促进提高经济效益方向发展,出现了绩效审计、经营审计、管理审计等内容。

（3）为了适应社会经济发展的需要,西方现代审计已包括政府审计、注册会计师的民间审计和企业内部审计等审计组织形式。

（4）审计的职能和作用,由查错防弊、经济公证,逐步发展到改进管理、提高效益等建设性与促进性方面。

（5）审计方法由详查转向抽查和内部控制测试,并开展审计电算化。

形成上述西方审计特点的原因,除了审计作为一门学科本身在实践中逐步发展和完善外,主要是取决于西方资本主义制度这一社会环境,诸如生产资料私有制、追求剩余价值的生产目的、竞争的加剧和由此引起的周期性经济危机等,都是促使西方现代审计形成上述特点的重要因素。

我国的审计尚属初创阶段,但近几年的积极实践和理论探讨为建设具有我国特色的审计模式奠定了一定的基础。如在审计内容方面,提出了具有我国特色的"经济效益审计"和"厂长离任责任审计"等;在审计组织体系方面,建立了符合我国国情的从上到下的国家审计、社会审计和内部审计相结合的审计组织体系等;但无论在理论研究方面还是审计实践方面,都还处于创建阶段,批判地吸收国外的先进经验和研究成果是加速我国审计发展步伐必不可少的前提,也是建立我国审计模式的有效途径。因为就其自然属性而言,审计的技术、方法具有普遍的共性,我们完全可以引进消化,洋为中用,例如抽样审计、电算化审计等。即使是社会属性方面,撇开资本主义制度的本质,就其审计内容,如经营审计、管理审计、综合审计等同样也有许多值得我们借鉴之处。因此,总结我国审计实践,并从理论上加以概括,与吸收、消化西方审计研究成果相结合,是建立我国审计模式的必由途径。

（六）审计模式的建立必须运用现代科学的方法

审计既是一门经验型学科,又是一门逻辑性较强的学科,因此必然要运用传统的归纳法和演绎法来探究审计活动的一般规律。同时,现代科学方法的不

试论我国社会主义审计模式的若干原则

断产生和发展,为审计理论的研究开辟了新的途径。正因为这样,审计模式的建立必须运用各种现代科学的方法。

首先是要运用系统论方法。从系统的观点看,审计模式本身是一个系统,它由若干个子系统如审计组织子系统、审计内容子系统和审计方法子系统等组成,每个子系统又有具体的内容构成;而审计模式又是国民经济监督系统的一个子系统,受总系统的约束。因此,运用系统论思想正确处理审计模式内部的结构联系和审计模式与外部系统的联系,是保证审计模式达到预定的审计目标的有效方法。

其次是运用控制论方法。如果说系统论思想在审计模式的建立中能确定达到审计目标的途径的话,那么控制论则能保证沿着这些途径有效地达到审计目标,所以,系统论和控制论两者是相辅相成的。现代审计的发展表明,为了有效地提高审计工作的质量和效率,无论是内部审计还是外部审计,都实施了以内部控制的测试为基础的审计方法,从而有效地解决了审计质量与审计效益、审计费用与审计时间之间的矛盾。

再次是运用信息论方法。信息论主要是研究信息的收集、加工、处理、传递和储存的规律。实际上,无论是会计监督还是审计监督,从某种意义上说都是为一定的目的提供信息的活动,因此,保证审计信息的数量和质量并找出审计信息收集和加工处理过程的一般规律,也是建立审计模式应予考虑和解决的问题。因此运用信息论方法取得审计证据并据此推导出审计结论,是使审计结论科学、正确的保证。

最后是运用电子计算机进行审计已成了不可抗拒的历史潮流,电子计算机的诞生对审计方法的变革产生重大影响,因此,确立审计模式,必须正确认识电算化审计在审计方法中的地位。

(七) 综合研究社会主义的审计模式

我国的审计模式,应能体现我国审计的特征,审计模式应该是审计特征的概括。由于审计工作包括审计的组织体制、审计内容和审计方法等诸方面,因此确立我国的审计模式,也应研究这几方面在社会主义条件下的特征,才能概括出中国的审计模式。

首先,审计组织体制是实施审计监督的组织保证,也是审计能否保持独立性、公正性和权威性的前提。我国机构众多,幅员辽阔,要做好审计工作,必须先确立符合我国国情的审计组织体制,系统地解决各级、各类审计机构的分工、职责和相互联系,才能充分发挥审计的职能。以国家审计为例,目前各国审计组织体制可分如下几种类型:

(1)由中央政府或财政部领导的审计机构。如苏联的国家监督部、罗马尼亚的最高监督局等由中央政府直接领导;波兰、民主德国、匈牙利等国的审计机构则由财政部直接领导。而所有各级地方的审计机构则接受中央审计机构的领导。

(2)由中央及各级地方议会领导的审计机构,如美国的审计总局、法国的审计法庭、西班牙的审计法院、南斯拉夫的社会会计服务局等均受中央议会的直接领导;而各级地方审计机构则受地方议会的直接领导,但也有一些地方审计机构与地方议会、政府之间处于一种并列的地位(如美国的纽约州和纽约市等);在中央审计机构与地方审计机构之间,只有业务上的联系和协作,没有行政隶属关系。

(3)独立于立法、行政之外的审计机构。如英国的国家审计局并不从属于议会和政府的领导,但代表议会对政府进行审计监督;联邦德国的审计院,处于同立法、行政和司法并列的地位。

我国的审计组织体制是中央审计机构由政府直接领导,各级地方审计机构则由上级审计机构和地方政府双重领导。这种组织体制,有利于审计工作的集中领导和分级管理,但在工作实践中也出现一些矛盾,例如地方审计机构负责人由地方政府的领导所任命,就难免产生体制与审计人员权力之间的矛盾,同时也不便于地方审计部门对同级各专业经济监督部门的工作进行审查。因此确立适合我国国情的审计组织体制,使之有利于审计职能的充分发挥,是建立我国审计模式的一个重要问题。

其次,必须建立完整的审计内容体系。审计内容体系是实施审计监督的对象。审计监督的内容或形式,决定于不同的社会制度和环境。就目前西方现代审计的内容来看,分类各不相同,有财务审计、经营审计、管理审计、3E 审计和综合审计等,名目繁多。我国近几年来,根据我国的实际情况和国家对审计监督提出的要求,也开展了多种审计活动,包括财政、财务收支审计、财经法纪审计、经济效益审计等,在工作中取得了重大成绩。如何从理论上加以总结,进而确立一个完整的审计内容体系以贯彻社会主义的审计目标,是确立我国审计模式的又一重要问题。

再次,审计方法体系是保证审计监督顺利开展的手段。随着现代科学技术的不断发展,审计方法也在不断发展。我国的审计工作除了要使用各种传统的审计方法以及电算化审计等技术方法外,还要总结提高我国审计实践中所创造的行之有效的审计方法,并运用前已述及的系统论、控制论、信息论等方法论从理论上加以概括。

总之,审计组织体制、审计内容体系和审计方法体系是从三个不同的侧面对审计特征进行的描述,也是审计监督中相互联系相互作用的三个组成部分。因此,我国审计模式就必须对上述因素的结构和内涵进行研究。

综上分析,要建立我国的审计模式,既不能照搬国外模式,也不能根据目前的现状就事论事,而必须将审计学的基本原理与我国的社会制度和环境相结合,从理论上和实践上对我国审计工作进行总结,才能建立具有中国特色的审计模式。

(本文原载《审计研究》1987 年第 4 期)

西方会计研究的新成果

——简评余绪缨教授主编的《西方会计丛书》

厦门大学余绪缨教授主编的《西方会计丛书》第一辑最近已由辽宁人民出版社出版，有《西方管理会计的产生和发展》、《西方管理审计导论》、《国际会计》、《国际审计》、《公司会计》、《本—量—利分析》等六本书。该辑丛书是一套较为全面、系统地介绍和评价西方会计和审计的丛书。下面就该丛书的一些特色作一介绍和评价。

一、从会计的历史演变来认识其发展规律

丛书主编认为要全面、深刻地了解和客观科学地研究现代西方会计和审计，首先必须对其历史或者说对其在不同的资本主义经济发展阶段中的演变过程有所了解。正是在这种思想的指导下，《西方会计丛书》的每本书都较为详细地介绍了西方会计和审计中有关学科产生的历史背景，以及受当时经济发展的影响。例如，由费文星撰写的《西方管理会计的产生和发展》一书，就以翔实的资料，概述了从 19 世纪后期至 20 世纪 50 年代早期管理会计产生的背景、形成管理会计雏形的各种著作以及早期管理会计的两大支柱——标准成本和预算控制，使读者认识到管理会计是一定历史条件的产物，而随着经济的发展，它的内容必将进一步发展。又如，由王文元和郭子健编著的《公司会计》，论述了西方企业组织形式的发展及其特征对西方公司会计产生的影响，为读者了解西方现代公司会计提供了一条清晰的线索。这些历史的介绍便于我们寻求和总结

会计审计的发展规律以把握其发展方向。

二、阐述西方会计审计的现状，
供我国会计审计改革借鉴

　　各书在让读者了解西方会计审计历史的基础上，展开了对这些学科内的一些新观点、新内容、新方法的阐述，使读者认识到现代西方会计审计中哪些方法在我国经济改革对外开放进程中可加以借鉴利用。丛书还概括地介绍了一些国家会计和审计的特点。例如，李宝震和郝振平撰写的《国际会计》和《国际审计》，对美国、英国、法国、联邦德国、日本、荷兰、瑞典、澳大利亚、加拿大、巴西、秘鲁等国的会计审计均有较为详细的论述。这对我国会计审计改革，都具有一定的参考价值。

三、从基本知识的普及中
提高丛书的实用性

　　《西方会计丛书》为了满足实务工作者的需要，对西方会计审计中的一些基本知识，尽可能以通俗的形式进行介绍。例如，由曹冈编著的《本—量—利分析》一书，应用了大量通俗易懂的例子，说明将混合成本分解为变动成本和固定成本过程中应注意的问题，以及本—量—利分析在实际工作中的作用。又如，由羡绪门编著的《西方管理审计导论》一书，对实施管理审计的基本方法作了较为详尽介绍，以便实务工作者可以掌握使用。

四、阐述会计审计研究方面的新动向，
有助于我国会计审计的理论研究

　　丛书择要介绍了西方会计和审计学者在一些会计审计理论上的不同观点，以及目前在会计审计实务工作中亟待解决的一些新课题。例如，《国际审计》一

书,介绍了不同国家不同学者在需要什么样的审计这一问题上所持的一些主要不同观点,诸如:可信性观点、经管责任观点、四因素(利益的冲突、重要性、复杂性和时空限制)说、管理者理论、社会控制观点、跨国公司观点等。又如,《国际会计》对目前世界各国会计界均在重点研究的外币折算问题、通货膨胀会计问题、转让价格确定问题、国际税务中的会计问题等,用了较大篇幅予以论述。作者不仅介绍了西方会计界在这些问题上的一些观点和方法,还论述了这些观点方法的不足之处及今后需要解决的问题,这些论述也是我国会计审计理论界正在探索研究的问题,因此对我国在这方面的研究也提供了有益的参考。

此外,《西方会计丛书》主编的约稿面比较广泛,既有对西方会计审计研究有素、蜚声我国会计审计界的老学者、老专家,也有近几年来活跃于我国会计审计理论界的中青年学者,他们来自全国各主要地区、院校,因而丛书的内容体现了我国老中青不同层次、不同地区和院校的学者对西方会计、审计的研究成果。

综上所述,我认为《西方会计丛书》既有一定的学术价值,又有一定的实用价值;既反映了我国老中青会计审计学者对西方会计审计的研究成果,也在一定程度上反映了我国会计审计理论界的学术观点,因而是一套全面反映西方会计审计理论和实践的不可多得的著作。我期待着《西方会计丛书》的进一步成功。

(本文原载《上海会计》1991 年第 3 期)

论现代审计的基本特征与
我国审计的发展方向^①

20世纪40年代后期,随着战后世界经济的复苏和繁荣,审计跨入了一个新的发展阶段。现代的审计较之传统的审计,不论在审计范围、审计时间、审计职能和审计层次上,还是在审计方法、审计技术和审计职业规范和审计业务上都有了新的发展。笔者认为,在我国治理整顿、深化改革、发展经济的新形势下,把握现代审计发展的基本特征,对于正确评价我国审计工作现状,总结审计工作经验,加强和改进审计工作,推动我国审计的发展将是不无裨益的。为此,本文拟就现代审计发展的一些基本特征,结合我国审计发展方向作一探讨。

一、财务审计与经济效益审计并举

财务审计是对财政财务收支活动的审查。从审计的萌芽状态到现代审计雏形形成之前,财务审计在审计舞台上一直扮演主要角色。这种以财政财务收支活动为对象,即以检查核实会计账目、凭证、财产、结算结果和报表等为主要内容的财务审计广泛用于政府审计、民间审计和内部审计。尽管财务审计在政府审计、民间审计和内部审计中的内容各有侧重,作用也不尽相同,但其审查的目的都是一致的,这就是通过审查,对财政财务收支活动的合规性、合法性以及由这些活动所反映的会计记录和财务报表的真实性和公允性作出判断,查错防弊,保护财产的安全和完整。

---

① 本文与朱荣恩合作撰写。

第二次世界大战后,资本主义经济的发展,使得企业规模不断扩大,市场竞争愈演愈烈,政府的社会责任也日趋加强。在这种形势下,社会公众、企业单位对审计提出了新的要求,即要求审计不仅检查有关的财政财务活动,而且还要关注其他经济活动;不仅要检查各种错误和弊端,而且还要揭露各种浪费和损失,促进提高经济效益,这样就把审计的触角从财务会计领域扩大到经营管理领域。于是出现了从企业经营指标入手,检查生产、供应、销售以及技术等环节的节约、效率和效果,旨在促使企业有关部门采取措施,提高经营效益的"经营审计";从评价内部控制入手,检查管理效率以及由此发生的节约或浪费,并提出改进管理建议的"管理审计";以及从政府预算项目入手,检查其用款是否节约,评价其结果是否取得预期效果的"绩效审计"。这些审计尽管各有重点,适用性有所不同,且名词的提法也不尽统一,但是核心都是以经营管理活动为对象,以提高经济效益为目的的。这类审计在我国通常称为经济效益审计。经济效益审计的出现突破了传统审计囿于财务会计范围的模式,使审计从单一财务审计发展成为财务审计和经济效益审计两者并举。

从各国审计现状看,财务审计与经济效益审计并举可通过不同方式加以实现。一是两者并列,按审计的项目和目的采用相应的审计程序和方法分别进行。二是两者彼此延伸,即在财务审计中,发现某些财政财务问题是经营管理不善所致,于是从财务审计延伸到经济效益审计;或在经济效益审计中发现某些财务管理问题,为了查明其影响的范围和程度,再进行财务审计。三是两者相互综合。即在审计中,同时审查被审单位或项目的财务活动和经营管理活动,并评价其合规、合法、真实、合理和有效性。我国在审计工作恢复后,首先开展了财务审计(包括财经法纪审计),在治理整顿、加强审计监督,维护财经纪律方面起了积极的作用。去年1月至11月,我国国家审计系统共审计了20.5万多个单位,查处违反财经纪律已上缴的财政金额达27.1亿多元。这说明加强财务审计的必要性。应该指出,提高经济效益是我国全部经济工作的中心。为此,在进行财务审计的同时,开展经济效益审计,以财务审计与经济效益审计并举,是社会经济发展的客观需要,是符合我国社会主义经济建设的客观要求的。

论现代审计的基本特征与我国审计的发展方向

二、事后审计与事前审计并举

审计在其漫长的历史进程中,基本上采用的是事后审计,即对已发生的经济活动进行审查,作出评价。现代审计则扩展了审计的时间区域,从事后审计发展到既有事后审计,又有事前审计,即在经济活动发生之前就进行审计,从而形成事后审计与事前审计并举。

事前审计一般是对经济项目决策单位的计划、预算等进行的审计。通过事前审计,对项目决策计划和预算等的可行性提出评价和建议,供有关部门参考采纳。由于事前审计对未来经济活动可能产生的结果及其影响进行估计和评价,因而可促使未来经济活动的方案更加合理,更加可行,更为有效,更有利于保证经济效益的提高。事前审计与事后审计并举,不仅扩大了审计时间的跨度,变"亡羊补牢"为防患于未然,而且也因两者相辅相成,提高了审计的效果。

现在,事前审计已日益渗入审计各个方面。在内部审计中,开展事前审计能更好地发挥其对单位领导在决策和指导工作中的参谋助手作用。美国学者齐塔茨曾预言,在不久的将来,事前审计将渗透到公司财务报表的审查,因为届时,几乎所有公司的财务报表将包括预测的内容,审计也要相应地注意对这些预测内容的审查[①]。在国家审计中,对政府预算开支进行事前审计,已为众多国家政府审计所接受。

我国开展事前审计是审计所面临经济形势和任务的要求。应该说,我国目前企业的经济效益还不够理想,滑坡形势严峻,这与经济计划、预算和决策缺少审查和充分的论证不无关系。近年来,我国已逐步开展对大型基建投资项目的事前评审。据统计,从 1986 年至 1990 年 7 月,国家审计署会同国家计委,组织力量,对总投资为 3 443 亿元的 608 个项目进行事前审计,为国家共节省 100 多亿元投资。去年,我国还对固定资产停缓建项目进行复工前的审计,这对控制基建规模起了积极的作用。许多部门和单位的内部审计在进行经济效益审计

---

① [美]E·B·齐塔茨:《21世纪审计展望》,易水译,刊《审计研究》1986 年第 1 期。

时,把重点放在经营决策、经济合同和技术改造立项等事前审计上。社会审计也开展了引进项目,合资企业可行性研究及其评审。所有这些事前审计方式应继续发展,不断完善。同时,笔者认为,应继续扩大事前审计的范围。目前应积极开展对地方财政预算收支的事前审计,尽管这项工作难度较大,但却是必要的,因为,对地方财政预算收支审查不仅有利于促进地方财务和预算管理,改进财政经济方针、政策和制度的贯彻执行,而且也有利于促使我国财政走出困境,实现财政状况的根本好转。另外,随着我国利用外资、横向联营,以及金融市场日趋活跃,需要进行中外合资、合作项目的可行性研究、横向联营的投资决策以及债券发行的资信评级等,这些都为事前审计开辟了广阔的天地。

三、监督与建设并举

如前所述,传统审计是通过事后的财务审计来监督被审单位的财政财务活动的。审计的监督职能体现了审计的本质。从审计的发展历史看,只有当社会经济的发展到一定阶段,企业规模扩大,企业的所有权与管理权发生分离,资财所有者需委托他人经手管理时,才产生监督资财经管人履行其职责的需要。因此,审计从其产生之日起就具有鲜明的监督职能。现代审计的发展,产生了经济效益审计和事前审计,于是,一方面进一步扩大了审计监督的范围,从财政财务活动扩大到经营管理活动;另一方面产生了审计的建设职能,它具体体现在通过对被审单位组织结构、管理体制、经营方针、政策和方法等方面的审查,揭示经营过程中存在的弊病和薄弱环节,肯定管理上的优点和缺点,提出提高现行管理、节约、效率和效果的可能途径,提出挖掘内部潜力的建议,以求达到预期的经济效益。

审计的建设职能最初产生于内部审计。20世纪60年代,随着新技术和新工艺的采用,企业单位的业务日趋复杂,竞争愈加激烈,于是内部审计从内部财务审计扩展到内部经营审计。内部审计的主要职责是考核企业单位下属部门的经营效率,提出改善经营、提高效率的措施和方案,协助企业主管人员有效地管理和控制企业。正如国际内部审计师协会(ⅡA)在1978年公布的《内部审计实务准则》中指出的:"内部审计的目的,是协助本单位的人员有效率地履行

论现代审计的基本特征与我国审计的发展方向

其职责。为了达到这一目的,内部审计对其所查过的活动,要提出分析、评价、建议、咨询和信息"。

在国外,即使主要从事于财务审查并予以鉴证的民间审计,也越来越注重审计建设职能的发挥。世界一些大会计公司的审计程序中都规定有"致管理部门函件"这一步骤,即审计人员将在确定审计方案、评价内部控制、进行测试中所发现的内部控制弱点以及其他重大发现以"致管理部门函件"的形式报告给被审单位管理当局,从中提出完善内部控制制度和改进经营管理方法的建设性意见。除此之外,民间审计还接受管理咨询委托,提供有建设性价值的服务。可见,审计的建设职能已渗透于审计的各个方面。

监督和建设职能并举有利于更好发挥审计的作用。现代审计的作用:一是制约,即通过审计,防止违反规章制度、揭发错误和弊端,防微杜渐;二是促进,即通过审计,评价经营管理制度及有关活动,推广其合理有效的方面,纠正改善其不合理无效的方面,进一步挖掘潜力,提高经济效益。

我国审计工作同样要求做到监督和建设并举。近年来,我国已制定的审计法规和制度中,也提出了在审计进行监督的同时,要注意提出改进工作的建议,并要求进行后续审计,检查有关建议的贯彻情况。这些都体现了"建设"的要求。笔者认为,我国审计工作正在向监督和建设并举的方向发展,正在向不断加深监督的深度和开拓建设的广度的方向发展。事实上,我国近几年来的审计工作在其建设职能方面,已有较大的发挥,例如,我国国家审计就消费基金、企业"吃老本"等问题和治理整顿中出现的新问题所开展的专项审计调查,就体现了审计建设的职能;在社会审计方面,会计师事务所和审计事务所在受托审查时,也有责任将所发现的问题及其改进建议向委托人反映,并接受管理咨询,为委托人提高经济效益出谋划策,这也体现了建设职能。可见,监督和建设并举可适用于各种类型的审计和所审查的各项内容。

四、微观审计与宏观审计并举

现代社会经济的发展,使得单位经济活动的影响,超出了单位本身的组织范围,这种影响增加了单位对社会的责任性,于是在西方产生了衡量单位社会责任的社会责任审计。社会责任审计丰富了审计的内容,赋予审计以新的使命,推动审计从对微观经济活动的审查扩展到与有关宏观的社会影响的审查。这种社会责任审计被认为是"对产生社会影响的单位活动的某些有意义的和可确定的领域进行系统的评价和报告"①,其审计范围包括就业水平、保健和安全措施、雇员及其家庭的生活条件、污染控制、能源保护、消费者保护控制、慈善捐献等方面。上述社会责任审计的产生,反映了从原有的微观审计单一层次发展到微观审计和宏观审计多层次同时并举。

微观审计和宏观审计并举是审计发展的必然趋势,体现了现代社会赋予审计更为复杂的对象和任务。微观审计与宏观审计有着不同的对象。一般地说,微观审计的对象是被审单位(尤其是基层单位和部门)内的经济活动,作为宏观审计的对象,在各国又有所差别。在西方主要是上述的有关社会责任方面,有些国家还要对国家的预算及其执行情况进行审计。

微观审计和宏观审计并举也是完成我国审计任务的需要。我国《审计条例》明确规定了的审计任务,其中包括监督财政预算的执行和财政决算、信贷计划的执行和决算、国有资产的管理情况等任务。这些审计都带有宏观审计的性质。另外,我国审计是国民经济监督体系的重要组成部分,但又不同于其他财政、税收、银行、物价和工商行政等专业监督。审计是综合性监督,在国民经济监督体系中具有较高的层次。这种较高层的综合性监督表现在:它不仅能对其他专业监督部门不便或不易监督的经济活动进行监督,还可以对各专业监督部门本身的监督行为进行监督;它不直接参与也不直接干预微观经济活动,但却能从微观入手,宏观着眼出发,总结、归纳微观经济活动中的宏观性问题,作出评价,提出建议。所以,微观审计和宏观审计并举也是我国审计工作的特征。

今后,我们应在继续抓好微观审计,扩大审计覆盖面的同时,加强宏观审计,包括开展对国家财政预决算、信贷收支计划及执行、物价增长幅度、基本建设总规模和消费基金增长的审计。另外,在微观审计中,既要审查微观经济活

① [英] J. Santocki:《社会审计》,刊《审计文汇》(一)。

论现代审计的基本特征与我国审计的发展方向

动,又要注意微观经济活动对宏观经济的影响及其程度。

笔者认为,能否有效地开展宏观审计,在很大程度上受制于审计的组织体制。毋庸讳言,在我国现行的审计组织体制下,对宏观审计的实施及其作用的发挥尚有一定的局限性。为此,要随着政治体制和经济体制改革进程,积极创造条件,在组织上提高审计的领导层次,加强依法审计的权力,以促进宏观审计的发展。

五、制度基础审计与加强内部控制并举

内部控制是在单位内部加强经济管理,提高经营效率,保护财产安全,实现经营方针和目标的有效工具和手段。现代内部控制是在 40 年代后为保持单位内部协调一致,防止差错和舞弊,节约资源,提高效率而建立起来的包括组织结构和业务程序在内的具有自我调节和控制功能的管理机制。现代内部控制的产生推动了审计方法的发展,这就是"制度基础审计"。制度基础审计是一种首先重点评审内部控制,包括了解、测试和评价内部控制的健全和有效性,然后根据评审结果确定审计抽查的重点、范围和程度的现代审计方法体系。这种方法体系不仅在保证审计质量的前提下减少了审计时间,使有限的审计人员能够承担并完成更多的审计任务,而且也因此可节约审计资源消耗,减少审计费用的负担。纵观当代世界审计技术发展潮流,制度基础审计已成为主要趋势。美国注册会计师协会 1947 年所公布的《公认审计准则》(GAAS)就规定了审计人员必须"对现存内部控制制度进行适当的研究和评价,并以此作为可以信赖的依据,用于确定审计程序中测试工作可以限制在什么程度"。

此外,在 1977 年,美国国会在通过的《反外国行贿法案》中,还明确规定审计人员有责任将单位内部控制薄弱环节向管理当局报告。这表明,审计的责任不再局限于审查财务报表是否真实可靠,而且还包括及时反映单位内部控制制度及其执行情况,所以,加强内部控制也就成为审计的一种责任。

制度基础审计和加强内部控制并举对我国审计工作发展具有积极的现实

意义。这是因为：首先，我国审计力量虽经过几年的组织建设，已初具规模，但它与审计面临的任务相比，还远远不相适应，审计的覆盖面还较小。显然，不论是现在还是今后，不能单靠增加审计人员来扩大审计覆盖面，更不可能进行详细审计。为此，我国审计方法也要采用制度基础审计，以提高审计工作效率。其次，我国审计监督和建设职能同样体现在对内部控制的监督和建设上。审计人员评审内部控制的目的之一就是帮助单位健全和完善内部控制制度，提高经营管理水平。

这些年，我国审计理论界和实务界对制度基础审计和内部控制进行了积极有益的研究，取得一批成果。当前的任务是在继续深化理论研究的同时，积极开展内部控制制度评审，并逐步创造条件，朝制度基础审计标准化、规范化方向发展。为此，一是要建立适合我国国情的内部控制及其评审方法，其做法可以有针对性地选择若干典型行业和企业进行试点，设计出相应的内部控制模型并进行模拟运行，待取得经验后加以推广；二是要加紧培训审计人员，使他们迅速掌握内部控制理论和方法以及内部控制评审的技能，并结合试点进行模拟评审，审计主管部门要及时总结、积极扩大试点成果，以进一步提高我国审计的质量。

六、计算机辅助审计技术与手工作业审计技术相结合

手工作业审计技术是审计人员在审计实务中所运用的技能和方法。审计在其发展过程中，逐步形成了一套较完整的手工作业技能和方法体系。审计是项实践性很强的工作，因此，这些手工作业技术能否有效地运用取决于审计人员的审计实践经验的积累程度。可以说，手工作业审计技术掌握的熟练程度是衡量审计人员素质的重要标志。然而，现代审计的发展，对审计人员提出了新的要求，不仅要掌握手工作业审计技能和方法，而且要掌握计算机作业审计技术，以适应现代科学技术发展对经济信息处理方式发生变化的需要。

20世纪50年代后期，一场以电子计算机为代表的电子技术革命浪潮波及

论现代审计的基本特征与我国审计的发展方向

社会各个领域，电子计算机得到广泛的推广应用。在经济管理领域中，开始利用电子计算机进行银行、会计等方面的信息处理，出现了电算化信息处理系统（EDPS）。EDP系统的产生给传统手工信息处理工艺带来了深刻的变革，它既加快了信息传输速度，提高了计算质量，但也因信息采集、储存、处理及输出方式的变化使得信息处理的安全、有效和可靠程度有了更严格的要求。于是，评价控制电算化信息处理系统的电算化审计应运而生。经过几十年的研究和探索，逐步开发形成了利用计算机进行审计的"计算机辅助审计技术"，简称CAAT。

计算机辅助审计技术主要包括三大部分：通用审计软件、测试数据和专用审计程序。其中，通用审计软件是一套进行数据处理的计算机程序，其功能有阅读计算机文件、选择所需要的资料，以及按照审计人员要求计算和设计打印报告格式。测试数据则是审计人员利用被审单位的计算机及程序，虚构有关会计事项，以检查计算机结果是否与预期结果相一致的专门技术。而专用审计程序是在某一特定环境中，执行某一审计工作的计算机程序。这些程序主要来源于：审计人员自己编写，由被审单位的计算机软件人员编写，由专业程序员编成，由软件制造商供应，从分时系统取得，以微机程序的形式获得。

我国从20世纪70年代后期起，大量引进和开发了先进的计算机生产和应用技术，现在已有相当多的企事业单位，在不同程度上实现了管理信息的电算化。但同时，电算化也带来许多问题，如，由于电算化将原有的大量书面资料以肉眼不可见的形式存贮于计算机的磁性介质之上，使信息资料隐形化，人们无法直接检查这些信息资料的正确性；由于电算化将信息处理规则、流程和要求用程序形式来反映，信息处理一体化和快速化，使人们难以控制信息处理全过程和寻找信息处理的来龙去脉；由于电算化处理的高效率，单靠外界的监督，已远远不能保证数据的安全和处理的准确性，因此它需要比手工系统更为严密的管理和控制。所有这些问题说明我国必须加速开展电算化审计的研究，必须推广和应用计算机辅助审计技术。

当前，我国审计电算化似应着重抓三方面的工作。一是协同财政部门，根据我国电算化发展状况，制定出一系列有关电算化开发、运行、检查和控制的法规制度，争取做到开发的系统性、运行的可靠性、检查的可行性和控制的严密

186

性。二是加强对电算化后审计技术的研究,要在借鉴国外计算机审计技术的基础上,结合我国微机电算化的特点,开发一批通用审计软件和专用程序;要摒弃落后的"计算机外围审计方式"采用"计算机内在审计方式"和"使用计算机审计方式"。三是培养一支电算化审计专业队伍,要通过脱产培训和岗位练兵,使审计人员谙熟计算机知识和电算化审计知识,掌握计算机辅助审计技术操作要领。

七、审计工作法制化与
审计工作准则化

审计是社会经济发展到一定阶段的产物,但审计制度的形成和巩固,还须以法律法规来保证。综观各国审计制度的产生和发展,无不与其有关法律法规的颁布实施密切相关。但在 20 世纪 40 年代之前,各国的审计法规均散见于有关的经济法令或法案中,还没有形成完整的审计法规体系。随着现代审计的发展,审计制度已成为各国政治、经济和社会生活中必不可少的组成部分,于是,审计法规建设引起越来越多国家的重视,审计法规体系逐渐形成。例如,日本在 1947 年通过了《会计检查院法》,加拿大在 1977 年颁布了《审计法》,西班牙在 1982 年制定了《审计法院组织法》,瑞典 1973 年公布了《国家审计局法规摘要》等。这些审计法规的产生,从法律上保证了审计的独立性、公正性和权威性,从而有力地推动了审计的发展。

与此同时,随着审计社会责任性的加重,各国审计界开始意识到,确立一套完整的审计准则,作为审计工作组织和审计人员遵守的规范对审计职业的存在和发展至关重要。于是各种审计组织纷纷制定有关审计准则。1947 年,美国注册会计师协会发表了"公认审计准则",成为现代审计中财务审计准则的主体。在政府审计领域中,1972 年美国审计总署(GAO)发表了《政府机构、计划项目、活动和职责的审计准则》,第一次提出了有关节约、效率、计划项目效果审计准则。国际内部审计师协会(ⅡA)亦成立专门委员会,于 1977 年提出了《内部审计实务准则》的草案并于翌年公布。"世界银行"1982 年发表了《世界银行贷款项目财务报告和审计准则》。综上所述,表明审计工作准则化不仅仅是各

论现代审计的基本特征与我国审计的发展方向

类审计组织自身的要求,而且也成为审计界共同的呼声。

审计工作法制化和审计工作准则化也是我国审计发展的方向。我国国家审计署成立后,在审计法规建设方面做了大量工作,制定了一系列审计法规条例,如《审计条例》、《内部审计工作规定》、《社会审计工作规定》等。另外,我国审计学术界也在积极研究讨论有关《国家审计准则》、《内部审计准则》和《社会审计准则》的制定工作,有的已取得初步成果。当前,我们要根据审计工作法制化、制度化和规范化的要求,一方面,希望审计主管部门继续抓好审计法规建设,使《审计条例》向《审计法》过渡,健全一系列审计法规体系。另一方面,要继续开展我国审计准则的研究。从我国目前的实际情况看,审计工作正在健康发展,审计人员迫切需要得到规范化的指导,国家和社会需要有准则来制约和保证审计工作的质量,这是制定我国审计准则的客观要求。

八、适应国际间经济的发展,涉外
审计业务趋向国际化

第二次世界大战后,随着世界各国经济的迅速发展,国际贸易和国际投资成倍增长,国际筹资日益盛行,拥有巨大经济实力的跨国公司蓬勃发展,各国的经济联系日益密切。在这种情况下,一个国家的企业或经济单位由于超越国界的经济贸易、理财活动,产生了会计处理和财务报告方面的特殊问题,于是出现了旨在研究解决这些问题的国际会计。国际会计的产生迎合了国际经济合作和交往发展的需要,同时也对审计提出了新的要求,因此,现代审计中又开辟了一个新的领域:国际审计。

国际审计主要解决国际贸易、国际投资,特别是跨国公司经营活动中所碰到的一系列审计问题。例如,当某国的一家母公司在另一国投资建立子公司时,从申请执照、开业经营,到收益分配等,都要符合子公司所在国的法律、经济和税收制度的要求。子公司也必须向有关方面定期提供财务状况和经营成果等方面的信息,子公司提供的信息是否真实、公正,需要审计鉴证才能确定。所以国际审计的业务将涉及不同国家的语言、文化、习惯,不同通货的兑换和折

算,不同国家、地区的会计原则和会计准则,以及国际会计惯例、国际审计准则和审计方法。在这种情况下,审计业务就突破了国域疆界,趋于国际化,从而使审计成为促进国际经济合作和交流的重要因素。为了在国际间协调审计工作,最高审计机关国际组织在 1977 年通过的《利马宣言——审计规则指南》、国际会计师联合会(IFAC),从 1979 年起陆续颁布的《国际审计指南》,都是适应国际经济的发展而产生的。

党的十一届三中全会以来,我国随着对外开放政策的深入贯彻,与世界各国的经济联系和交往日益发展,涉外经济活动亦日趋增多。例如,开展进出口贸易、承接"三来一补"业务、兴办合资、合作和独资企业、承担国际工程项目、对外输出劳务、引进信贷资金、开拓国际租赁等。这些涉外业务的广泛开展,既促进了吸收外资和先进技术,又对我国涉外审计提出新的要求。为了维护我国的主权和利益,保障外商的合法权益,促进改革开放,发展我国同其他国家的经济合作,亟须参照国际审计惯例,结合我国国情,开展上述涉外活动的审计工作。目前,我们已开展了中外合资企业、合作企业和独资企业的审计和世界银行贷款项目的审计,在工作中也已有分析地吸收了国际上的审计惯例和做法。但这毕竟还是我国审计界面临的一个新课题。因此,进一步加强涉外审计领域的研究工作,尤其是对涉外企业外汇业务、外汇风险管理、跨国公司合并财务报表、跨国公司内部转移价格以及国际税收审计理论和实务的研究工作,实是当务之急。

(本文原载《财经研究》1991 年第 5 期)

论现代审计的基本特征与我国审计的发展方向

关于企业会计改革若干
原则问题的探讨

——学习《会计改革纲要》(试行)的一些体会

最近,财政部公布了《会计改革纲要(试行)》(以下简称《纲要》),为建立我国有计划商品经济的新的会计模式勾画出一幅蓝图。深刻领会《纲要》的精神实质,认真贯彻《纲要》的要求,是广大会计理论工作者、教育工作者、实务工作者的一项迫切任务。

会议改革有一个大环境,它实际上是与国际上会计的发展密切联系着的。

第二次世界大战后,世界经济发展迅速,特别表现为企业规模不断扩大,跨国公司迅速发展,企业间竞争日趋剧烈,新技术、新产品大量出现,技术的寿命日益缩短,企业的所有权与经营权进一步分离。在这样的经济环境下,企业会计出现了几个大的变化:

(1) 从核算型向管理型转化。由于社会经济的发展,企业会计为了满足经济管理的需要,其范围逐渐扩大,内容日趋丰富,它把预测、决策、控制、责任考核都结合了进来,从而形成现代会计的两大分支——财务会计和管理会计。

(2) 微观控制与宏观控制相结合。以往讲控制都是微观的,但最近几十年来,企业会计与宏观要求结合了起来。例如,西方出现了社会会计,就是要求从社会角度进行会计工作。对企业的一个建设项目进行可行性研究,一般有两种要求:一是从企业角度出发,称为"财务分析";二是从宏观角度出发,从社会角度看项目是否可行,称为"经济效益分析"或"成本效益分析",在我国称为"经济分析"。这种分析,主要是分析这个项目对整个国民经济是否有利,是不是达到外汇平衡,是否影响生态平衡,是否污染环境。现在搞一个项目,要花很多资金搞环保设备,这在国外讲就是社会责任。在我国,由于国营企业是整个国民经济的基础,因而微观控制和宏观控制两者的结合是十分显著的。

（3）国际会计的形成。随着经济活动的国际化,现在考虑会计问题不仅仅是在一个国家范围内,而要考虑到国际范围的情况。近几十年来,现代会计形成了一门新的分支,即国际会计。它研究各个国家的会计处理方法,研究跨国公司会计,研究国际转让价格问题、外汇兑换和风险问题、国际税收的比较问题等。

（4）成本反映方式的多样化。在成本反映的方式上,过去一般要求按实际成本反映,但从企业角度讲,现在不仅要了解实际成本,还要考虑重置成本、预计成本、现值成本等多种形式,以科学地进行决策。

（5）会计电算化。在会计手段方面,过去都是手工计算,现在正在向电算化的方向发展。

《纲要》内容很多,涉及面很广,这里主要就《纲要》对企业会计改革提出的一些基本原则进行探讨。

1. 会计改革应以强化企业管理,挖掘内部潜力,提高经济效益,促进社会主义经济发展为指导原则

现在的企业会计工作,要求全面完整地反映、控制企业的经济活动。所以现在企业挖掘内部潜力,提高经济效益,就要注意会计如何在这方面发挥作用。在美国,20 世纪 70 年代开始提出了"三 E"审计问题,即从三个"E"的角度来审查企业的经济活动:经济活动的"效率"是否高;业务活动的"效果"是否好;经济活动是否"节约",其经济性如何。这是会计、审计人员处理审查业务活动应考虑的原则。美国会计总署 70 年代从审计角度提出,不仅要看财务报表是否符合公认会计原则,是否公允反映,还要注意到反映这个企业的经营效率如何,效果好不好,是否节约。后来这个概念逐渐引到会计上。这实际上与我们现在抓经济效益的提法是一致的。

我们讲抓经济效益,挖内部潜力,实际上就是要找差异,分析差异。会计应该揭示差异,揭示了差异,也就揭示了潜力所在。以成本来说,应分析企业现在

关于企业会计改革若干原则问题的探讨

的成本与历史上的成本有否差异，与制订的计划有否差异，与同类型企业有否差异，与外地区有否差异，与外国有否差异。《纲要》提出会计要促进提高企业经济效益问题，就是要求企业在差异中揭示出内含扩大再生产的潜力，充分利用现有的人力、物力、财力来提高经济效益。

2. 会计要适应财政、财务、税务、金融等政策以及企业经营机制的转变而进行改革

第一，我国实行改革开放之后，在所有制方面形成了以公有制为主体的多种形式所有制并存的局面。在这种情况下，企业会计必然有很多变化。如全民企业转为股份制企业，就要考虑如何设置股份，决定其发行市价，账面如何处理，企业与股东的关系等。这些都需要企业的财务会计进行适当的处理。

第二，会计应和理财结合起来。以资金筹措来讲，原来是国家拨款，后来向银行借贷，现在则更为复杂。借款有多种渠道，可以向国内银行借，也可向外国银行借。在向外国银行或国际金融机构借款时，要考虑外汇风险。因此，向谁借钱，以什么货币借，都需要决策。现在除了借款外，还可以发行债券。那么，利率高低、时间长短、向国内发行还是国外发行等问题，甚至包括以何种货币发行也值得研究。

第三，通货膨胀的处理问题。物价波动应如何处理，包括日常业务处理、会计报表如何反映等。有的国家对上市的股票，要求附有按物价指数调整的十年的财务报表，让投资者很容易了解情况。我国尚未这样做，但企业内部应当心中有数，以今年的利润与几年前相比有多少增长，扣除了物价因素后实际是多少？企业会计部门应编制内部报表，向厂长经理提供这方面的信息。

3. 要以会计准则来统驭会计制度，指导会计工作

随着改革开放的发展，制定统一的会计准则，这是当务之急。现在，财政部已经拟订了《中华人民共和国会计准则（草案）》到各地多次征求意见。《草案》把会计准则分成两个方面：一是基本准则，即进行会计工作必须共同遵守的原则；二是应用准则，即根据基本准则的要求，对会计几个基本要素如资产、负债、投资者的权益、收入、成本、费用等的确认、计量、核算所确定的一般性规范。就基本准则来看，与国际上的惯例已越来越接近。

4. 加强内部控制,提高企业管理素质

《纲要》提出,各单位内部的会计监督,应当成为一种自我约束机制。这就是强调企业要加强内部控制。企业应建立内部控制制度,包括岗位责任制、内部牵制制、内部稽核制等。

内部控制在企业中是十分重要的管理手段。目前企业里发生的许多问题与内部控制没有严格建立起来有关。这就说明企业建立会计的内部控制非常必要。企业内部控制包括如何加强组织机构控制、合规性控制、目标控制、授权控制,怎样对不相容职务进行相互牵制,怎样建立业务活动的固定流程,怎样保证信息的可靠性等问题。

5. 向"管理型会计"转变,充分发挥会计在经济管理中的职能作用

首先,会计要参与决策,发挥会计在决策方面的职能。会计的决策职能,近几年来已为人们所认识。管理会计中有许多决策的技术方法,如保本点分析、短期经营决策、投资决策等,都已纳入了会计工作范围。特别是大的投资项目,企业的会计主管、总会计师应起到把关的作用。例如要核算项目有多长回收期,资金回收率多少,内含报酬率多少,净现值多少,同时要考虑到宏观方面,要为国家的经济效益也算一笔账。

在作决策时,要考虑机会成本。许多东西从账面上可以找到,但机会成本是没有账的账。也就是说,进行投资一般总希望选择最佳的方案、最佳的机会,那么在决定选用最佳方案时,就要放弃其他的方案与机会所可获致的利益,所以当选择最佳方案而放弃次佳方案的利益与好处就是机会成本。通常讲利息就是一种机会成本。

其次,是搞责任会计,要划分责任中心,确认责任归属,进行责任控制、责任分析,便于进行责任考核。实务上搞内部银行,把责任价值化,也是强化经济责任的一种重要形式。

第三,将成本管理与技术经济分析结合起来。《纲要》提出要运用会计信息和各种现代会计方法,对各项技术、经济和财务决策,以及内部管理形式和方法的选择等,进行分析、预测和论证。

第四,会计应与目标管理结合起来。对成本、利润、生产都要进行目标管

理。定额成本、标准成本,就是一种目标成本。

6. 既要记账、算账、报账,又要用账

过去讲会计是记账、算账、报账。现在会计进行改革,必须要讲"用账"。这里的"账"是指数据、信息。要充分利用账簿、报表中的数据,要利用就要进行分析,进行对比,找差距,找原因,采取措施,挖掘内部潜力。

7. 会计要逐步实行电算化

《纲要》提出,会计电算化是会计改革的重要内容和必要条件。会计电算化应当根据工作需要和客观条件,循序渐进。以往人们有这样的要求,一下子设计一套东西把企业整个管理信息都容纳在内。这样做起来工程很大,几年时间也难完善。《纲要》提出要循序渐进,要求首先在会计信息量大、时效要求高、数据处理难度大的单位先做;其次从实用性强的单项起步,如账务处理、工资核算、材料核算、销售核算、固定资产核算、会计报表生成和汇总等这几个方面起步,同时要考虑与其他管理信息系统的接口问题,既有系统设计,又不是一下子搞一整套。

8. 始终把马克思关于会计是"过程的控制、观念总结"的论述作为指针

过去往往把"过程的控制"理解为监督,"观念总结"理解为反映,这样就把会计的职能局限于反映与监督。应当进一步深刻领会马克思的话。所谓过程的控制,首先,要提出目标,才能进行控制。其次,是如何控制,这就要求揭示差异,分析差异。再次,还应加强监督。所谓观念总结,首先,是系统地反映,其次,还应认识其规律性,再次,应优化决策。因此,马克思的话,对会计改革,对今后的会计工作来讲仍然是指针。

《纲要》指出:提高会计人员素质是实施会计改革、全面提高会计管理水平的先决条件。到 2000 年在会计人员中普及中专教育,并力争有 20%～25%的会计人员达到大专以上专业水平。应当指出,受教育水平的要求只是一个方面,实际上,会计人员业务水平的提高还应注意两个方面的问题:

一是现在的时代是知识爆炸的时代,这也包括会计领域。在 19 世纪时,知识更新约需 50 年左右时间,20 世纪初约 20～30 年,但最近几十年来,只有 5～10 年的时间。就会计来讲,在 80 年代初,学校里搞的教育大纲,现在有很多内

194

容都已改变了。那时开一门管理会计是很新的学科,现在管理会计已更新了许多内容。同时,会计电算化,计算机语言的更新更是十分迅速。而且随着开放步伐的扩大,经济法、市场学、国际金融、国际税收等都成为会计人员必须具备的知识。因此,应当强调会计人员的在职培训,不断更新知识,提高业务水平。

二是会计人员还应不断提高思想水平和职业道德。会计人员是掌握财权和物权的人,随着改革开放,会计职能不断扩大,会计人员参与了企业经济决策,将掌握更大的经济权力。因此,会计人员政治思想水平的提高和职业道德的遵守,就显得尤为重要。所以,必须强化会计人员的职业道德和职业纪律教育,努力建设一支既精通专业、讲求效益,又遵纪守法、顾全大局、坚持原则、廉洁奉公,献身于会计事业的会计队伍,以满足社会主义建设的需要。

(本文原载《上海会计》1992 年第 1 期)

关于企业会计改革若干原则问题的探讨

论内部审计在提高企业管理素质中的能动作用

我们知道,在我国社会主义条件下,内部审计负有双重的任务:一方面,内部审计要监督部门、企业等单位是否在宏观控制之下,从事于发展社会主义经济的活动,要对单位的经营目标和方式进行审核、评价,防止偏离社会主义经营方向;另一方面,内部审计要对部门、企业等单位的领导负责,要协助领导检查本单位的财务收入是否合法,会计资料是否真实,制订的经营方针、决策和计划是否合理、可行,决策和计划是否认真实施、贯彻,单位内部控制制度是否完善并是否遵照执行,同时要及时发现管理上的薄弱环节,积极提出建议和改进工作的措施,促使单位的领导和职工增强管理意识和效益意识,从而促进提高经济效益。可见,社会主义企业和单位开展内部审计,不但是发展社会主义国民经济的需要,也是企业单位提高企业管理素质的一个不可缺少的手段。

本文认为,内部审计完成了上述任务,就能发挥其在企业管理中的作用:四个"自我保证作用"和四个"自我促进作用"。

(一) 内部审计的自我保证作用

1. 保证方针政策的贯彻

企业单位的经营方针、经营决策和计划反映企业经营目标和发展方向,同时也显示出企业主要领导人的经营意识、领导水平和经营方式。内部审计通过对企业经营方针、决策、计划及其执行情况的检查评价,可以确定其是否符合国家的经济方针、经济政策和有关法令,这些方针、政策和计划是否已落实到各职能部门的经营责任中去,是否有利于激发和调动各级管理人员和职工的积极性,还可确定方针、政策的贯彻执行结果是否已经达到预期的目标和要求。这样通过内部审计,就有利于保证履行国家财经方针、政策及有关法令和企业、单位的方针、政策及计划。

尤其应该指出的是,第二次世界大战后,出现了:从企业经营指标入手,检查生产、供应、销售以及技术等环节的节约、效率和效果,旨在促使企业有关部门采取措施,贯彻经营方针,提高经营效益的"经营审计";从评价检查管理政策、管理效率并提出改进管理建议的"管理审计"。这些审计的出现,突破了传统审计囿于内部财务审计的范围,内部审计已从单一财务审计发展成为财务审计和经济效益审计两者并举。这些审计的内容对于保证经营方针、政策的贯彻更起了积极的作用。

2. 保证信息的真实、及时

企业、单位的领导能否制定切实可行的方针、政策和计划,主要取决于该单位是否建立了良好的信息系统(包括财务会计子系统、内部管理报表子系统、内部统计分析子系统、计划人事子系统等),以及这些系统提供的信息是否真实和及时。

通过内部审计对这些系统的信息进行检查、核对、评价,查证其是否真实、正确、及时;是否符合提供信息的相关性原则,适应领导决策的要求;检查各个职能部门之间的信息是否能顺利沟通。显然,这样的审计就有利于保证信息的真实可靠和及时。

现代审计的审计时间区域,已从事后审计发展到事前审计,从而形成了事后审计与事前审计并举。随着审计时间区域的扩展,内部审计开展了对经济项目决策、计划、预算等进行事前审计,对项目决策计划和预算等的可行性提出评价和建议,从而使审计工作变"亡羊补牢"为防患于未然,这样更保证了提供信息的及时性。

3. 保证确定经济责任

在生产资料所有权与经营权分离的情况下,确定各个经济责任者是否履行其责任,是审计的一项重要任务。这项审计包括承包经营责任审计以及企业内部各级责任中心的审计、租赁经营责任制审计、厂长离任审计等。这些审计,可

论内部审计在提高企业管理素质中的能动作用

由国家审计及社会审计承担,在企业集团公司或大型企业里,则往往由公司或企业的内部审计机构对其下属企业或内部责任中心进行审计。通过审计,查明各责任者是否完成了应负经济责任的各项指标(诸如利润、产值、品种、质量等),这些指标是否真实可靠,在生产经营过程中是否充分利用现有的资源,国家资财有无损失、浪费,有无违反国家的财政法纪,是否有不利于国家经济建设和企业发展的短期行为,是否考虑了社会效益和环境效益,等等。通过这种审计,有利于确定各个责任者的经济责任,也保护了责任者的正当权益。随着我国经济体制改革向广度和深度发展,内部审计机构所承担的确定经济责任的审计任务将越来越重,它必然将在企业管理中发挥出更大的作用。

4. 保证财产安全完整

企业的财产是企业进行生产经营活动的物质基础。为了保证生产经营活动的正常进行,制止铺张浪费、贪污盗窃行为的发生,企业必须切实保护这些财产的安全和完整。通过内部审计对财产增减结存情况的审核、查询、盘点,查明账账之间、账实之间、账表之间是否相符,有否不实之处,就可发现问题,堵塞漏洞,有利于保证财产的安全完整。

大家知道,现代审计一般是在评价和审查内部控制制度的基础上进行的。也就是"制度基础审计",它是现代审计在方法上的重大发展。制度基础审计首先是重点评审内部控制制度,包括了解、测试和评价内部控制制度的健全性和有效性,进而审查企业有关部门在执行其业务活动时是否遵守所规定的内部控制制度,据以明确工作中的优缺点,然后根据评审结果确定审计抽查的重点、范围和程度。这种方法体系不仅能在保证审计质量的前提下减少审计时间,使有限的审计人员能够承担并完成更多的审计任务,而且也可因此节约审计时间消耗,减少审计费用的负担。目前有些企业管理素质还较差,在管理工作中存在着不少漏洞。例如,有的企业在财务收支、对外联系和经济往来方面,缺少严格的审批手续;有关部门之间职责不清,不能相互监督、制约;有些负责人违反财经纪律,甚至发生违法乱纪行为,对于经济业务的处理没有严格的控制制度,或者有章不循,制度废弛。这些漏洞,都不利于财产的安全完整。因此,在企业内部审计中实行制度基础审计,促使健全内部控制制度,对于保证财产的安全,具有重大的现实意义。

(二) 内部审计的自我促进作用

以内部审计来说,无论是内部财务审计还是内部经济效益审计,都要对所审查的经济活动作评价和结论,提出存在问题及改进工作的建议,而且还要在审计结束后的一段时间内进行"后续审计",审查被审单位是否认真执行审计结论中所提出的改进工作的建议。这也就是我国在审计实践中总结出来的"一审二帮三促"这个宝贵的工作经验。从这个意义上来说,内部审计对企业是促进自我制约、自我改造、自我发展、自我积累的一种机制,它对提高企业管理素质具有积极的促进作用。

1. 促进自我制约

内部审计与国家审计和社会审计对企业进行外部制约不同,它是企业自己设置机构,自己制约自己经济活动的自我制约机构。从制约的条件来说,社会主义企业、单位的经济活动,受国家财经政策、财政制度和法令的制约。例如:对于货币资金和结算业务,受国家现金管理制度和结算制度的制约;非生产消费商品和专项控制商品的购置,受国家集团购买力管理办法的制约;职工工资受国家工资制度和工资基金制度的制约;成本开支,受国家关于产品成本开支范围规定的制约。这些规定,都是强制的制约规定。在企业内部,通常由本单位自己制订内部控制制度进行自我制约。例如:有关材料采购、领、发、结存的控制制度,有关出纳人员与总分类账记账人员分别担任的内部牵制制度,对生产、销售、成本、财务等制订目标进行控制,即目标控制制度,等等。对于来自外部的或内部自己制定的制度企业是否遵照执行,执行中发现什么问题,今后如何改正,内部审计要定期或不定期进行检查。这些都是企业自己对自己进行约束性检查。所以,我国的内部审计实际上是对"控制进行的控制",发挥了促进自我约束的作用。

2. 促进自我改造

企业单位的自我改造,要求不断自我改善其生产力和生产关系,包括改善其生产设备、工艺技术,提高职工的政治素质、业务素质和工作能力,改善企业

论内部审计在提高企业管理素质中的能动作用

内部的人际关系,改善各种规章制度等。开展内部审计,审查企业内各个层次、各个部门的经济活动及其他有关活动的合法性、合理性、效率性和效益性,审查单位内部管理工作、管理制度是否完善、是否有效,揭露存在的问题,并进一步提出进一步改善工作的建议。这样,内部审计就起到了有利于促进企业自我改造的积极作用。

一个企业、单位要实现其预期的经营目标,不但要有一定的物质条件,更需要一个良好的协调的工作环境和内部人际关系才能实现。内部审计通过管理审计,审核和评价供销、生产、工艺技术、行政管理等各职能部门的工作协调情况,以及领导成员之间、领导与职工之间、职工群众之间的相互协调情况,揭示内部工作环境和人际关系方面的矛盾,提出改善内部关系的建议,也显然能在促进企业、单位的自我改造方面发挥出重要作用。

3. 促进自我发展

发挥企业自身的优势,充分挖掘内部潜力,提高经济效益,实现自我发展,是社会主义企业、单位的重要任务。内部审计运用财务审计、经济效益审计,对经济活动的全过程进行审查,把各个信息系统所提供的实际数与计划数进行比较,与国内外同类企业的有关指标进行比较,揭示差异,分析形成差异的因素,评价经营业绩,总结经济活动的规律,从中揭示未被充分利用的人力、财力、物力的内部潜力,并从技术上、组织上、经济上提出利用潜力的措施,就可促进提高经济效益,实现企业的自我发展。这样,内部审计就起了促进企业自我发展的作用。

内部审计对促进企业自我发展的作用,也就是现代审计的建设职能。近年来,我国已制定的审计法规和制度中,也提出了在审计进行监督的同时,要注意提出改进工作的建议,并要求进行后续审计,检查有关建议的贯彻情况。这些都说明,我国内部审计工作正在向不断加深监督的深度和开拓建设的广度的方向发展,即在向挖掘内部潜力、促进企业自我发展的方向发展。

4. 促进自我积累

自我积累是实现内涵扩大再生产,是发展社会主义经济的主要方向。企业通过内部审计,促进自我制约、自我改造和自我发展,从而提高管理素质,增加

200

产量,提高质量,降低消耗,扩大销售,最终表现为企业积累的增加。例如,通过内部审计发挥了它的"自我保证作用",使企业遵纪守法,贯彻方针、政策,及时提供真实的信息,查明经济责任和保护财产的安全,就能使企业财产免遭损失,纠错防弊,堵塞漏洞,并有利于企业作出切实可行的决策,达到预期的经济效益,从而扩大自我积累。又如,通过内部审计发挥了它的"自我促进作用",协调了企业内部人际关系,充分挖掘企业内在潜力,必然能提高企业的盈利水平,实现内涵扩大再生产。因而,促进自我积累,可以说是内部审计所发挥的各种作用的集中表现,也可以说是企业内部审计的一个最重要的作用。

目前,我国开展内部审计的企业、单位已近 7 万个,内部审计人员已达 17 万人左右。我们期待着内部审计工作在更多的企业里开展,内部审计人员的素质进一步提高,内部审计的内容进一步深化和发展,内部审计的"保证作用"和"促进作用"得以进一步的发挥,使内部审计这一控制手段在我国社会主义经济发展中作出更大的贡献。

(本文原载《上海会计》1992 年第 6 期)

论以会计准则指导会计工作①

近半个世纪以来,会计随着社会经济的发展而发展、管理要求的提高而提高。会计的发展和提高,对会计准则提出了要求,要求以会计准则来指导会计工作,提高会计信息的质量,使之能真正满足经济管理的需要。

一、会计准则是现代会计理论的核心

现代会计工作都是在现代会计理论指导下进行的。现代会计理论大致包括六个层次:

第一个层次是会计目标,即为什么要做会计工作。最近国家发布了《企业会计准则(第一号)》,论述的会计目标,即满足国家宏观经济管理的需要,满足有关方面了解企业财务状况和经营成果的需要,满足企业加强内部管理的需要。

第二个层次是会计环境问题,包括内部环境和外部环境。企业内部环境又包括:其一是企业领导的会计意识,即领导对会计工作是否理解、重视,这个问题在一定意义上起决定性的作用;其二是企业内部各种基础工作是否健全,包括计量制度、内部控制制度、凭证传递制度是否健全;其三是企业内部会计组织机构是否健全;此外,企业内部环境还与企业的所有制性质相联系。企业外部环境的影响,主要是经济体制问题,现在有计划的商品经济与过去计划经济下的会计就有所区别。

第三个层次是会计基本理论概念和会计假设,在会计基本理论概念中有三

---

① 根据东南地区第九次会计学术交流会的报告录音摘节整理。

种理论:一是业主权益论,以个体户老板为主体,适用于个体经济;二是会计主体理论,指企业的股东不能随意动用企业的资产,个人与企业分开,企业是独立经营的主体;三是基金理论,强调资金来源与资金运用的平衡,不考虑损益问题。过去的会计报表实际上是把主体理论和基金理论并在一起了。今后的企业将向会计主体理论方向发展。另一个内容是关于会计假设问题,会计假设包括四个内容:一是会计主体假设,即假定会计主体是独立经营、自负盈亏的经济实体;二是持续经营假设,在目前企业存在关停并转和企业破产的前提下,提出持续经营假设是十分必要的;三是会计分期假设;四是会计计量假设。

第四个层次是会计准则问题。会计准则是在会计目标、会计环境、会计基本理论概念和会计假设的制约之下确定的。会计准则是我们进行会计工作规范化的内容和依据,同时,会计准则是实现会计目标的重要条件。

第五个层次是会计制度。会计制度要在会计准则的指导下制定,要符合会计准则的要求。

第六个层次是会计工作系统。怎样设置账簿、怎样填制凭证、怎样编制会计报表等,都属于会计工作系统。

因此,会计理论结构实际上是由会计目标—会计环境—会计基本理论概念与会计假设—会计准则—会计制度—会计工作系统共六个层次组成。从以上各个层次结构来看,可以看出会计准则的重要性。一方面会计准则受到会计目标、会计环境、会计基本理论概念与会计假设的制约,另一方面也是保证会计目标实现的条件。同时,会计准则指导会计制度的设立,统一着会计工作。此外,会计准则也是审计的重要依据,注册会计师对企业审计的主要依据就是会计准则。

二、关于财务会计准则的有关问题

一是财务会计准则中准则和原则的区别问题。有的讲会计准则,有的讲会计原则,这只是名词问题,两者没有多大的区别。

二是关于财务会计准则的结构问题。会计假设是制定会计准则的前提,它

论以会计准则指导会计工作

与会计准则是有区别的。财政部发布的《企业会计准则（第一号）》，将会计假设在总则中列入，没有将它放在会计一般原则中，这样的处理是合适的。会计准则结构中关于会计一般原则和会计要素准则，一般叫做基本准则。一般性原则是指导会计要素准则的一些准则性原则。会计要素准则是将会计中的几个主要要素，如资产、负债、产权、收入、费用、利润如何确定、如何计量、如何记录、如何报告等，都作了规定。

三是关于财务会计一般原则的问题。我想把关于会计的一般原则归纳为：一是反映经济活动的一般性原则，主要有一贯性原则、配比原则、重要性原则、充分反映原则、稳健原则、历史成本原则。其中，关于稳健原则争议较大，这个问题要提出来，但要慎重。国家在公布的会计准则中没有明确提出来，而这个问题又是非常重要的一个问题。稳健原则的本义是指可能发生的损失要完全计算进去，而可能发生的收益则不要去考虑。二是反映信息质量的一般性原则，主要有合法性原则、真实性原则、可检验性原则、及时性原则、明晰性原则、强化内部控制性原则和效益性原则。

三、关于管理会计准则的有关问题

20世纪30年代已经出现管理会计的萌芽，管理会计真正成为一门学科是在50年代。现在管理会计已经十分普遍地运用了，有必要探讨一下管理会计准则问题。这里提出以下几个管理会计准则：

第一个原则是成本效益原则。在美国20世纪70年代开始，由美国的会计总署提出对问题的审查"3个E"，即讲求效果、讲求效益、讲求经济性，也称"3E原则"。在企业中经常运用的一种方法叫"贡献毛益分析法"，这个方法在企业管理中广泛运用，如"量—本—利"分析、生产规模的决策、定价原则的制定等，都是根据这个方法来决策的。这些方法的运用，就体现了成本效益原则。

第二个原则是目标控制原则。这一原则包括对费用成本要有预算，对成本要制定目标成本，还有目标利润、批量控制等问题。

第三个原则优化决策原则。这一原则在管理会计中的运用表现为对投资方案要选择最优方案,还要考虑机会成本问题,即选择一个投资方案时,还要考虑失去另一个投资方案所带来的获利机会,即机会成本。

第四个原则是责任激励原则。现代会计很强调责任,而责任是建立在激励的基础上的。责任会计是调动各部门管理人员积极性的一个好办法。

第五个原则是定性与定量相结合的原则。即在决策中,大量运用数理统计方法,概率分析方法,将定性的东西进行量化分析。

第六个原则是微观经济与宏观经济相统一的原则。比如对于一个企业,投资一个项目是赚钱的,但从国家宏观的角度来看则是亏损的,这同样不是一个最优方案。微观经济要与宏观经济相统一,并要服从于宏观经济。

第七个原则是充分反映揭露矛盾的原则。矛盾就是差异,差异就是潜力。充分反映揭露矛盾包括三个过程:一是准确反映事物的全过程;二是提出应引起注意的问题,把重大的问题提出来,把矛盾、把差异提出来;三是解决问题,解决矛盾。

最后一个原则是相关性原则。即要提供与决策有关的信息,与挖掘内部潜力有关的信息,尽量提供与国家宏观调控有关的信息。这样使得管理会计所提供的信息真正用于企业改进工作,用于国家加强宏观调控。

(本文原载《上海会计》1992 年第 10 期)

读《企业会计丛书》第一辑有感

我国的会计正进行着一场划时代的重大改革。《企业会计准则》的颁布与实施迈出了这一改革奠基性的第一步。而大行业会计制度的出台，则为会计改革的顺利进行提供了过渡阶段的保障。会计改革的目标是建立与完善跨所有制、跨行业、跨经营方式、跨国内外的，并包括基本会计准则与应用会计准则在内的会计准则体系。我国会计的这一重大改革，对于建立社会主义市场经济体制，扩大对外开放，以及加速与国际会计惯例接轨，均具有十分重要的意义。也正是由于这一重大改革，广大会计实务工作者与理论研究者都面临着大幅度知识更新的客观要求，否则将难以适应会计改革的迫切需要。

在这一改革之际，很高兴看到由谢国新、储一昀两位年轻学者主编的、航空工业出版社出版的《企业会计丛书》第一辑的正式发行。该丛书计划共出五辑，各辑之间相对独立，自成体系。在内容安排上由初级向高级递进。以常用业务为主要内容，辅之以其他业务的介绍，以满足经济发展的要求。每辑丛书共分六册，各册以企业会计的业务内容为划分界限，使之与《企业会计准则》以及应用会计准则的体系相呼应。已经出版的第一辑由《长期资产会计》、《存贷会计》、《成本费用会计》、《权益会计》、《收益会计》、《财务报告》六册组成。

综观这套丛书，我感到具有以下几个显著特色：

一是内容上的新颖性。丛书以《企业财务通则》、《企业会计准则》及大行业财务制度、会计制度为编写依据，同时结合了国际会计惯例进行阐述，反映了现代会计的先进理论与方法。

二是体系上的独创性。丛书以会计改革的目标模式为依托，突破了以所有制、以行业为界限的编写思路，而首创以企业会计的业务类型为基础进行分册编写。同时既兼顾不同行业的特点，使整套丛书具有较为系统全面的涵盖面，又能适应越来越多的企业跨行业经营的需要。

三是写法上的务实性。丛书编写注重切合企业的会计实务，强调可操作性，力求通俗易懂，避免教材式的抽象，将理论阐述融于实际业务处理的说明之中。叙述精炼，行文流畅，并按各类会计业务的具体情况，配以各种实际例子的处理，可作为会计人员处理同类会计业务的实用指导。

会计改革为我国改革开放、走向世界迈出了可喜的一步。我认为，目前较为重要的是在于宣传普及会计准则，使广大会计人员理解、接受，并运用于实际工作之中。这是一项意义重大而又十分艰巨的工程，它关系到会计改革目标的顺利实现。《企业会计丛书》的编写出版，将为这一工程的圆满完成贡献一份力量。我期待《企业会计丛书》以后各辑尽早出版发行。

（本文原载《财会通讯》1993 年第 10 期）

中国注册会计师制度的
发展和展望[①]

自 1494 年意大利数学家卢卡·帕乔利所著的《算术、几何、比与比例概要》一书问世，至今整整 500 年了。500 年来，卢卡·帕乔利所奠定的复式簿记使会计实务实现了质的飞跃，对社会经济的发展起了巨大的推动作用。中国于清末从日本引进西式簿记后，也应用了复式簿记。在《算术、几何、比与比例概要》一书出版 500 周年之际，我们联系中国注册会计师制度的发展，特撰此文，以资纪念。

中华人民共和国的注册会计师事业，亦即"民间审计"或"独立审计"，是适应社会主义市场经济的客观需要而在 20 世纪 80 年代初期发展起来的。在十多年的时间内，它在贯彻我国对外开放、对内搞活的方针，促使社会主义经济发展方面，起了积极的作用。本文拟对新中国成立前的注册会计师制度及其发展情况，新中国成立后的注册会计师制度的建立、发展和作用，我国现行注册会计师制度的主要特征、今后发展前景等问题作一概括的论述。

一、新中国成立前的注册会计师
制度及其发展情况

注册会计师制度，是商品经济发展到一定阶段的产物。20 世纪初期，封建经济制度在中国逐渐解体，商品经济与国际往来有了发展，特别是第一次世界

---

① 本文与尤家荣、谢国新合作撰写。

大战以后，外国资本家纷至沓来，到中国投资，民族工商业也迅速发展，并出现了股份有限公司组织形式，使投资人和管理人发生分离。在这样的经济形势下，不少外国的注册会计师到中国来开展注册会计师业务，例如大美（Deloitte Haskins & Sells），罗兵威（Price Waterhouse）等外国会计师公司就在上海设所执行业务。1918年，当时的中国北京政府公布了《会计师暂行章程》，中国银行的总司账谢霖申请，成为中国第一个注册会计师。1928年，中华民国政府颁行《会计师注册章程》，1930年颁行《会计师条例》，1945年公布《会计师法》。这些章程、条例和法规，规定了注册会计师资格的取得、会计师的执业范围和会计师的责任与道德等问题。

自从《会计师暂行章程》颁行后，注册会计师人数逐年增加。据统计，领得会计师执照的，1918—1921年为13人，1922—1924年为101人，1925—1927年为171人，1927—1929年为268人，1929—1930年为184人，1931—1937年为1 036人，1938—1947年为1 583人。扣除重领和补领者，总计超过3 000人。

新中国成立前，由中国注册会计师创建的较为著名的事务所有：谢霖于1918年创建的"正则会计师事务所"，徐永祚于1921年创建的"徐永祚会计师事务所"，潘序伦于1927年创建的"立信会计师事务所"，1932年成立的"公信会计师事务所"。这四家事务所，在新中国成立前号称四大会计师事务所。其中立信会计师事务所声誉远及港澳及新加坡、菲律宾，除在上海设立总所外，还在南京、重庆、桂林、武汉、天津等地设立分所，其业务范围遍及全国各省，从业人员多达千人。

为了推动会计师事业发展，上海于1925年成立会计公会，嗣后各省市相继成立公会，并于1946年成立全国会计师公会联合会。

二、中华人民共和国成立后注册
会计师制度的建立、发展及其
在社会经济活动中的作用

1949年中华人民共和国成立。在新中国成立初期，国家对私营企业采取

中国注册会计师制度的发展和展望

扶持和引导其发展生产的方针,因而注册会计师仍执行业务。为私营企业进行查账、向企业股东会及有关部门出具查账报告,并办理有关的注册会计师业务。从 1953 年起,国家逐步对资本主义工商业进行社会主义改造,即有步骤地把生产资料私有制改造成为社会主义公有制。到 1956 年,社会主义改造基本完成,社会主义公有制经济在国民经济中占有绝对优势。在这以后相当长的时间里,中华人民共和国实行统一的、无所不包的计划产品经济模式,限制商品经济的发展。在这种情况下,以商品经济为存在条件的注册会计师职业,就失去了其存在的社会条件,从而也就在中国经济生活中消失。

1978 年 12 月召开的中国共产党十一届三中全会,确定了"对外开放和对内搞活"的战略方针,并从理论上确立社会主义经济是有计划的商品经济。中国实行的对外开放,是从本国的情况出发,发展对外贸易,采取多种形式利用外资,积极引进国外先进技术,学习和运用国外科学的经营管理方法等。对内搞活,主要是扩大企业自主权,增强企业的活力,进一步发展社会生产力。对外开放和对内搞活方针的贯彻,促进了商品经济的发展,特别是推动和促进了包括中外合资、合作及其外资企业在中国境内的大量兴办。

1979 年 7 月,国家公布了《中华人民共和国中外合资经营企业法》及其《实施条例》,其中规定合营企业各方的出资证明书,合营企业的年度会计报表及合营企业清算的会计报表,"应经中国注册的会计师验证和出具证明方为有效"(《实施条例》第九十条)。在 1980 年 12 月国家公布的《中华人民共和国中外合资经营企业所得税法施行细则》中也规定合营企业向当地税务机关报送所得税申报表和会计决算报表时,应"附送在中华人民共和国登记注册的公证会计师的查账报告"(《施行细则》第二十条)。外商投资企业的兴办和商品经济的发展以及国家有关法规的要求,促使注册会计师制度在中国的重建。1981 年 1 月 1 日,在上海成立了第一家由中国注册会计师所组成的会计师事务所,随后全国各省市相继发展注册会计师并纷纷成立会计师事务所。

1986 年 7 月,国务院发布了《中华人民共和国注册会计师条例》(以下简称"注册会计师条例")。条例规定了注册会计师的考试和注册、业务范围、工作规则、会计师事务所的设置等共六章三十条。《注册会计师条例》的发布,确立了中

210

华人民共和国的注册会计制度,并为会计理论和实务开拓了一个新的领域。

1993 年 10 月 31 日第八届全国人民代表大会常务委员会第四次会议通过了《中华人民共和国注册会计师法》(以下简称《注册会计师法》)。《注册会计师法》规定了注册会计师的考试和注册、业务范围和规则、会计师事务所、注册会计师协会、法律责任等七章四十六条,从 1994 年 1 月 1 日起施行。《注册会计师法》的颁布,使我国注册会计师制度走上了法制化的轨道,并与国际注册会计师制度更趋接近。

随着商品经济的发展和注册会计师条例的公布,我国的会计师事务所不断增加,注册会计师队伍不断壮大。到 1986 年年底,全国成立的会计师事务所 80 余家,注册会计师近千名,从业人员 2 500 余名;到 1988 年年底,全国的会计师事务所达 200 余家,注册会计师 2 000 余名,从业人员 7 000 余名;到 1993 年 6 月止,全国的会计师事务所已有 2 400 多家(包括其分支机构),已批准的注册会计师 10 733 人,从业人员达 25 000 余人。

我国注册会计师制度的建立,促进了与国际注册会计公司和国外会计师社团的交流和业务合作。到 1992 年,国际六大会计公司分别在我国北京、上海、广州、福州等地设立常驻代表机构。例如,永道会计财务咨询公司(Coopers & Lybrand)与财政部合作,于 1980 年在上海财经大学举办审计师培训班,随后于 1981 年 1 月及 4 月先后在上海及广州设立常驻代表处;大美国际会计师行 (Deloitte Haskins & Sells)于 1981 年 10 月在上海成立常驻代表处;普赖斯·华特豪斯国际会计公司(Price Waterhouse & Co.)于 1981 年 11 月在北京成立常驻代表处;安达信国际会计公司(Arthur Andersen & Co.)于 1982 年在北京成立常驻代表处;毕马威国际会计公司(Peat Marwick Michell & Co.)于 1983 年在北京成立常驻代表处。到 1992 年,国际六大会计公司已先后在我国设立了 16 个常驻代表机构。这些机构为中国的外商投资企业提供会计、审计、税务等咨询服务,也接受客户委托,与中国的注册会计师合作,在部分外商投资企业共同进行查账工作,但应各自独立出具查账报告,在中国,外国会计师出具的查账报告对中国有关机关无效;此外,他们还接受我国会计师事务所工作人员到国外进行实习培训。这些工作,为促进我国改善外商投资环境和注册会计师职

中国注册会计师制度的发展和展望

业的发展,作出了有益的贡献。

为了维护注册会计师合法的职业权益,交流工作经验,增进国内外的交往,1988 年 11 月 15 日在北京成立了中国注册会计师协会。其后全国不少省市也相继成立地方性的注册会计师协会。协会是由注册会计师组成的专业团体,是注册会计师和会计师事务所进行自我教育和自我管理的同业公会。协会的成立,推动了全国各地注册会计师工作的经验交流,促进了注册会计工作质量和职业道德水平的提高,也进一步推动了与国际会计社团如国际会计师联合会、国际会计标准委员会、亚洲及太平洋地域会计师联合会的交往、联系,从而与国际会计界加强了交流。

注册会计师制度重建后的十多年来,在贯彻对外开放、对内搞活方针,促进提高企业管理素质,培养涉外会计、审计人才和推动会计理论研究等方面,都起了积极的作用。

首先,在对外业务方面,中国注册会计师制度的建立和发展,改善了外商环境,有利于对外开放方针的贯彻。按国际惯例,企业的财务会计报表和其他财务资料,均需注册会计师的审查验证才能生效,因而它是企业开办、经营和清算等过程中不可或缺的"软件"。到 1993 年 10 月在中国设立的外商投资企业已有 158 557 户,投资额达 517.53 亿美元,而且户数和投资额还在不断增加。这些企业开办前的可行性研究,成立后的验资,经营期间财务报表的审查验证,以及停业清算等事项,均须注册会计师审查、鉴证并作出报告。十多年来,注册会计师在涉外业务中,为外商投资企业做了大量工作,包括对中外合资、中外合作、外资、三来一补等企业以及外债项目等进行验证、查账、可行性研究、资产评估,并担任常年会计顾问,参与外商谈判,设计内部控制制度和会计制度(包括会计电算化软件的设计),培训会计、审计人员等,在促进对外开放、发展我国对外经济交往等方面,发挥了积极作用。

其次,在对内业务方面,十年来,我国注册会计师开展了下列业务:① 适应经济体制改革发展的需要,开展验资和查账:包括对企业联营、承包经营单位进行验资、查账;对租赁、出售、改转等企业进行验资、查账和资产评估;对发行债券、发行股票的企业进行验资、查账和资产评估。② 适应多种经济成分的发

212

展,对多种经济成分的联合体、集体、私营以及个体工商户进行验资、纳税申报、财产评估、账目清查、企业年检和重新注册登记等业务。③ 开展咨询业务,为企业设计会计制度及会计电算化软件,培训财务会计及审计人才,担任企业常年会计顾问等。这些工作,促进了社会主义市场经济的发展,维护了国家和企业的合法权益,提高了企业的管理素质。

再次,注册会计师要求具有较高的业务水平和道德修养。为了适应业务工作的需要,会计师们必然要边工作边学习,包括涉外会计、涉外审计、经济法、国际会计、投资管理学、企业管理,以及电算化会计知识、管理心理学等,并要进行继续教育。这就提高了注册会计师的会计、审计理论水平和业务水平。可见建立了注册会计师制度,不但能出工作成果,而且能出理论、出人才,有利于提高会计师的业务素质。

因此,实行注册会计师制度,是适应社会主义市场经济发展的需要,是贯彻对外开放、对内搞活的需要。它的重建与恢复,是中国从产品经济为模式的体制转变为社会主义市场经济体制的客观必然。

三、中华人民共和国注册会计师 制度的若干特点

中华人民共和国的注册会计师制度,在不少地方具有国际上注册会计师制度的共性,但它是中国社会主义市场经济的产物,必须适合中国国情,因而它就具有一定的特点。这里扼要论述其特点。

(一) 注册会计师资格的取得

注册会计师的业务素质和道德素质,是关系到审计工作质量的一个重要因素。《注册会计师法》规定,注册会计师应经注册会计师考试合格,由其申请加入的会计师事务所报财政部或省级财政厅(局)批准注册,并报财政部备案;经批准注册的注册会计师,由财政部统一制发注册会计师证书。我国注册会计师考试,由中国注册会计师协会组织实施。

注册会计师的考试是全国性的统一考试,是一种属于职业资格的国家考试。考生对象和报考条件是:具有高等专科以上学校毕业的学历,或者具有会计或相关专业中级以上技术职称的中国公民,可以申请参加注册会计师统一考试;具有会计或相关专业高级技术职称的人员,可免予部分科目的考试。参加考试成绩合格,并从事审计业务工作两年以上,可以向省、自治区、直辖市注册会计师协会申请注册。

(二) 关于注册会计师事务所及其与注册会计师的关系问题

中国的会计师事务所是国家批准的依法独立承办注册会计师业务的事业单位,是法人,实行自收自支、独立核算、依法纳税。根据《注册会计师法》,会计师事务所也可由注册会计师合伙设立,其债务由合伙人按照出资比例或协议的约定以各自的财产承担责任;合伙人对会计师事务所的债务承担连带责任。

成立会计师事务所必须经财政部或者省级财政厅(局)的审查批准。会计师事务所可以跨越行政区域承办业务,其业务受财政部和省级财政厅(局)的监督。注册会计师必须参加一个会计师事务所。注册会计师出具的报告书,应当由本人签署并经会计师事务所加盖公章。这样既保证报告意见的独立、客观、公正,又加强事务所对注册会计师工作的责任感。

事务所的服务是有偿服务,收费标准由财政部门制定。在我国,事务所开展业务的目的,不仅是为了取得经济收入,更重要的是满足社会经济管理的需要。在事务所之间,要求互学、互帮、互让,产生矛盾要协商解决,事务所不得以降低收费标准或给予其他许诺等不正当手段"挖"取业务。

(三) 注册会计师的工作规则

注册会计师在执行业务时,应遵守下列规则:

(1) 遵守国家法律、行政法规,以有关协议、合同、章程为依据。

(2) 恪守独立、公正、客观、实事求是的原则,对所出具报告内容的正确性、合法性负责。

(3) 注册会计师与委托人或其他当事人有利害关系的,应当向会计师事务所申明,实行回避。委托人或其他当事人有权要求回避。

（4）注册会计师对在执行业务中取得和了解的资料、情况,应当严格保守秘密。

（5）注册会计师在执行业务中发现有弄虚作假、营私舞弊等违反国家法律、行政法规行为的,应在报告中明确指出;委托人示意作不实或者不当证明的,应当予以拒绝。

注册会计师确实不称职的,原批准注册的财政机关应当撤销注册,收回注册会计师证书。

注册会计师违反工作规则造成不良后果的,会计师事务所应当如实上报,由主管的财政机关根据情况分别给予下列处分：警告、罚款、暂停执行业务、吊销注册会计师证书。注册会计师触犯法律,构成犯罪的,由司法机关依法惩处。

（四）注册会计师所遵循的审计准则和会计准则

中国注册会计师制度恢复时间不长,尚未建立整套的审计工作准则。随着注册会计师业务的发展,中国注册会计师协会和财政部会计事务管理司,已着手制定有关查账验证方面的规则,并提出了试行方案,包括注册会计师查账验证的规范化的做法。这些工作规范经过试行总结,相信必将日益完善,逐步成为查账验证的准则。目前有关这方面正拟订或试行中的规则主要有：注册会计师抽查验证会计报表规则;注册会计师查账验证计划规则;注册会计师查账报告规则等。

注册会计师查账验证工作的准则,应结合中国的国情,以适应社会主义市场经济发展的需要,同时也必然要有分析地吸收西方国家的审计准则,包括美国、英国、加拿大、澳大利亚和日本等国家的审计准则以及国际审计准则,做到洋为中用。

会计准则是注册会计师进行查账验证、评估企业财务状况及损失情况的重要依据和标准。我国财政部于 1992 年 11 月发布了《企业会计准则》,于 1993年 7 月 1 日正式实施。《企业会计准则》在很大程度上采用了国际上通行的会计处理方法,如采用复式记账法,按历史成本计价,计提坏账准备,权责发生制,收入和成本费用相配比,严格划分资本支出与收益支出,会计处理方法与前期相一致,要求提供的会计资料具有正确性、真实性、完整性和及时性等。因此，其内容已和国际会计准则、惯例基本接近，由此提交的审计报告也能得到国际上认可。

四、中华人民共和国注册会计师
制度的前景展望

在中国，注册会计师事业是一个新兴的第三产业，虽然它建立不久，但已在促进对外开放，加强对企业、事业单位的间接经济监督，维护国家的财经法规，促进提高企业管理水平，培养会计人才等方面，发挥了积极的作用。随着中国社会主义市场经济体系的确立和不断健全完善，注册会计师事业必将日益发展，前程广阔。

现在结合我国国民经济发展的现状和发展趋势，对注册会计师今后的前景，作展望性的分析。

（一）随着社会主义市场经济体系的不断完善，注册会计师必将在数量和质量方面有很大的发展

我国新近颁布，并将于1994年7月1日起施行的《公司法》，对于我国健全社会主义市场经济体系具有重要意义。该法第一百七十五条规定，公司应当在每一会计年度终了时制作财务会计报告，并依法经审查验证。按这一要求，现有注册会计师远远不能满足对公司进行验资、查账的需要。此外，随着国内资金市场、联营企业、证券市场的发展，将有不少验证工作需由注册会计师承担。因此无论从查账验证业务与其他业务来看，估计要发展到30万名合格的注册会计师，才能满足我国社会经济生活的需要。

（二）注册会计师业务活动的内容和审计方法，今后有以下发展

（1）查账验证与经营管理咨询并行发展。目前注册会计师的查账验证，主要以抽查核实账目、凭证、财产、负债和会计报表为主要内容，以判断会计记录和财务报表的真实性、合法性。随着企业领导和有关机关（如银行、税务部门等)对企业经营效率、效果和节约情况的关心,我国注册会计师今后的业务范围将扩展到经营管理咨询的领域,包括投资决策咨询、经营决策咨询、供产销组织管理咨询、人事管理咨询、企业合并咨询等。应该指出,开展经营管理咨询,已是注册会计师业务方面的世界性的发展趋势。有些国际会计公司中经营管理咨询的业务收入,已占到总收入的 50％左右。因此开展这类业务,将是有待我国注册会计师拓展的重要方面。

(2)加强内部控制和制度基础审计的并行发展。内部控制是在企业内部加强管理、提高经济效益、保护财产安全、实现经营方针和目标的有效手段,它是应用会计方法、统计方法和其他方法,对企业中的经济活动进行组织、制约、考核和调节的一种管理机制。现代内部控制推动了审计方法的发展,即在审计方法上实施"制度基础审计"。制度基础审计是先重点评审内部控制,包括了解、测试控制制度是否健全和有效,然后根据评审结果确定审计抽查的重点、范围和程度。这种方法体系不仅在保证审计质量的前提下减少了审计时间,使有限的审计人员能够承担并完成更多的任务,而且也因此可以节约资源消耗,减少费用的负担。这种现代审计方法体系,在我国注册会计师审计中已经开始实施,在今后必将进一步在审计业务中广泛应用。

(3)电子计算机辅助审计技术与手工作业审计技术相结合。现代审计的发展,要求注册会计师不仅掌握手工作业审计技能和方法,而且要掌握电子计算机作业审计技术。我国从 70 年代后期起,大量引进或开发了会计电算化软件,现在已有不少大中型企业实现了会计管理电算化。这就相应地要求注册会计师在其查账验证工作中应用计算机辅助审计技术。为此,我国的注册会计师及其管理部门要加强对会计电算化后审计技术的研究,要结合我国微机电算化的特点,开发通用审计软件和专用程序,在注册会计师审计中采用"计算机内在审计方式"(Audit through computer)和"使用计算机审计方式"(Audit with computer),以适应今后实施审计电算化业务的需要。

(三)与国外会计公司合作前景广阔

如前所述,外国投资企业的户数和资金,近几年已成倍增加。过去,我国已

中国注册会计师制度的发展和展望

有会计师事务所与国外会计公司进行业务合作,对部分外商投资企业进行咨询服务,近几年来,我国的会计师事务所与国际上著名的国际会计公司合办了 8 家合作会计师事务所。如普华大华会计师事务所、上海沪江德勤会计师事务所等。今后,随着境内外商投资企业的迅速增加,我国会计师事务所在境内与国外会计公司合作办理业务、合办会计师事务所等方面,更会有新的发展。同时随着我国在海外开设跨国企业的不断增加,我国在若干年后,也可能在与我国对外经济交往较多的地区,设置中国的会计师事务所的分支机构或独立的会计师事务所。

总之,中国的注册会计师事业方兴未艾,前程似锦,我们相信它会迅速地茁壮成长,在中国的社会经济生活中发挥出更大的作用。

（本文原载《财会通讯》1994 年增刊）

现代成本管理及其动向分析[①]

现代市场经济中,企业作为竞争主体,如何有效地管理和控制成本,增加竞争优势,抓住竞争机遇,已成为一个亟待解决的问题。这里拟对现代成本管理理论建立的必然性、理论内涵及其动向分析作一探讨。

一、建立现代成本管理理论的必然性

现代成本管理理论是社会、经济和企业管理发展到一定阶段的产物,是符合管理思想的发展、适应市场经济和企业管理要求的,因而它的建立是必然的。

1. 现代成本管理理论符合管理思想的发展

管理思想的发展可分成两个阶段:第一个阶段是 20 世纪前期以泰罗为代表的科学管理阶段。在此基础上形成了标准成本会计系统,引入了"标准成本"、"差异分析"和"预算控制"等技术方法。成本管理的目的则是在企业的战略方向和管理决策已确定的前提下,协助解决在执行中如何提高生产效率、生产经济效果和厉行节约的问题,因而这个阶段中的成本管理是局部的,是执行性的,与企业重大问题的决策尚不相关。第二个阶段是二战以后的现代管理科学阶段。这个阶段的管理思想主要体现在五方面:① 重视人的因素。正如梅奥的《人的行为科学研究》和麦格雷戈的《企业中人的因素》中所强调的,应发掘企业中人的发展潜力,承担责任的能力,以及为组织目标而奉献的意愿。② 强调目标管理。目标管理是由德鲁克提出的,即企业建立合适的组织条件和运作

---

① 本文是上海财经大学徐政旦教授应上海市会计学会、上海市总会计师工作研究会和上海市成本研究会之邀,于 1996 年 12 月 9 日在上海社会科学院所作的学术报告。报告由复旦大学国际会计研究生林海瑾整理。现经作者审阅,特予刊载,以飨读者。

方法,使人们能通过使自己的努力符合组织的目标而最好地实现自己的目标。③ 强调经营决策。管理的重心在经营决策,这是现代管理科学与泰罗的科学管理的最本质的区别。著名的管理学家西蒙认为"决策的过程就是全部的管理过程",现代企业经营决策的成功或失败往往是企业最大的成功与失败。C·W·杰斯曼强调有效的决策是一种分析、解决问题的合乎理性的逻辑过程。④ 运用自然科学和技术科学。现代科学技术突飞猛进和大规模运用于生产,使生产力获得迅速发展。同时,企业外部生产瞬息万变、竞争加剧,因而企业管理迫切要求管理现代化和科学化,利用科学技术提高工作效率以及企业管理的灵活性和高度适应性。⑤ 采用系统管理。在现代管理科学基础上发展的现代管理会计系统,其成本管理是全局性的、决策性的,以服务于企业提高经济效益为核心,这与标准成本会计系统中的成本控制不同,因而有必要建立区别于传统成本管理的现代成本管理理论。

2. 建立现代成本管理理论是社会、经济和企业发展的要求

首先,现代商品社会的发展出现了新的特征。主要包括:① 劳动力和资本的流通化。随着金融、期货和股票市场的发展,尤其是人才市场的建立,企业能够以公平、合理的价格取得所需资本和人才。② 经营多元化。当前企业集团已成为一种较为流行的组织形式,通过组建集团,使企业经营涉及多个行业、多种产品,达到规避风险的目的。③ 顾客消费个性化。当今的消费者追求差异,更加注重个性的体现,从而使企业的营销活动转而"以顾客需求的满足"为前提,生产模式也不再完全是标准化的大规模生产,而是逐步由小批量的、多样化的产品生产所取代。④ 企业国际化。国家政策的改革开放、交通运输的发达便利,企业的建立和经营已不再局限于国内市场,而是将生产经营立足于国际市场。⑤ 管理信息化。发达的通讯技术和电脑的普及运用,使及时准确地获取信息成为可能。决策离不开信息,现代企业管理要求有丰富的信息来源,完善的信息系统,以便提高企业决策的及时性和准确性。这些特征相互联系、相互促进,它必然要求有新的成本管理理念与之相适应。

其次,市场经济迅速发展。市场经济的发展体现在:生产过程的自动化和连续化空前提高;技术更新的周期越来越短;市场竞争异常激烈。于是企业间

的竞争成为管理和控制成本的竞争。有效地改善企业成本将是在竞争中获胜的前提。如何管理和控制成本就是现代成本管理理论的主要内容。

再次,企业中不同于传统的财务成本的管理成本的理念开始形成。面对竞争,管理者不仅关心企业的历史成本和利润,而且开始重视企业的未来收益以及与未来收益有关的各种管理成本概念。例如,用于决策的成本:机会成本、边际成本、相关成本与无关成本、可避免成本与不可避免成本等;用于预计的目标成本;用于确立责任的成本,包括可控成本与不可控成本;用于控制质量的成本,包括检验成本、内部损失成本与外部损失成本等。

二、现代成本管理理论的内涵

现代成本管理理论是建立管理和控制成本的理念,其内涵主要有8个方面:

(1) 成本意识(Cost Attitude)。所谓成本意识,就是企业管理人员对成本管理和控制有足够的重视,充分认识到企业成本降低的潜力是无穷无尽的。在企业中应消除那种认为"成本无法再降低"的错误想法,将成本意识作为企业理念的一部分,对企业人员进行培训,树立全企业的成本降低意识,挖掘成本降低潜力。

(2) 成本避免(Cost Avoidance)。成本避免,又称为成本免除,指企业应尽可能地避免成本的发生。如设计产品时降低设计成本,去掉产品的无用功能,用新材料替代旧材料。又如对产品进行技术改造,改善工艺流程以降低成本。预算编制中的"零基预算"方法近年来较为普及,它是对任何一项支出在预算时,不考虑现有费用水平,一切以零为起点,重新考虑支出的必要性和数额大小,避免不合理费用的继续存在,充分体现了"成本免除"的思想。可以说,成本避免是降低成本的重要手段。

(3) 成本控制(Cost Control)。成本控制的关键是制定目标成本。通常目标成本制定的方式有两种:一是由公司上层管理者制定,然后由下级各部门据以实施;二是由公司各级管理人员共同协商制定目标,然后据以实施,以充分挖掘企业内部成本潜力。

目标成本的制定,不仅要考虑生产者的目标成本,还要考虑消费者的目标成本。生产者的目标成本,如生产成本目标和销售成本目标;消费者的目标成本,如使用成本目标、维修成本目标和处置成本目标。

（4）成本节省(Cost Reduction)。所谓成本节省,就是在目标成本的基础上进一步节省成本。节省成本的途径有:① 增加产量,提高劳动生产率,以规模生产改善单位产品的固定成本;② 降低采购成本,如对大项目的原材料采购,采用招标竞争方式降低成本;又如不同采购点的原材料,在其他条件相同情况下选择较近距离的以降低运输支出;③ 节约费用开支,如节约能源消耗,减少事故发生,降低废品率。随着信息技术的应用,新兴的"零库存"管理和适时生产系统(JIT — Just In Time)都能有效节省企业的库存成本,充分体现出"成本节省"思想。

（5）成本效益(Cost Benefit/Cost Effectiveness)。成本效益理念认为企业中某些成本的支出是为了获取更大的收益,这是一种较新颖的成本思想,类似于"花钱即是为了省钱"的消费观念。如引进新设备来节省设备维修费用和提高设备效率;又如进行技术革新、推广合理化建议等,虽然要"花钱",但能获得更好的效益。

（6）成本责任(Cost Responsibility)。将企业的整体成本目标分解为不同层次的子目标,分配给各责任中心,责任中心应对其可控成本负责,这样不仅能协调各责任中心的目标与企业总体目标的一致性,而且能发挥各责任中心的成本潜力,实现企业总体目标成本。

（7）成本分析(Cost Analysis)。所谓成本分析,即是揭示成本差异,分析差异原因。这里的差异分析是指将企业实际发生的成本分别与企业的目标成本、同行业平均成本以及国外同类企业的成本比较,将差异发生的原因作为决策的依据,从而更有效地管理和控制成本,改进决策,提高企业效益。所以这种分析,是与改善决策密切相关的。

（8）成本反馈(Cost Feedback)。成本反馈是成本用于企业决策管理的直接体现。成本分析的结果,可用以改善决策,而企业决策实施后,其效果能由年终成本分析反映出来,并可再用以改进决策。

以上构成了成本管理的 8 个要素,是现代成本管理理论的基本内容。企业可根据自己的具体情况,理论与实践相结合,灵活运用,以有效地降低成本,提高企业竞争地位,并在竞争中获胜。

三、现代成本管理的动向分析

由于社会经济的发展以及计算机技术的飞速进步,现代化企业已把电子计算机技术广泛用于企业生产及管理,形成计算机集成制造系统(Computer Integrated Manufacturing System — CIMS)。这是现代产业的一个主导方向。

计算机集成制造系统是由各计算机功能软件集合成的一个整体系统,包括计算机辅助设计(CAD)、计算机辅助制造(CAM)、计算机辅助测试(CAT)、弹性制造系统(FMS)和管理信息系统(MIS)等各个系统"集合成一个系统",把"人"、"设备"、"信息"汇成一个协同的整体,以实现生产自动化、弹性化,达到高效率、高质量、低成本和灵活生产的目的。其特点是:① 生产弹性化适应了市场消费的个体化。CIMS 中弹性制造系统(FMS)主要包括机械弹性、产品弹性、工程弹性、作业弹性、产量弹性和扩大规模弹性。② 企业中对信息系统的要求更高,信息传递的及时性、准确性以及信息的快速处理,都将是管理信息系统(MIS)的基本要求。③ 企业的组织结构需重新设计。CIMS 使企业生产高度自动化,企业大量需求的是高层次的、多才能的人才;企业的生产管理组织也要重组,改变以往的部门组织,而以作业组(Work Team)为中心组织。

计算机集成制造系统的发展,成本管理将会受到冲击。这主要体现在:① 成本结构会有所变化。成本通常由三部分构成,即直接材料、直接人工和制造费用。CIMS 的实施,成本的构成比例将会发生变化。因为生产系统以计算机为主进行控制和操作,直接人工成本比例必然下降;同时,因 CIMS 下的设备投资扩大,导致折旧费也增加,因而制造费用比例会上升。另外,企业中研究开发费用开支会有大幅度的增加。② 成本控制方法发生变化。其一是成本控制中心由各责任中心变为作业组;其二是由于生产批量变小,难以确定标准成本,因而失去了由标准成本差异控制成本的效果;其三是 ABC 成本计算法的普及应用,所谓作业成本计算法(Activity Based Costing,ABC),是将作业组的工作作为成本计算基础,这个基础是对不同作业组所发生的费用及成本,采用不同的成本动因(Cost Driver)来分配费用、计算成本;其四是 CIMS 下有条件采用适时生产系统(JIT),这样就可有效地降低存货,减少储存费用。

应该指出,CIMS 在我国普遍推行尚有一定困难。这是因为这一系统下,需用设备的投资较大,对大多数企业来说,全面更新设备尚有一个较长的过程;同时 CIMS 的应用需有高技术的人员进行操作,因而工作人员的素质有待提高;此外,我国人口众多,实行 CIMS 后要削减大量工作人员,这就会涉及职工的就业问题。虽然 CIMS 的实行有种种困难,但是它是我国企业生产和管理的发展方向,因而建立现代成本管理理论以适应 CIMS 的需要,是势在必行的,是有其现实意义的。

(本文原载《上海会计》1997 年第 9 期)

论民间审计风险[①]

20 世纪 80 年代以来,由于不断受到诉讼的威胁,英美等西方国家的民间审计已发展到了通过评价审计风险制定审计战略计划的风险基础审计阶段。风险基础审计的实施,关键在于对审计风险概念有一正确理解。本文拟就民间审计风险的含义、特征以及其在审计理论结构中的位置等方面的问题加以探讨。

一、审计风险的含义

对审计风险的含义,国内外有许多学者作了积极的探索,并最终使审计风险模型被会计师职业界(如 AICPA,CICA)认可,并成为审计过程的核心内容。尽管审计风险模型已达成共识,但审计风险的含义是什么? 不同的人由于所站的角度不一样,结论也并非完全一致的。美国注册会计师协会(AICPA)、加拿大特许会计师协会(CICA)、国际审计实务委员会(IAFC)以及著名审计学家阿伦斯(A. A. Arens)等都对审计风险的含义表达了自己的看法。这些有关审计风险的概念,有一个共同的特点,认为审计风险是指财务报表没有公允地揭示而审计人员认为已公允地揭示的风险。我们认为,这种定义方法只是为了给实务中的具体操作提供可行的指南,而不是从一般的理论意义上探讨,因而只能说明审计风险的表面现象,而未触及审计风险最本质的东西。我们认为,审计风险本身具有更广泛的含义,我们可以从三个层次上来说明。

---

① 本文与胡春元合作撰写。

（一）未能察觉出重大错误的风险：最狭义的审计风险

一般来说，审计人员对审计风险的理解就是如此，包括国际审计准则在内的大多数的国家的审计准则也是这样理解的。原因在于审计实践中大量产生的是这一类审计风险，因而成为人们研究的重点。从最狭义的角度来理解，审计风险是指审计人员在审计过程中采用了并没有意识到的不恰当的审计程序和审计方法，或错误地估计和判断了审计事项，乃至发表了与事实相悖的审计报告，使重大错误或舞弊行为未能揭示出来，而受到有关关系人指控并遭受某种损失的可能性。

从最狭义的角度来理解审计风险，为审计人员分析和寻找审计活动所可能招致的风险及其直接因素开辟了蹊径，在实务中使审计人员容易寻找对付的办法，这也是大多审计人员这样理解审计风险的原因所在。但是，我们认为上述关于审计风险的定义并没有完全表达审计活动的风险，仅是针对把错误的判断为准确、即财务报表存在重大差错而发表了无保留意见而言的。因而，当我们对审计活动结果的可能性进行考察时，其结果不仅存在把错误判断为正确的情况，还存在把正确判断为错误的情况，因而审计风险的含义应有更广泛的内容。

（二）发表了一个不适当的意见的风险：狭义的审计风险

审计风险，从狭义上理解，应当包括财务报表没有公允揭示而审计人员却认为已公允揭示的风险，和财务报表总体上已公允揭示而审计人员却认为未公允揭示的风险。由于审计人员的意见或结论是建立在一种职业审查和专业判断上，因而总存在着偏离客观事实，甚至与客观事实完全相反的可能性，也就是说审计结论在一定程度上具有不确定性，这种不确定性有时给利用审计服务的各方带来损失，导致审计人员需要对后果承担责任，这种可能性就构成了审计风险。审计风险既然是"主观"与"客观"的一种偏离，那么就有可能从两个方向发生偏离：一是把客观上是正确的东西判断为错误的，给予否定，也就是误拒风险；二是把客观上是错误的东西判断为正确的，加以肯定，也就是误受风险。

由于在审计实践过程中,对公允揭示的财务报表发表一个有保留或相反的意见,一般认为不可能,误拒风险发生的情况很少,而大量的是误受风险,即对严重失实的财务报表发表无保留的审计意见的风险。但误拒风险很少发生并不等于说不是客观存在的。一旦发生这种情况,通常会导致研究和调查时间的延长,影响审计人员的效率和信誉,也会导致损失(效率低下的损失和名誉上的损失)。因而,从理论的探讨来说,误拒风险也是审计风险的内容之一,仅是因为不太可能发生,而在实务中几乎可以不予考虑。

(三) 审计职业风险:广义的审计风险

美国学者海尼斯在论述风险时,认为风险是损失的可能性,这是从最广泛的意义理解风险。推而广之,审计风险也可以理解为审计主体损失的可能性。风险的几个方面都与财务报表审计有关。主要有狭义的审计风险和营业风险。营业风险是指,虽然为某一客户提供的审计报告正确无误,但审计人员(或承担审计的会计师事务所)却由于一种客户关系而受到伤害的风险。近20年来,这有日益增长的趋势。由于审计只限于抽样,在审计未能发现重大错报,并提出错误的审计意见时,因审计人员过失而受损失的人,可望从会计师事务所处取得赔偿。由于审计的复杂性,在实践中很难决定审计人员是否做到应有的谨慎。由于司法传统(指美国),也很难决定谁有权期望获得审计利益,当某一公司破产或无力偿还债务时,报表使用者通常会指责审计失误。遭受损失的人们由于对其经济利益的关注而对审计人员提出过高要求,一旦受损就希望得到补偿,而不问错在何方。这就是通常所说的"深口袋"责任概念(deep-pocket concept of liability),上述因素,使即便不是审计过程中发生的失误行为,亦对审计构成了风险,因而必须把营业风险列入审计风险的范畴,并扩大审计人员的审计范围。这也是审计风险模型要加入固有风险要素的主要理由之一。也是会计师职业界面临诉讼"爆炸"的重要原因。

综上所述,审计风险是审计与风险两个概念的组合。审计风险概念是风险的属概念,具有风险的基本特征。将风险概念引入审计学,是审计理论与实务发展史上具有重要意义的一个里程碑,使审计人员对审计风险的认识由被动变为主动,对审计风险的控制变被动控制为主动控制。对审计风险的解释有三个层次,不同的层次适用条件不一样。完整的审计风险概念,应从广义上解释,即不仅包括审计过程的缺陷导致审计结果与实际不相符而产生损失或责任的风险,而且包括营业失败可能导致公司无力偿债,或倒闭所可能对审计人员或审计组织产生伤害的营业风险。

二、审计风险的基本特征

(一) 审计风险的客观性

现代审计的一个显著特征,就是采用抽样审计的方法,即根据总体中的一部分样本的特征来推断总体的特征,而样本的特性与总体的特性或多或少有一点误差,这种误差可以控制,但一般难以消除。因此,不论是统计抽样还是判断抽样,若根据样本审查结果来推断总体,就会产生一定程度的误差,即审计人员要承担一定程度的作出错误审计结论的风险。即使是详细审计,由于经济业务的复杂、管理人员道德品质等因素,仍存在审计结果与客观实际不一致的情况。因此,风险总是存在于审计活动过程中,只是这些风险有时并未产生灾难性的后果,或对审计人员并未构成实质性的损失而已。通过审计风险研究,人们只能认识和控制审计风险,在有限的空间和时间内改变风险存在和发生的条件,降低其发生的频率和减少损失的程度,而不能,也不可能完全消除风险。

(二) 审计风险的普遍性

虽然审计风险通过最后的审计结论与预期的偏差表现出来,但这种偏差是由多方面的因素引起的,审计活动的每一个环节都可能导致风险因素的发生。因此,有什么样的审计活动,就有与之相适应的审计风险,并会最终影响总的审计风险。从总体来看,可能产生风险的因素有:内部控制结构控制能力差,重要的数字遗漏,对项目的错误评价和虚假注释,项目的流动性强,项目的交易量大,经济萧条,财务状况不佳,抽样技术局限性等。从每一个具体风险看,也是由多因素组成。因此,审计风险具有普遍性,它存在于审计过程的每一个环节,任何一个环节的审计失误,都会增加最终的审计风险。因此,对最终审计风险的控制,也就取决于对上述各种风险的控制。

(三) 审计风险的潜在性

审计责任的存在是形成审计风险的一个基本因素,如果审计人员在执业上不受任何约束,对自己的工作结果不承担任何责任,就不会形成审计风险,这就决定审计风险在一定时期具有潜在性。如果审计人员偏离客观事实的行为没有造成不良后果,没有引起相应的审计责任,那么这种风险只停留在潜在阶段,而没有转化为实在的风险。审计风险是在错误形成以后经过验证才会体现出来,假如这种错误被人们无意中接受,即不再进行验证,则由此而应承担的责任或遭受的损失没有成为现实。审计风险只是一种可能的风险,它对审计人员构成某种损失有一个显化过程,这一过程的长短因审计风险的内容、审计的法律环境、经济环境,以及客户、社会公众对审计风险的认识程度而异。

(四) 审计风险的偶然性

审计风险是由于某些客观原因,或审计人员并未意识到的主观原因造成,即并非审计人员故意所为,审计人员在无意中接受了审计风险,又在无意中承担了审计风险带来的严重后果。肯定审计风险具有无意性这一特点非常重要,因为只有在这一前提下,审计人员才会努力设法避免审计风险,对审计风险的控制才有意义。倘若审计人员因某种原因故意作出与事实不符的审计结论,则由此承担的责任并不形成真正意义上的审计风险,因为这种审计人员故意的舞弊行为谈不上再对审计风险进行控制,而这种行为本身就应受到职业道德的谴责,应承担法律责任。

(五) 审计风险的可控性

审计要为其报告的正确性承担责任。现代审计的指导思想从制度基础审计进一步发展到风险审计表明,审计职业界并未被越来越多的审计风险捆住手

229

脚而失去其活力,而是逐步向主动控制审计风险的方向发展,正确认识审计风险的可控性有着重要意义。一方面,我们不必害怕审计风险,虽然审计人员的责任会导致审计风险的发生,一旦其发生,其可能对审计职业的影响也是重大的,但我们可以通过识别风险领域,采取相应的措施加以避免,没有必要因为风险的存在,而不敢承接客户。只要风险降低到可接受的水平,仍可对客户进行审计,另一方面,我们意识到了审计风险的可控性,说明审计风险是可以通过努力而降低其水平,可以促使我们研究审计理论,提高审计质量。

三、审计风险是审计本质的核心

审计的本质是通过审计活动客观表现出来的,是人们的一种感性认识,是人们运用不同的社会科学和自然科学理论推理的结果,由于研究的视点、方法不一样,就会对审计本质产生不同的观点和看法。其中较有影响的有信息论、代理论、保险论。下面我们分别简要地论述这三种理论,并作简要的评论,以说明审计风险是审计本质的核心。

(一)信息论认为审计本质在于增进财务信息的价值

信息论认为股东之所以要求审计,是因为财务信息可用来决定企业的市场价值,投资者可利用财务信息作出理性的决策。信息论的盛行与股份公司的兴起与发展是分不开的,股份公司的一个基本特征是经营权与所有权相分离,公司是全体股东共同所有,各股东根据所占股份多少分享盈利或分担亏损,公司的经营管理则由股东大会选举产生的公司董事会负责,公司董事会是公司的最高管理机构,它向股东代表大会承担受托管理公司的经济责任。在股份公司中,作为公司所有者的股东不直接参与公司经营管理的特点,要求公司管理部门有义务通过一定媒介向股东报告其履行经济责任的情况和业绩,这种媒体就是公司的财务报表。由于公司管理部门与股东之间潜在的利害冲突,股东对公司管理部门提供的财务报表常常抱有怀疑,因此需要进行审查,以证实其可靠性,受能力以及时间、空间等条件的限制,股东自身已无法胜任亲自的直接检查,于是就需要聘请具有专门技术的人来检查,这种审计工作就自然而然地成了具有会计专长的审计师们提供专业服务的机会。

信息论视审计可提高财务信息的可信性,从而可增进财务信息的价值(指对投资人决策的正确程度)。这也是各国的法律和政府法规常常对财务信息进行独立审计做出规定的原因所在。但是,我们可以看出,信息论对审计本质的看法,纯粹是一种逻辑的推理,它以企业的两权分离为前提,并假设投资者是利用财务信息做出适当的投资决策如果这种假设不成立,那么对审计本质的认识也就是片面的。这项假设成立与否,我们可以从两个方面来看,一是研究现代企业赖以生存的资本市场实际如何运作;二是调查用户的信息需求实际又是什么。上述两项实证研究结论都表明,信息论对审计本质的解释是非理性的,有缺陷的。

(二) 代理理论认为审计本质在于促进股东和企业管理人员的利益最大化

无论是公司法规范的企业组织,还是资本市场构成的个体,其采用的组织形式都是投资人的责任是有限的,并且不同权益所有人有着不同的权利。公司由一群可能未持有公司股票但却控制着公司财产和信息流的管理人员所管理。同时股东责任有限的结果会使选择风险较高的项目,这些项目站在债权人的立场上,债权人可能不会选择。在这种环境下,在投资人、债权人、管理人员之间必然存在着较多的利益冲突,资产所有人受托给管理者的资产是否安全,取决于管理人员的诚实和正直。股东作为投资者除了通过管理部门的报告外无其他途径来考察管理部门的工作业绩之间的内在联系程度,也无法考察管理部门做了哪些工作导致这一盈亏情况。为此,股东们就考虑,如果将管理部门的报酬与其工作业绩相挂钩,那么就会激励管理部门将工作做好的积极性,但与此同时也可能会产生管理部门虚报业绩的情况。但如果管理部门的报酬是固定的,那么,管理部门虽然没必要去歪曲报告,但工作积极性势必下降,这对股东的利益也不利。由此认为,如果用有刺激的报酬合同再加上对财务报告的独立审计,就会使股东利益达到最大化,这就产生了委托外部审计人员作为股东代理人对管理部门的财务报告进行审查的需求,这是审计代理论的初解。而代理论的进一步发展则表明,由于管理部门的报酬与其绩效相挂钩,投资人可通过减少报酬的方式,允许管理人员有偏离投资人利益的范围和自由。因此,为避免这种情况发生,精明的管理人员就会主动聘请审计人员对其业绩报告的真实性进行鉴定,以向股东说明其做出的努力及其有效性。因此,可以看出,在代理论中,对审计需求已不是财产所有者的单方需求,而已成为财产所有者和财产经营者的共同需求,从而打破了传统的审计关系三要素格局。代理论对审计本质的这解释是建立在管理人员的报酬与财务信息之间存在某种函数关系基础上。实证研究的结果亦检验了这种假设。因而,利用代理论来解释审计的本质较好地解释了许多法律法规未规定要审计的公司自愿接受审计的这一问题。

利用代理论来解释审计本质亦有致命之处。在一个完全的自由市场条件下,审计是根据市场的需求而非法律的规定提供鉴证的服务,在公司法中规定所有的公司接受审计就没有必要。但是完全自由的市场是无法建立的,市场或多或少都受到政府管制,而且审计在维护和建立市场秩序方面所起的作用亦是达成了共识。因而各国公司法中大都规定公司必须接受审计,这是强制的,因而代理论对审计本质的理解也是有缺陷的。

(三)保险论认为审计本质在于分担风险

20世纪80年代以来,由于会计师职业界所面临的商业风险日益严峻,人们对审计有一个普遍的倾向,就是认为审计是降低风险的活动,也就是审计是一个把财务报表的使用者的信息风险降低到社会可接受的风险水平之下的过程,甚至认为审计是分担风险的一项服务。其据以立论的假设是,与股份公司利益相关的各集团和股东,为防止经理们舞弊而引起灾难性的损失,都愿意从自己将要得到的收入中支出一部分费用来聘请外部审计人员,这部分审计费用就称之为保险费用,同时把审计的效果视为保险价值,如果审计人员因失职而未觉察出财务报表不可靠,他们有责任赔偿因失职而造成的损失,从而实现分担风险的目的。在这一理论下,审计的本质被看作是一种保险行为,可减轻投资者和其他关联人的风险压力。

规定审计人员对财务报表可靠性所负责任的程度,不仅是审计职业的事,而且是整个社会的事。显而易见,对那些行为不当乃至行为不忠的审计人员来说,风险的存在无疑是一种重要的威慑力量,虽然,审计人员不是财务报表准确性和企业财务状况健康性的保险人或担保人,要求审计人员对财务报表中的每一个错报事项负法律责任,是不合情理的。如果要求达到这一水平,社会所支付审计成本将超过其收益。更为重要的是,即使增加审计成本,也不一定能发现那些经过周密策划的欺诈行为,同样也不可能消除判断失误。但是,如果审计人员对欺诈和错误行为不承担足够的责任,人们将不会浪费时间和金钱从审计人员那里得到什么帮助。结论很简单,审计人员必须承受足够的风险,审计人员取得的报酬、利润和威信是风险承担的等价物。事实也是这样,民事法庭在几桩大案的审理中,都判会计师事务所败诉,必须承担赔偿的责任,而不问错在何方。因此,审计职业乃至整个社会都有必要对审计的本质、作用等问题重新思考。

(四)审计本质在于把信息风险降低到社会可接受的水平

把审计置于整个社会结构中考察,使我们知道,社会经济职能的分解所引起的社会经济权责结构的变动,不仅成为审计产生发展的根本原因,而且还成为决定审计最初活动方式的根源。现代社会发展到现在,社会经济权责结构得到了进一步的组合,企业成了一组契约关系的联结点。由于经济上或营业上的原因,如经济衰退、决策失误和意外的同业竞争等,企业面临严峻的营业风险,所有者的投资极有可能成为泡影。为减少营业风险可能带来的损失,要求企业提供更多财务的与非财务的信息,而所有者更关心的是关于企业前景的信息。由于现代社会日益复杂,加上信息的非直接性、信息提供者的偏见和动机、数据量大和经营业务的复杂,向决策者提供不可靠信息的可能性与之俱增。由于信息对使用人来说有用,因而企业管理当局和信息的使用者都可能认为,对付信息风险的最好方法,就是将其简单地维持在一个适当的水平上。为把信息风险降到一定水平,就是要由审计人员对信息进行审核,并提供评价,因而对审计有一定要求,从而打破了传统的审计三要素的格局。如果审计人员对降低信息的风险无所作为的话,那么信息的使用人可转向其他的信息提供者,而没有必要支付高额的审计费用。审计在社会上的作用就转变为审查企业公开的信息,从而提供信息风险是适当低的,对使用者来说是有价值的保证服务。如果后来企业陷入困境或倒闭,或者发现信息并不可靠,审计人员就可能遭到管理人员和使用者两个方面的指控,遭受损失的人们可能希望从审计人员那里得到补偿。由于审计工作的复杂性,在实践中很难决定审计人员是否做到应有的谨慎;由于司法传统,也很难决定谁有权期望获得审计利益。因而,社会日益赞同受损失的一方向有能力提供补偿的一方提出诉讼,而不问错在何方。审计人员收取高额的费用,意味着他可提高信息的可靠性。社会经济结构的这种变迁,加大了审计人员对营业失败的责任,审计人员为了承担这种责任,必然收取高额的审计费用,并通过信息的使用人转嫁给社会。一旦营业失败,信息使用者通过提出诉讼寻求赔偿,把损失降低到最低限度,社会也把营业风险转嫁给审计职业,这种现象使审计类似于保险公司。

审计的本质出现上述转变并非偶然,他有着深刻的内在原因和广泛的社会基础,这种转变表明审计开始向更高层次发展。审计是社会经济权责结构发展的结果,是人的有意识的社会性行为,它必然要承担起一定的责任,并面临风险,以维护经济秩序的稳定和审计工作的有效,审计工作的社会化程度越高,其面临的风险越大,也就越能确定其在社会经济结构中的地位。

四、审计风险在审计理论体系中的地位

在说明审计风险在审计理论体系中的地位之前,有必要先说明审计本质在审计理论体系中的地位。审计本质是审计理论体系中的一个重要概念,我们认为,审计本质要素应处于审计理论体系的最高层次,这是因为审计是一种社会经济活动的客观现象,它是社会的一种客观需求,有一定的社会功能,而不是人的主观认识,这就是审计本质的问题。因而,审计本质应成为审计研究的起点,它对审计理论体系起着统驭作用,它决定了审计目标、审计假设要素,具有基石作用。审计目标要素直接决定和制约着审计准则,审计方法又必须根据审计目标和依照审计准则来构建。审计准则、审计方法和审计实务都直接服务于如何保证审计目标之有效实现,从而实现审计的社会的功能。自从审计目标论引进以后,审计界对审计本质在审计理论结构中的地位问题开始有所怀疑,其实,离开了审计本质,审计目标就成了无本之木、无源之水而不复存在。当然,审计目标在审计理论中居有十分重要的地位,这种重要地位在于它架起了审计本质通向审计准则、审计方法的桥梁,从而为审计本质建立规范的实践途径和实现形式。它的存在使审计本质不再是一个游离于审计实践的抽象概念,从而找到了审计理论与审计实务的最佳结合点,增强了审计理论的严密性、实用性。

审计理论体系的内容可归结为审计本质、审计目标、审计假设、审计准则、审计方法、审计实务,而在这六要素中,审计本质又是最首要的、最为基本的,审计本质在审计理论体系中必然居于核心地位。因而,科学、合理地解决审计本质的问题,有助于对审计目标、审计准则、审计方法和实务等进行合理的解释。我们把审计置于现代社会经济环境进行考察时,我们可以得出:审计把信息风险降到社会可接受程度的活动,是分担风险的过程。对于审计本质的这种理解,决定了审计活动要达到的预期结果并不能得到全部实现,审计人员必须承担起足够的责任,存在着一定的风险。因而,审计风险是审计本质的核心内容。由于审计本质决定审计目标,审计目标的确定也必须站在承担一定的审计风险的角度上。从审计的发展史看,审计目标从最初的揭弊查错,到确定财务报表的公允性,以至到现在查找重大错误、舞弊与确定重大方面财务报表的公允性并重,无不受到审计本质的影响。审计目标的实现,必须通过所制定的审计准则来反映,受审计目标变化的影响,会计师职业团体所制定的审计准则也不断进行修改和补充,如在风险条件下,美国 AICPA 增加了有关"审计风险"以及与审计风险有密切关系的"重要性"等准则,并对一般审计准则进行了修改。受审计准则的制约,审计人员在审计方法的选择上也是不断演进的。在风险条件下,审计方法已由内部控制评价为重点转换为以风险评估为中心。审计过程的本质在于审计人员采用各种审计方法取得审计证据以降低审计风险。一旦审计人员认为审计风险被控制在可以接受的水平,审计人员可以中止他们的审核工作而发布审计意见。离开了审计风险控制,整个审计过程将失去意义。上述分析表明,在现代社会经济环境下,在审计理论研究中引进审计风险理论,可以使审计的这些重要的理论板块之间建立起一种内在的关系。审计风险理论处于审计理论核心的位置上。以审计本质为核心来研究审计理论,可以解释某些过去一直无法得到很好解释的现象,从而达到审计理论研究的目的。如审计费用为什么那么高,原因在于包含了风险因素;审计为什么在测试的基础上进行,原因是审计人员把风险控制在可接受的水平;审计人员为什么要突破传统的范围去评估控制环境,原因是控制环境与企业经营风险密切相关,从而影响固有的风险的高低;等等。

总之,近 20 年来审计人员在基本认识方面已取得了突破性进展,把审计置于社会结构中研究审计的有关问题,在理论上创建了以审计本质理论为核心的审计理论的体系,在实务上创建以风险评估为中心的审计方法模式。

（本文原载《中国内部审计》1998 年第 1 期）

现代成本管理的基本范畴研究[①]

一、本文研究的定位与重心

随着 20 世纪 80 年代末 90 年代初高新技术的飞速发展,社会、经济和企业组织等方面相应地发生了令人瞩目的变化,进而推动了成本管理理论与实践的发展。特别是新的成本管理模式的崛起,是管理会计学科发展的契机,对此我们必须予以充分的重视。

我们认为,现代成本管理研究是现代管理会计研究的重要组成部分,其理由如下:尽管成本管理与管理会计针对的责任目标属性不同,成本管理针对行为责任(实际控制能力责任)目标,而管理会计针对报告责任(会计责任)目标,两者对象领域涵盖面大小也不尽相同(管理会计涵盖了成本管理无法包容的决策方案选优、投资项目评估等课题),但是由于存在两者对象领域的包容以及两种责任目标的互为利用与促进关系,两者在方法上存在交集并互为渗透(管理技术方法上的互为借鉴与融通更是显而易见的事实),使得成本管理对管理会计的发展有着不容忽视的促进作用。事实上,正是由于现代成本管理实践中产生的一系列超越传统管理会计手段的方法,才使得 20 世纪 90 年代起管理会计开始走出相关性问题的桎梏,产生了革命性的突破。具体表现在,近年成本管理实践的飞速发展大大促进了管理会计学科的发展并丰富了其内容。最为典型的是,在"计算机集成制造系统"(Computer Integrated Manufacturing System,CIMS)的大背景下,"作业成本管理"(Activity - Based Cost Management,ABCM)与"成

---

① 本文与陈胜群合作撰写。

本企画"(Target Costing/Cost Design，TC/CD，参见《会计研究(1997.4)》陈胜群文)两大代表模式崛起并表现出卓越的成效。此外诸如适时生产控制(Just-In-Time Production，JIT)、质量成本会计和计算机信息技术相结合的电子化管理技术方法，则进一步在执行层面上充实了这两大模式。因而我们认为，管理会计已由"决策支持系统"向以 CIMS 为背景的"控制协同系统"发展，同时，在实施意义上，现代成本管理表现为现代管理会计这一"控制协同系统"在成本领域的执行子系统。因而，现代成本管理研究的管理会计学属性是可以加以认定的。

本文着重于现代成本管理的基本范畴的研究，并不尝试对各种模式的运作特征进行具体分析。本文立足于当今世界成本管理发展的大背景，对各种模式中蕴含的共性要素予以抽象与提炼，并力求展示各要素之间的内在有机联系。本文研究的重心是要素或者说由要素所提炼出的范畴，但如果将此重心向我国成本管理未来理想模式作出延伸的思考就更具深意。基于这样的思路，本文最后就强化我国成本管理的相关问题进行了初步探讨。本文对八个理论范畴的研究，均以长期的成本管理实践发展为依托，因而可视其为未来理想模式构筑的基本立足点。

二、现代成本管理需要确立的
八个基本范畴

下文试图就现代成本管理的基本范畴归结为八个方面(其中包含着各种子范畴)加以论述。应该指出，这八个范畴并非各自分割，而是有着内在联系的一个整体。前两个范畴是现代成本管理的前提性认识，属于基础性理论范畴；后六个范畴则是实施上的要求，属于应用性理论范畴。尽管基础性理论范畴是推进实施的重要先决条件，但应用性理论范畴则更受管理人员的关注。

(一) 成本意识(Cost Attitude)

成本意识是现代成本管理中一个最为基本的立足点。现代成本意识是指企业管理人员对成本管理和控制有足够的重视，不受"成本无法再降低"的传统思维定式的束缚,充分认识到企业成本降低的潜力是无穷无尽的。以 JIT 和成本企划为代表的日本成本管理实践不同于西方的一个重要特点是:与其设定合理的目标,不如设定理想的目标。我们说这就是成本意识的根本体现,也就是说成本意识具有追求极限的"理想性"特征。

必须指出,这种无穷尽降低成本的思想必须依靠战略构筑、组织措施的配合才能形成现代完整意义上的成本意识。表现为:一是把降低成本的工作从管理部门扩展到供应、生产和设计等各个部门,形成全厂全员式的降低成本格局,形成纵横贯穿企业各部门的"组织化成本意识";二是将降低成本从战略布局的高度加以定位,即从选择开发项目种类、规模起就注入成本思考,确立具有长期发展观的"战略性成本意识"。

(二)成本效益理念(Cost Effectiveness)

成本效益理念可通俗地表述为"为了省钱而花钱"的思想,即为了长期的、大量的减支(相当于现时的机会收入或未来的真实收入)应该支出某些短期看来似乎是高昂的费用。比如引进新型设备可能导致一笔较大的支出,但是,在今后设备使用期间,因设备利用效率的提高而增加的产出加上设备维修费用降低的综合效益,可能抵补支出而有余,这样就总体而言,效益可有所增加。为未来"增效"而树立成本效益理念是极为重要的,它不仅是价值工程思想的一种体现,而且在为确立竞争优势而运用"差别化战略"时更为必要。差别化战略为哈佛学者 M. E. Porter 所首次提出,是一种"人无我独有"战略,即分析市场中顾客的种种需求特性,筛选出一种或几种具有代表性的需求,为满足需求而开发出同业所没有的新型产品投放市场。作为产品具有特殊功能的回报,企业能以高出同业、并足以补偿特殊功用成本的售价去占据市场,并击退部分同业。因为企业投产具有强烈差别化色彩的产品时往往花费甚巨,成本效益理念给予了推出这类差别化决策方案的可能性。

(三)成本节省(Cost Reduction)

成本节省是成本降低的一种初级形态,即力求在工作现场不徒耗无谓的成

现代成本管理的基本范畴研究

本和改进工作方式以节约本将发生的成本支出,它表现为"成本维持"和"成本改善"两种执行形式。节约能耗、防止事故、以招标方式采购原材料或设备,属于成本维持的初级形式。现代"适时生产系统"则将成本维持提到了新的高度,它以"零库存"的形式节约了几乎全额的库存成本。以扩大生产规模和提高劳动生产率来降低单位产品成本则不同于成本维持,它有着更为积极的改善态势,当然也只是一种基于传统规模经济学的质朴且粗略的改善方式。现代的"作业成本分析"及其相配合的业绩计量与评价方式则是一种更为精密、更为深入的成本改善技术方法,其成效在欧美实务界是有目共睹的。

(四) 成本避免(Cost Avoidance)

从管理的源流来挖掘成本降低潜力就形成了成本避免(或称成本免除),这可视为成本降低的高级形态。其基本思想是立足于预防,即早期避免成本的发生。在传统管理会计中的"零基预算"可认为是成本避免的先驱。零基预算法在对任何一项支出作预算时,不考虑历史的或现实的费用水平,一切以零为起点,重新独立地分析支出项目的必要性和数额大小,借此避免不合理的继续存在。但"零基预算"这样的成本避免只是局限于单一价值管理的思路,美国的"成本设计"(Design To Cost,DTC)与日本的"成本企划"模式则在成本避免上走出了独特的一步。由美国国防部首创的DTC活动是在军工企业激烈的国际竞争及美国相对有限的国防经费条件下产生的,它是对开发、设计阶段、产品制造阶段和使用阶段发生的成本设定目标值进行先期控制,或者说是在限定的成本条件下进行设计,在军用产品的图纸上注入成本思考以解决国防经费的不足问题。在日本独特的经济文化环境下,美国的DTC则发展成了主宰日本成本管理思潮的主流模式,由丰田、日产等汽车公司在实践中摸索出了更系统、更具成效的成本企划模式。成本企划将成本管理的视野全面转换到了产品开发、设计阶段,针对目标成本将价值工程分析方法与成本估算方法结合为一体运用,以达成先导式更具实效的成本避免。这种高层次的成本避免必须与工艺、工序在源流阶段的革新结合在一起加以实施,因而现代成本避免的实质是"成本革新"。

（五）广义成本控制（Generalized Cost Control）

传统的成本控制形式有存货成本控制、生产过程的标准成本控制等，这类手段固然服务于降低成本的目标，但充其量只是较早期的成本维持。随着成本管理实践的发展，上述的成本节省与成本避免两种形态的成本降低方式均被纳入更广范围的成本控制范畴。特别是以产品全生命周期目标成本为起点的控制更具现代特色。具体地说，成本控制的对象既包括业务过程中游的制造目标成本、物流目标成本和营销目标成本，又包括业务过程上游的开发设计目标成本（以上四项构成生产方目标成本），同时也包括业务过程下游的使用目标成本、维护保养目标成本和废弃目标成本（此三项构成消费方目标成本）。完整意义的目标成本应是从业务过程上游至下游的全生命周期过程中为实现目标利润的最大许容值。

所谓"广义成本控制"，简单地说，是指针对产品全生命周期业务过程以成本节省和成本避免这两种基本思想，综合工程方法、组织措施和会计计量的多样化手段（笔者称之为"脱结构性"方法体系，它是一种既借助一定的模型又结合组织、文化特性并向硬性的与软性的环境渗透的，与传统具有数理构造特征的管理会计方法截然不同的现代方法体系）实施成本控制。也可以从更为具体的基础控制形态来说明"广义成本控制"构造，即由业务对象过程（下游、中游与上游）与控制视野（是现实的、超前的抑或是理想的视野）两种要素交汇而成的多样化的传统或新型的成本控制手段，它们所汇集成的控制构造可依其不同层次的效果目标分别展开为维持控制、改善控制与革新控制三种方式，这是广义成本控制构造更为具体的形态展现。本文开首提及的以两大模式为代表的几种新的分支均是这三种控制形态的具体表现。

（六）成本筑入（Building-in of Cost）

由于新型的成本避免思想的出现且融入成本广义控制体系中，对业务过程上游的控制就变得至关重要。在实施上出现了在管理的源流阶段将技术与会计结合在一起共同攻克成本难关的技术方法，即按功能分解目标成本并予以设

现代成本管理的基本范畴研究

计制造工艺上的具体化,进而进行会计估算以衡量设计和制造工艺决定的产品,其成本是否在目标成本范围内。这种具体化和估算过程可以形象地表述为"对成本这种'特殊部件'的削减与重新装配",用更为简洁的理论术语表述则是"成本筑入"。我们将成本筑入定义为:以价值工程的"设计 VE"改善方案的作成(又称 1st Look VE,也可称为"创造流",指从构想酝酿、构想深化到构想评价与改善方案评价的螺旋式推进过程)求索最优成本结构的行为过程。

这个定义表明:① 成本筑入的目标是获取最优成本结构,即求得成本这种"特殊部件"与其实体部件、加工方法及加工精度等性能值的最优组合,其手段可以容纳技术选择、技术变更和技术创新等,该"行为过程"的主体是产品及工程设计人员、生产现场技术人员,成本管理人员则在价值信息的供给方面予以必要的配合与协助;② 成本筑入的特质蕴含在价值工程的实施方式上,特别体现在"设计 VE"中,是"设计 VE"的核心所在。成本筑入体现的新型的成本管理思想是成本避免思想在实务上的深化,其本质是预防性的、前馈式的成本控制。

(七) 成本计算(Costing)

成本计算既是成本会计的中心也是成本管理的基础,其重要地位毋庸置疑。传统的成本计算包括以汇总、分配、再汇总的形式计算制造产品成本,也包括以标准成本为核心手段进行成本预算。然而,在作业成本管理与成本企划模式确立之后,成本计算从形式到内容都有了飞速的发展。

首先,作为 ABCM 基础的"作业量基准成本计算"(Activity-Based Costing,ABC)在欧美已经得到了较为普遍的应用,ABC 在提供更为精密、真实的成本信息方面功不可没;其次,"目标成本计算"已经崛起为成本计算的生力军,正在发挥着日益重要的作用。其中后一个发展更值得关注。所谓"目标成本计算",并不仅仅局限于为产品设定成本目标,从其利用目的来看,它在开发准备、确定设计制造方针、投产准备、物流和定价各个领域均可实施;其计算对象已从产品或部件这类实物对象扩展到了抽象的功能对象;其计算基础则从财务会计基础转向管理会计基础,其计算内容也并非都是全部成本或平均成本,而可采用部分成本或增量成本;在计算方式上既可以采用各成本要素别的逐项加计形式,也可以将成本要素加以划分后,逐个以物理特性为基础进行理论的或统计学的分析计算,同时根据需要既可以概算也可以估算。这类成本计算方法贯穿了从开发源流到销售服务的各个阶段,是现代成本管理不可或缺的要素,这是必须重新认识成本计算范畴的理由。

(八) 成本元(Cost Driver)

本文所述的成本元(也称"成本动因")范畴源自 ABCM 核心概念 Cost Driver,却又大大不同于在当今文献中使用频度颇高而其含义又相当含混不清的 Cost Driver。重要的是,成本元范畴并不专属于 ABCM 模式。而应从整个现代成本管理体系的高度来加以认识。

我们建立"成本元"这一新范畴,旨在从现代成本管理内在的深层构造上解决管理的着力点问题。成本元最为基础的构造是直接围绕着作业概念展开的,是微观执行层次上的范畴,可归结为"经营战术意义上的成本元"。成本元的深层构造则表现为"经营战略意义上的成本元",具体可展开为"结构性成本动因"和"执行性成本动因"。我们说结构性成本动因分析应基于工业组织的视点来确定成本定位,其属性是企业在其基础经济结构层面的战略性选择。执行性成本动因分析之属性应定位为针对业绩目标的对成本定位的战略性强化。结构性动因分析解决配置的优化问题是基础,而执行性动因分析解决绩效的提高问题是其持续,二者互相连贯、互相配合。

"经营战略意义上的成本元"的认识为现代成本管理拓宽了一个全新的视野。应该注意到,当代产业社会的主要结构性动因表现在技术与多样性上。作业成本管理侧重于多样性的管理模式固然有其广泛的影响,但侧重于技术的成本企划模式则推动了更具实效的革新控制,它对未来成本管理的持久影响更是难以估量。可以断言,如果在技术和多样性这两个结构性成本动因上加大实施力度,进而实质性地推进执行性成本动因分析,这样的成本管理模式将在确立企业竞争优势上更具针对性。

经营战术意义上的成本元服务于成本维持控制和改善控制(成本节省),经营战略意义上的成本元则引导具有源流的、前馈的特质的成本革新控制（成本避免）。因而成本元范畴解决了成本广义控制中的内在逻辑关系问题，在六个应用性理论范畴中居于重要的中心地位。

三、关于现代成本管理理想模式的实际运作问题

基于当今发达资本主义国家先进的成本管理实践，我们提出了迥异于传统模式的上述八个范畴。这八个范畴只能说是成本管理规范研究的第一步，即初步说明了研究客体的核心"应该是什么"这一价值判断问题，但对于解决未来成本管理如何具体规范这更具前瞻性的问题则还任重道远。事实上八个范畴只给出了我国未来成本管理理想模式的一个基本概略，理想模式的实际运作问题还必须结合国情加以研究。应该看到，八个范畴的某些思想在我国传统成本管理实践中是有迹可寻的。比如我国开展价值工程的历史不算短，成本效益分析有相当的工厂实践基础，但就是未能系统化地将其与成本核算体系、成本管理制度结合为一体，更未能在组织措施上确保这类分析方法制度化地贯彻下去。理想模式究竟如何来构筑？有几个方面似可予以深思。

其一是我国现实应用基础方面面临的困境应如何摆脱，改革转轨初期的急功近利心态使经营者无暇顾及成本管理问题，因而也就失去了催生我国成本管理理论的现实基础，这在实践上与理论上的长期后患自不待言。其二是我国导入市场经济机制后，经济环境发生剧变的突出表现是竞争的日益加剧，针对竞争的要求管理者值得反思。为了追求利润，管理者在一定程度上会注意到成本问题，但往往自发的思维是成本节省，但单靠成本节省获取的利润是难以确立企业长期竞争优势的，因而在我国企业界树立成本避免观念是一个极其急迫的课题。其三，随着单一价值量信息的失效，成本管理实施的重心应如何转移？我们认为从技术这一结构性成本动因出发是管理者的必然选择，综合会计、技术和组织三大要素的新型成本广义控制方法在我国理应有着广阔的应用前景。其四，在当今高新技术突飞猛进，贯通全球的多媒体互联网络日益普及的世纪

244

交接之际，未来模式转换中需要哪些多方位的手段加以协调应充分加以估量。

研究现代成本管理的基本范畴是我国社会生产力发展的客观要求，对于我国社会主义市场经济的完善将起到积极的推动作用。要从根本上改善我国成本管理乃至管理会计应用的现状，似有必要从理解这八个范畴的内涵着手，并力求尝试其在实践中应用的可能性。本文的研究仅是这方面的一个初步的、概要性的尝试，更为深入、全面的研究期盼会计学术界共同来探讨。

（本文原载《会计研究》1998 年第 3 期）

现代成本管理的基本范畴研究

关于现代审计理论结构的探讨^①

一、现代审计理论结构研究的历史回顾

任何一门成熟的学科,都应在总结实践的基础上形成一套完整的、相互关联的、合乎逻辑的理论框架。审计理论的研究亦是如此。构建一个科学的审计理论框架,是审计理论研究系统化的需要,是审计学科趋向成熟的表现。本文主要着重探讨民间审计(注册会计师审计)的理论结构模式。

何谓审计理论结构? 从系统论的观点看,结构是指系统内部各组成要素之间的相互联系、相互作用的方式和秩序,也就是各要素之间在时间或空间上排列与组合的具体形式。审计理论作为一个系统,自应有其组成部分(要素)及各组成部分(要素)的组合方式。也就是说,审计理论结构是由构成的诸要素组合而成,而且诸要素之间有着合乎逻辑的内在联系并形成一个有机整体。

审计理论结构研究的意义何在? 按照安德森(R. J. Anderson)的观点,"审计理论的目的是提供一个合理的、首尾相应的概念结构以决定实现既定审计目标必需的审计程序。审计理论还提供一个评价与改善现行实务与程序的框架结构。"为此,审计理论必须有一个框架结构或结构体系,即审计理论结构,它是我们指导和评价现行审计实务的依据。研究审计理论结构需要解决的问题有二:一是构成审计理论结构的要素有哪些? 二是诸要素的内在联系,也即确定诸要素各居哪一层次?

审计理论研究的开山之作是 1961 年莫茨及夏拉夫(Mautz & Sharaf)的

---

① 本文与黄德华合作撰写。

《审计理论结构》(The Philosophy of Auditing)。他们认为："审计是有理论基础的,在审计行为活动的背后,存在着一整套基本的假设和完整的概念体系。"以哲学为逻辑起点,他们提出了 8 项审计假设和 5 个基本审计概念(即证据、应有审计关注、公允表达、独立性、道德行为),构建了由哲学基础、假设、概念、规则及实际应用五个要素组成的审计理论结构模式。1978 年,尚德尔(Charles W. Schandl)所著《审计理论》(Theory of Auditing)一书中提出的审计理论结构模式与莫茨及夏拉夫的模式相近,他则是从语义哲学、传播理论和思维心理学的角度来展开研究,提出的审计理论结构模式为"审计假设→审计定理→审计理论结构→原则→标准"这一形式。尚德尔的创新在于:① 从假设中衍生了"定理"这一要素;② 将说明理论结构组成部分及其相互关系的"结构"作为一个要素。他更注重审计在信息传播过程中的作用,认为"审计是一种旨在确立某种标准之遵循情况,进而表达意见或判断的人类评价过程。"

1977 年,安德森在《外部审计》(The External Auditing)一书中提出的审计理论结构由 6 个要素组成:审计目标→公认审计准则(GAAS)→审计概念→审计假定→审计技术方法→审计过程。安德森的贡献是,以目标为基点建立审计理论结构,并将目标的要求与作用延伸到实务即"审计过程"之中,形成了首尾相应的理论体系。

20 世纪 80 年代英国审计学家汤姆·李(Tom Lee)与戴维·弗林特(David Flint)两人的观点基本相似,但与以上模式均有不同,汤姆·李于 1984 年提出的模式由 3 个要素构成,即本质与目标→假设→概念,而弗林特于 1988 年提出的模式为本质与目标→假设→概念→标准。这两个模式的共同点是以审计的本质为出发点来构架审计理论结构。

分析上述学者的观点,我们可大致将审计理论结构研究的历史发展划分为三个时期:① 20 世纪 50 年代到 70 年代中期以审计假设为逻辑起点的模式;② 20 世纪 70 年代中期到 80 年代中期,以审计目标为逻辑起点的模式;③ 20 世纪 80 年代中期以后,以审计本质为逻辑起点的模式。

应该指出,上述各个时期的审计理论结构模式,在历史上各有所创新,有所发展,为我们研究现代审计理论模式奠定了基础。但是由于社会经济的发展,

从今天的审计理论建设角度分析,上述模式似各有不足之处。主要是:

莫茨及夏拉夫是审计理论结构模式的奠基人,他们以哲学为基础提出了理论结构诸要素,直到现在仍有着巨大的指导意义,其影响是深远的。但是他们把各门科学的共同方法论——哲学基础作为审计理论第一个层次要素,似失之过宽,而且其模式要素中没有列入审计目标、审计本质,也没有论及审计环境的影响,这些是他们所提出模式的相对不足之处。

安德森的审计理论模式中提出了以审计目标为基础引列其他诸要素,较之莫茨及夏拉夫的模式有新的发展,但是他把审计假设这个重要的前提性因素列在审计准则及审计概念之后,逻辑欠严密。

20 世纪 80 年代,汤姆·李与弗林特的模式都从审计本质出发引述其他因素,把审计本质这个因素列为模式之首位,是有贡献的,但是还没有把模式诸因素置于社会环境中去进行考察。

二、审计环境对审计理论结构的影响

审计理论结构与其他学科理论一样,受到环境的影响。这里所说的环境主要有:资本市场发展的全球化、一日千里发展着的信息技术、注册会计师面临着日益增加的诉讼风险环境等企业内部和外部的环境。这些环境发生变化,均会对审计理论结构诸要素产生巨大的影响。

资本市场发展的全球化,包括资本利率、货币汇率的波动,人力资源、资本、技术在国际范围内的流动和产品更新换代,企业淘汰的加速。这些全球性环境因素,对企业的产品营销、成本、利润均会发生巨大影响,而作为鉴证、评价、判断企业经济活动的审计,必然在其本质、目的、假设、概念及标准等方面发生变化,从而影响审计的理论结构。

随着社会经济的变化,信息技术发生了革命性的变革。信息技术的飞速发展正改变着市场、企业经营方式和产品的更新、人们的消费及储蓄方式,也改变着审计本身,即审计工作的电脑化。时至今日,审计工作中收集、分析、抽样、判断和报告都离不开先进的信息技术。审计人员在审计工作中,不仅利用计算机制定审计计划、储存工作底稿,而且可进行实时审计,保证客户的系统产生可靠的实时信息,同时可监控企业的经济业务,找出与审计准则之间的差异。

可以预期,随着计算机技术的不断革新,审计软件的智能化将会实现,这就可减轻或替代审计师的劳动。同时借助发达的信用卡金融工具和网络保密及识别技术而蓬勃发展起来的电子商务活动,已使企业的运作方式发生了根本的变化,要求企业能够根据某种要求,立即执行某种任务,建立或解除某种人事或商务关系,企业面临的不确定性因素更大,从而对我们中介机构的审计工作也提出了新的挑战。这充分说明:现代信息技术的革命必然推动审计技术方法的革命,从而影响审计理论结构。

现代注册会计师审计,已成为最主要的一种审计。作为职业工作者的注册会计师,在其职业生涯中,无时无刻不是处在潜在的职业风险中,一有疏忽,这种潜在的风险就可能转化为实在的风险,从而引起诉讼。以西方国家的注册会计师为例,自 20 世纪 30 年代以来,注册会计师涉嫌的诉讼案例已成千上万,而在 60 年代进入了"诉讼爆炸"时期,仅 1993 年,美国的六大会计公司在法律诉讼及赔偿方面的费用就占总收入的 19%。在中国,近十年来,先后发生的涉及审计诉讼的重大事件主要有深圳"原野"事件、北京"中诚"事件、浙江"尖峰"事件、山东"石油大明"事件、海南"琼民源"事件、四川"红光"、"东方锅炉"等事件。在验资业务方面,"全国已发生验资业务诉讼案件多达 500 余起,并仍呈上升趋势。"①这些事例都涉及注册会计师的法律责任或经济责任,为此,已有多家会计师事务所被撤销或受处罚。这说明诉讼风险对审计已发生重大影响,审计,特别是注册会计师审计,处在潜在的职业风险环境之中。注册会计师界也因势而动,80 年代以来,世界上著名的"五大"会计公司都不同程度地实施了一种新的审计模式——风险导向审计。我们可以看到,新的审计模式、方法或程序的采用无不是职业界因日益变化的商业环境、审计环境而作出的反应。

除上述各种主要审计环境外,审计还受到哲学、政治制度、国家方针政策、法律、文化等外界环境的影响。可见,研究审计理论结构,必须置于审计环境中

---

① 见崔建明文:载《注册会计师通讯》1998 年第 6 期。

关于现代审计理论结构的探讨

进行考察。近几年来,国际及我国的审计学术界都开始重视审计环境问题。中国审计学会曾把审计环境问题列为专题进行研究。西南财经大学蔡春博士撰写的《审计理论结构》论文中着重阐述了环境对审计理论的影响;胡春元博士论文《审计风险研究》也强调审计环境与审计理论诸要素的关系。

三、关于审计本质在审计理论
结构中的地位问题

前已述及 80 年代英国的审计学家汤姆·李和弗林特分别提出的审计理论结构模式中,均以审计本质与审计目标为起点构建审计结构模式,这里拟对审计本质在结构中的地位进行论述。

审计本质是在一定社会环境或条件下,审计在达到审计目标、实现其职能后对社会所发生的影响。它反映了社会对审计的客观要求,是人们运用社会科学和自然科学的推理而得出的对审计的认识。

由于人们在不同社会历史条件下的观点不同、研究的方法有异,所以审计本质的理论从传统的查账论发展为信息论、代理论、保险论。

传统的查账论只反映审计工作活动的特征,未能反映审计的社会需求,也没有把审计置于社会环境中来考察,所以查账论不能反映审计的本质。50 年代开始,人们对审计的本质有了新的思考,信息论是其一种。以信息论为主导的审计本质理论认为经过审计后的信息,可提高其可信性,可使投资者依据披露信息决定企业的市场价值,从而做出理性的决策。信息论盛行于 17 世纪兴起的以经营权与所有权相分离为特征的股份公司组织形式。随着股份有限公司组织形式下两权分离的深入发展,投资人、债权人和管理人员之间必然出现较多的利益冲突,为了促使股东和管理人员的利益最大化,于是就产生了股东(委托人)委托外部审计人员对管理人员(代理人)的财务报告进行审查的需要,而管理人员同样需要外部审计人员通过审计鉴定其业绩报告的有效性和真实性。为此,代理论认为审计既代表财产所有者又代表财产经营者,它是二者的共同需求,审计的作用在于可促进股东利益和公司管理人员的利益都达到最大化。如前所述，20 世纪 80 年代以来，注册会计师面临着的职业风险日益严峻，企业所有者与经营者都期望把企业的财务报告风险降低到社会可接受的风险水平之下，并愿意从自己的收入中支付一部分费用来聘请外部审计人员来进行审计，并把这部分审计费用视为保险费用。如果发生审计失职或疏漏而造成损失，审计人员依法就负有责任进行赔偿。在这种理论的指导下，审计本质被视为一种保险行为，因而称为审计本质的保险论。

以上所述的审计本质的信息论、代理论和保险论都是与社会客观环境相联系，把审计置于社会结构中作考察。只是由于考察的角度不同而提出不同的观点。尽管审计本质可有不同的表述形式，但是弗林特称，"作为一种近乎普遍的真理，凡是在审计的地方，必存在一种受托责任关系，受托责任关系是审计存在的重要条件，审计是一种确保受托责任关系履行的社会控制机制"。我们认为，社会经济是复杂的、多样的、经常变化的，作为审计本质的理论，也是不断发展的，所以应该应用新的社会科学研究结构论的方法，把各种审计本质理论结合起来进行研究。

四、审计目标与审计理论结构的关系

审计目标是审计行为活动意欲达到的理想境地或状态，它是审计环境对审计系统要求的反应，也是审计系统满足审计环境的要求标准。审计目标的确定是一种主观见之于客观的行为。是审计本质与特定的审计环境相互作用、互动的结果。也即审计目标的提出，是应审计环境的要求，同时受制于审计本质，不能超越审计本质来随意构建。所以，不从审计的本质出发，来理解审计是在财产所有权与经营管理权相分离而形成的受托责任关系下发展起来的一种社会控制机制，就无法理解现代审计从民间审计、内部审计到政府审计，从财务合规性审计到管理审计的发展过程。

正是因为需要评价的受托经管责任范围的扩大，拓展了审计目标，从合法合规性审计发展到现在包括合法性、经济性、效率性、效果性等的多维审计目标体系。同时尽管审计目标响应审计环境的要求，作了扩展，然而这些目标均未偏离审计作为一种确保受托责任有效履行的社会控制机制这一本质。"传统财

关于现代审计理论结构的探讨

务审计是审核受托财务责任的完成过程及结果,管理审计是审核受托管理责任的完成过程及结果。"①与汤姆·李与弗林特不同,我们认为,审计目标受制于审计本质,列为第二层次。审计目标是一多维的目标体系,可分解为财务审计目标、管理审计目标等。财务审计目标可进一步分解为查错防弊,财务报表的合法性、公允性、一贯性等;管理审计目标可进一步分解为评价企业管理部门、公共事业部门使用和管理受托资源的经济性、效率性、效果性、公平性、环保性等。这些目标指导、制约和影响着审计理论结构的其他因素。

五、对审计假设作为审计理论结构起点的评述

审计假设是审计理论中的基本问题,它是联系审计目标与审计概念及审计准则等要素的中介。如何根据社会经济环境来构建审计假设,是审计理论研究方面的一个重要课题。

在审计理论研究中,有些学者把审计假设作为论证指导其他要素的基础,如莫茨及夏拉夫的《审计理论结构》就是把审计假设列为审计理论诸要素之首的;尚德尔也是以审计假设为基础构建审计理论结构的;我国汤云为的《审计理论研究》一书也把审计假设列为审计理论结构的第一层次。

我们认为,审计假设确实是审计理论结构中的核心问题,但应该是列于审计本质及审计目标之后的一个层次,因为是不可能依据审计假设来推导审计本质及审计目标的,如把它置于第一层次,就源流倒置,缺乏严密的逻辑联系。

六、审计理论结构框架的设想

我们可以看到,在对审计理论结构的研究中,理论界一直期望并努力要能形成几种统一的理论,并且,这些审计理论要能为日益发展着的审计实务提供

---

① 王光远:《管理审计理论》,1996年。

一个有效而强有力的依据。如果我们不从日益变迁的社会经济权责结构、商业环境、科学技术条件出发,我们就不能诠释现代审计理论的发展。审计理论结构的研究要顺应审计环境的变迁而发展,顺应时代的变化变革我们的理念。

根据上文的分析,我们试拟出审计理论框架。这里应该指出三点:其一,框架中各个要素虽有主次之分,但是相互联系、相互作用的,是一个有机的结构系统;其二,各个因素及整个结构系统受到包括政治、哲学、经济、文化、法律、科学发展、相关知识(会计、统计、数学、方法论等)的影响;其三,随着社会经济的发展,框架中各因素的内容及因素层次会发生变化。所以审计理论结构是发展的、变化的,需要审计学术界进行不懈的研究、思考来使之适应时代的需要。

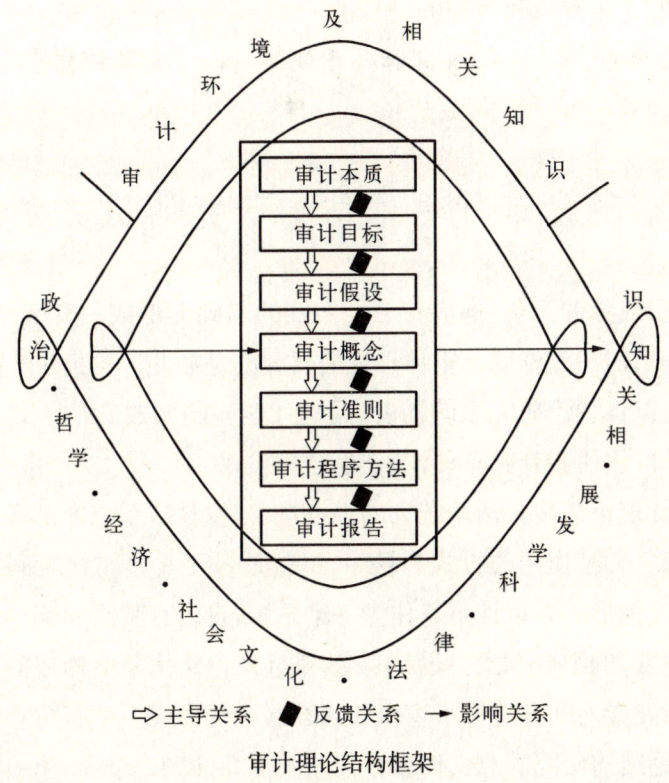

审计理论结构框架

(本文原载《上海会计》1999 年第 10 期)

审计理论框架结构研究

[摘要] 在对审计理论结构的研究中,理论界一直期望并努力能形成几种统一的理论,并且,这些审计理论要能为日益发展着的审计实务提供一个有效而强有力的依据。审计理论结构的研究应顺应审计环境和时代的变化而发展。

[关键词] 审计理论;结构

[中图分类号] F239 [文献标识码] A [文章编号] 1672 - 3988 (2004)01 - 0053 - 06

一、现代审计理论结构研究的历史发展

任何一门成熟的学科,都应在总结实践的基础上形成一套完整的、相互关联的、合乎逻辑的理论框架。审计理论的研究亦是如此。构建一个科学的审计理论框架,是审计理论研究系统需要,是审计学科趋向成熟的表现。本文主要探讨民间审计(注册会计师审计)的理论结构模式。

何谓审计理论结构? 从系统论的观点看,结构是指系统内部各组成要素之间的相互联系、相互作用的方式和秩序,也就是各要素之间在时间或空间上排列与组合的具体形式。审计理论作为一个系统,自应有其组成部分(要素)及各组成部分(要素)的组合方式。也就是说,审计理论结构是由构成的诸要素组合而成,而且诸要素之间有着合乎逻辑的内在联系并形成一个有机整体。

审计理论结构研究的意义何在? 按照安德森(R. J. Anderson)的观点,"审计理论的目的是提供一个合理的、首尾相应的概念结构以决定实现既定审计目标必需的审计程序。审计理论还提供一个评价与改善现行实务与程序的框架结构。"为此,审计理论必须有一个框架结构或结构体系,即审计理论结构,它是

我们指导和评价现行审计实务的依据。研究审计理论结构需要解决的问题有二：一是构成审计理论结构的要素有哪些？二是诸要素的内在联系，也即确定诸要素各处哪一层次？

审计理论研究的开山之作是 1961 年莫茨及夏拉夫的《审计理论结构》（Philosophy of Auditing）。他们认为："审计是有理论基础的，在审计行为活动的背后，存在着一整套基本的假设和完整的概念体系。"他们以哲学为逻辑起点，提出了八项审计假设和五个基本审计概念（即证据、应有审计关注、公允表达、独立性、道德行为），构建了由哲学基础、假设、概念、规则及实际应用五个要素组成的审计理论结构模式。1978 年，尚德尔（Charles W. Schandl）所著《审计理论》（Theory of Auditing）一书中提出的审计理论结构模式与莫茨及夏拉夫的模式相近，他则是从语义哲学、传播理论和思维心理学的角度来展开研究，提出的审计理论结构模式为"审计假设—审计定理—审计理论结构—原则—标准"这一形式。尚德尔的创新在于：① 从假设中衍生了"定理"这一要素；② 将说明理论结构组成部分及其相互关系的"结构"作为一个要素。他更注重审计在信息传播过程中的作用，认为"审计是一种旨在确立某种标准之遵循情况，进而表达意见或判断的人类评价过程"。

1977 年，安德森在《外部审计》（*The External Auditing*）一书中提出的审计理论结构由 6 个要素组成：审计目标—公认审计准则（GAAS）—审计概念—审计假定—审计技术方法—审计过程。安德森的贡献是，以目标为基点建立审计理论结构，并将目标的要求与作用延伸到实务即"审计过程"之中，形成了首尾相应的理论体系。

20 世纪 80 年代英国审计学家汤姆·李（Tom Lee）与戴维·弗林特（David Flint）两人的观点基本相似，但与以上模式均有不同。汤姆·李于 1984 年提出的模式由 3 个要素构成，即"本质与目标—假设—概念"，而弗林特于 1988 年提出的模式为"本质与目标—假设—概念—标准"。这两个模式的共同点是以审计的本质为出发点来构架审计理论结构。

分析上述学者的观点，我们可大致将审计理论结构研究的历史发展划分为三个时期：① 20 世纪 50 年代到 70 年代中期，以审计假设为逻辑起点的模式；

②70年代中期到80年代中期,以审计目标为逻辑起点的模式;③80年代中期以后,以审计本质为逻辑起点的模式。

应该指出,上述各个时期的审计理论结构模式,在历史上各有所创新、有所发展,为我们研究现代审计理论模式奠定了基础。但是由于社会经济的发展,从今天的审计理论建设角度分析,上述模式似各有不足之处。主要表现在:

莫茨及夏拉夫是审计理论结构模式的奠基人,他们以哲学为基础提出了理论结构诸要素,直到现在仍有着巨大的指导意义,其影响是深远的。但是他们把各门科学的共同方法论——哲学基础作为审计理论第一个层次要素,似失之过宽,而且其模式要素中没有列入审计目标、审计本质,也没有论及审计环境的影响,这些是他们所提出模式的相对不足之处。

安德森的审计理论模式中提出了以审计目标为基础引列其他诸要素,较之葛茨及夏拉夫的模式有新的发展,但是,他把审计假设这个重要的前提性因素列在审计准则及审计概念之后,逻辑欠严密。

20世纪80年代汤姆·李与弗林特的模式都从审计本质出发引述其他因素,把审计本质这个因素列为模式之首位,是有贡献的,但是他还没有把模式诸因素置于社会环境中去进行考察。

二、审计环境对审计理论结构的影响

审计理论结构与其他学科理论一样,受到环境的影响。这里所说的环境主要有:资本市场发展的全球化、一日千里发展着的信息技术、注册会计师面临着日益增加的诉讼风险环境等企业内部和外部的环境。这些环境发生变化,均会对审计理论结构诸要素产生巨大的影响。

资本市场发展的全球化,包括资本利率、货币汇率的波动,人力资源、资本、技术的国际范围内的流动和产品更新换代、企业淘汰的加速。这些全球性环境因素,对企业的产品营销、成本、利润均会发生巨大影响,而作为鉴证、评价、判断企业经济活动的审计,必然在其本质、目的、假设、概念及标准等方面发生变化,从而影响审计的理论结构。

随着社会经济的变化，信息技术发生了革命性的变革。信息技术的飞速发展正改变着市场、企业经营方式和产品的更新、人们的消费及储蓄方式，也改变着审计本身，即审计工作的电脑化。时至今日，审计工作中收集、分析、抽样、判断和报告都离不开先进的信息技术。审计人员在审计工作中，不仅利用计算机制定审计计划，储存工作底稿，而且可进行实时审计，保证客户的系统产生可靠的实时信息，同时可监控企业的经济业务，找出与审计准则之间的差异。

可以预期，随着计算机技术的不断革新，审计软件的智能化将会实现，这就可减轻或替代审计师的劳动。同时借助发达的信用卡金融工具和网络保密及识别技术而蓬勃发展起来的电子商务活动，已使企业的运作方式发生了根本的变化，要求企业能够根据某种要求，立即执行某种任务，建立或解除某种人事或商务关系，企业面临的不确定性因素更大，从而对中介机构的审计工作也提出了新的挑战。这充分说明：现代信息技术的革命必然推动审计技术方法的革命，从而影响审计理论结构。

现代注册会计师审计，已成为最主要的一种审计。作为职业工作者的注册会计师，在其职业生涯中，无时无刻不处在潜在的职业风险中，一有疏忽，这种潜在的风险就可能转化为实在的风险，从而引起诉讼。以西方国家的注册会计师为例，自 20 世纪 30 年代以来，注册会计师涉嫌的诉讼案例已成千上万，而自 20 世纪 60 年代以来进入了诉讼"爆炸"时期。仅 1993 年，国际六大会计公司在法律诉讼及赔偿方面的费用就占总收入的 19%。在中国，近 10 年来，先后发生的涉及审计诉讼的重大事件主要有深圳"原野"事件、北京"中诚"事件、浙江"尖峰"事件、山东"石油大明"事件、海南"琼民源"、四川"红光"和"东方锅炉"事件、甘肃的"银广夏"事件等。在验资业务方面，"全国已发生验资业务诉讼案件多达 500 余起，并仍呈上升趋势。"这些事例都涉及注册会计师的法律责任或经济责任，为此，已有多家会计师事务所被撤销或受处罚。这说明诉讼风险对审计已产生重大影响，审计，特别是注册会计师审计，处在潜在的职业风险环境之中。注册会计师界也因势而动，20 世纪 80 年代以来，世界著名的五大会计公司都不同程度地实施了一种新审计模式——风险导向审计。我们可以看到，新的审计模式、方法或程序的采用，无不是职业界因日益变化的商业环境、审计环

审计理论框架结构研究

境而作出的反应。

除上述各种主要审计环境外，审计还受到哲学、政治制度、国家方针政策、法律、文化等外界环境的影响。可见，研究审计理论结构，必须置于审计环境中进行考察。近几年来，国际及我国的审计学术界都开始重视审计环境问题。中国审计学会曾把审计环境问题列为专题进行研究。西南财经大学蔡春博士撰写的《审计理论结构》论文中着重阐述了环境对审计理论的影响；胡春元的博士论文《审计风险研究》也强调审计环境与审计理论诸要素的关系。

三、审计本质在审计理论结构中的地位

前已述及，20 世纪 80 年代英国的审计学家汤姆·李和弗林特分别提出的审计理论结构模式中，均以审计本质与审计目标为起点构建审计结构模式。这里拟对审计本质在结构中的地位进行论述。

审计本质是一定社会环境或条件下，审计在达到审计目标、实现其职能后对社会所产生的影响。它反映了社会对审计的客观要求，是人们运用社会科学和自然科学的推理而得出的对审计的认识。

由于人们在不同历史条件下的观点不同、研究的方法有异，所以审计本质的理论从传统的查账论发展为信息论、代理论、保险论。

传统的查账论只反映审计工作活动的特征，未能反映审计的社会需求，也没有把审计置于社会环境中来考察，所以查账论不能反映审计的本质。

自 20 世纪 50 年代开始，人们对审计的本质有了新的思考，信息论是其中的一种。以信息论为主导的审计本质理论认为经过审计后的信息，可提高其可信性，可使投资者依据披露信息决定企业的市场价值，从而做出理性的决策。

代理论认为：随着股份有限公司组织形式下两权分离的深入发展，投资人、债权人和管理人员之间必然出现较多的利益冲突，为了促使股东和管理人员利益最大化，就产生了股东（委托人）委托外部审计人员对管理人员（代理人）的财务报告进行审查的需要，而同时，管理人员也需要外部审计人员通过审计鉴定其业绩报告的有效性和真实性。于是，代理论便应运而生。这一理论认为,审计既代表财产所有者又代表财产经营者,它是两者的共同需求,审计的作用在于可促进股东利益和公司管理人员的利益都达到最大化。

如前所述,20世纪80年代以来,注册会计师面临着的职业风险日益严峻,企业所有者与经营者都期望把企业的财务报告降低到社会可接受的风险水平之下,并愿意从自己的收入中支付一部分费用来聘请外部审计人员来进行审计,并把这部分审计费用视为保险费用。如果发生审计失职或疏漏而造成损失,审计人员依法就负有责任进行赔偿。在这种理论的指导下,审计本质被视为一种保险行为,因而称为审计本质的保险论。

以上所述的审计本质的信息论、代理论和保险论都是与社会客观环境相联系,把审计置于社会结构中作考察。只是由于考察的角度不同而提出不同的观点。尽管审计本质可有不同的表述形式,但是弗林特称,"作为一种近乎普遍的真理,凡是在审计的地方,必存在一种受托责任关系,受托责任关系是审计存在的重要条件,审计是一种确保受托责任关系履行的社会控制机制。"我们认为,社会经济是复杂的、多样的、经常变化的,作为审计本质的理论,也是不断发展的,所以应该应用新的社会科学研究结构论的方法,把各种审计本质理论结合起来进行研究。

四、审计理论结构的关系问题

1. 审计目标与审计理论结构的关系

审计目标是审计行为活动意欲达到的理想境地或状态,它是审计环境对审计系统要求的反应,也是审计系统满足审计环境的要求标准。审计目标的确定是一种主观见之于客观的行为,是审计本质与特定的审计环境相互作用、互动的结果。也即审计目标的提出,是应审计环境的要求,同时受制于审计本质,不能超越审计本质来随意构建。所以,不从审计的本质出发,来理解审计是在财产所有权与经营管理权相分离而形成的受托责任关系下发展起来的一种社会控制机制,就无法理解现代审计包括从民间审计、内部审计到政府审计,从财务合规性审计到管理审计的全部发展过程。

审计理论框架结构研究

正是因为需要评价的受托经管责任范围的扩大,审计目标从合法合规性审计拓展到现在包括合法性、经济性、效率性、效果性等的多维审计目标体系。同时尽管审计目标响应审计环境的要求,作了扩展,然而这些目标均未偏离审计作为一种确保受托责任有效履行的社会控制机制这一本质。"传统财务审计是审核受托财务责任的完成过程及结果,管理审计是审核受托管理责任的完成过程及结果。"与汤姆·李和弗林特不同,我们认为,审计目标受制于审计本质,列为第二层次。审计目标是一多维的目标体系,可分解为财务审计目标、管理审计目标等。财务审计目标可进一步分解为查错防弊,财务报表的合法性、公允性、一贯性等;管理审计目标可进一步分解为评价企业管理部门、公共事业部门使用和管理受托资源的经济性、效率性、效果性、公平性、环保性等。这些目标指导、制约和影响着审计理论结构的其他因素。

2. 审计假设与审计理论结构的关系

审计假设是审计理论中的基本问题,它是联系审计目标与审计概念及审计准则等要素的中介。如何根据社会经济环境来构建审计假设,是审计理论研究方面的一个重要课题。

在审计理论研究中,有些学者把审计假设作为论证指导其他要素的基础,如莫茨及夏拉夫的《审计理论结构》就是把审计假设列为审计理论诸要素之首的;尚德尔也是以审计假设为基础构建审计理论结构的。

我们认为,审计假设确实是审计理论结构中的核心问题,但应该是列于审计本质及审计目标之后的一个层次,因为是不可能依据审计假设来推导审计本质及审计目标的,如把它置于第一层次,就本末倒置,缺乏严密的逻辑联系。

五、审计理论结构框架的设想

我们可以看到,在对审计理论结构的研究中,理论界一直期望并努力要能形成几种统一的理论,并且,这些地理论要能为日益发展着的审计实务提供一个有效而强有力的依据。如果我们不从日益变迁的社会经济权责结构、商业环境、科学技术条件出发,我们就不能诠释现代审计理论的发展。审计理论结构的研究要顺应审计环境的变迁而发展,顺应时代的变化变革我们的理念。

根据上文的分析,我们试拟出审计理论结构框架(见下图)。

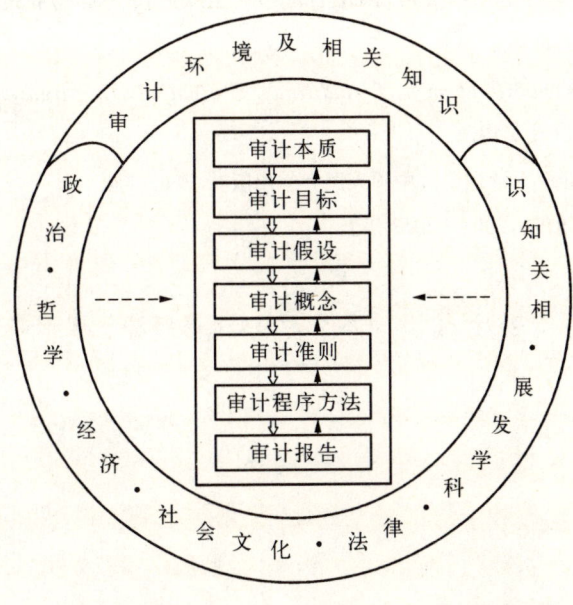

主导关系 ⇨ 　反馈关系 → 　影响关系 --→

审计理论结构框架图

这里应该指出三点:

其一,框架中各个要素虽有主次之分,但它们是相互联系、相互作用的,是一个有机的结构系统;

其二,各个因素及整个结构系统受到包括政治、哲学、经济、文化、法律、科学发展、相关知识(会计、统计、数学、方法论等)的影响;

其三,随着社会经济的发展,框架中各因素的内容及因素层次会发生变化。所以审计理论结构是发展的、变化的,需要审计学术界进行不懈的研究、思考来使之适应时代的需要。

参考文献

[1] R. K. Mautz and H. A. Sharaf:*The Philosophy of Auditing*,AAA. 1961.

[2] Rodney J. Anderson:*The External Audit: Concepts and Techniques*, Pitman

Publishing，1977.

[3] Tom Lee：*Company Auditing*，Van Wostrand Reinhold(UK)Co. Ltd. ,1986.

[4] David Flint：*Philosophy and Principles of Auditing: An Inrtoduction*，Macmillan Education Ltd. ,1988.

[5] Charles W. Schandl：*Theory of Auditing: Evaluation，Investigation and Judgement*，Scholers Book Co. , 1978.

[6] 王光远等：《管理审计理论》，中国人民大学出版社 1996 年版。

[7] 《注册会计师通讯》,2001—2003 年。

（本文原载《上海经济管理干部学院学报》）

我国公司成立审计委员会
动机的实证研究[①]

【摘要】 根据 2002 年 1 月 7 日的《上市公司治理准则》要求,上市公司可以按照股东大会有关决议成立审计委员会。成立审计委员会的良好动机是审计委员会有效发挥作用的基础,因此,本文对我国 382 家成立审计委员会的动机进行了实证研究,结果发现:我国公司成立审计委员会只是受董事会和外部董事的影响,不具有提高财务报告质量的动机,为此本文提出了一些政策性建议。

【关键词】 审计委员会 动机 实证研究 代理成本 财务报告质量

一、我国公司成立审计
委员会的历史背景

据有关部门抽查,上市公司法人治理结构存在问题的比例高达 35.5%[②]。此外,一些上市公司自身缺乏有效的约束机制,在日常经营中弄虚作假、运作不规范,损害中小股东利益的现象较为普遍。

由于上市公司和一些大型国有企业公司治理中出现了问题,甚至是相当严重的问题,致使我国的公司治理受到包括各级政府、监管部门,学术界以及上市公司在内的各界的重视。要提高上市公司的质量,就必须先提高公司治理的标准。然而,我国在推进公司治理结构方面刚刚起步,公司治理结构还是一个比

---

① 本文与杨忠莲合作撰写。
② 中国证券报 2001 年 5 月 31 日。

我国公司成立审计委员会动机的实证研究

较新的概念,尚未得到很好的发展和理解。

为了促进中国的公司治理改革,2002年初,中国证券监督管理委员会和国家经济贸易委员会联合颁布了《上市公司治理准则》,要求上市公司董事会可以按照股东大会有关决议设立审计委员会,将公司治理推向了更加规范的轨道,以下就我国公司成立审计委员会的动机进行实证研究。

二、基 本 假 设

我们可将成立审计委员会的动机分为: ① 提高财务报表的质量;② 大股东的影响;③ 公司董事的影响;④ 规模经济的影响;⑤ 审计师的影响。以下就不同的动机提出假设。

(一) 提高财务报表的质量

审计委员会被普遍认为是提高审计师对公司外部财务报表鉴证职能的一个监管机制。Chow(1982) and Watts and Zimmerman(1983)认为在代理成本较高的情况下,公司会自愿雇用外部审计师。所以,在高的代理成本的情况下,公司也会自愿使用审计委员会以提高业主和代理人之间信息流动的质量。以下的基本假设是以代理理论为基础而建立的。

Watts(1977) and Leftwich, Watts and Zimmerman(1981)认为管理层会通过自愿提供财务报表以减少业主—管理层之间的冲突。当存在较多的外部股东时,外部财务报告是最有效的监管机制。如果审计委员会可以提高外部财务报告质量,则做出如下假设:

H1:在其他条件不变的情况下,公司的外部股东越多,越有可能成立审计委员会。

这里的外部股东以发行在外的股本表示,鉴于我国发行的股本包括流通股和非流通股,并推测在提高财务报表质量方面,公司成立审计委员会与流通股更加相关,所以假设:

H2:在其他条件不变的情况下,公司流通股越多,其成立审计委员会的可能性越大。

债权人—经理之间的关系是另外一个基本的业主—代理人关系。随着公司资本结构中债务比例的增加,财富从债权人向股东转移的潜在可能性增加。Fama and Miller(1972),Smith and Warner(1979)认为债权人—经理之间的利益冲突产生了债务代理成本。债务代理成本的水平可由对杠杆的计量来代替。

如果财务杠杆代表了① 财富从债权人向股东的潜在转移。② 如果成立审计委员会能够减少财富从债权人向股东转移的代理成本,那么债务契约约束越紧,自愿成立审计委员会与资本结构中的财务杠杆水平之间的关系就越正相关。所以有如下假设:

H3:在其他条件不变的情况下,财务杠杆越高,公司成立审计委员会的可能性就越大。

公司的价值可以看成是成长的机会(或已取得的资产)与现存资产的总和。对于具有现存资产比例较大的公司来说,财富在所有者和债权人之间转移比较困难,所以,代理成本就比较低。Leftwich,Watts and Zimmerman(1981)和Chow and Wong-Boren(1987)认为自愿披露与公司现存的资产具有相反的关系,因此,假设:

H4:在其他条件不变的情况下,公司现存资产的价值越低,其成立审计委员会的可能性就越大。

(二) 大股东的影响

大股东的利益与公司的利益是紧密相连的。当某一监管机制对公司有利时,大股东应该对该机制持支持的态度,并会激励主张公司采纳。由于我国上市公司的大股东主要是未流通的国家股或法人股,所以,我们假设:

H5:在其他条件不变的情况下,未流通股份越多,公司成立审计委员会的可能性就越大。

(三) 董事的影响

作为股东选举的代表,董事会自身就是一个监管机制。从理论上讲,董事

我国公司成立审计委员会动机的实证研究

会中外部董事的出现,应该增加监管的质量,因为外部董事与公司没有关联,所以,它是股东利益的独立代表人。广泛认为外部董事比内部董事在监管管理层方面有更大的作用。

成立审计委员会的益处是它能通过帮助独立董事直接接近外部审计师和内部审计系统,所以审计委员会可以提供一个有效的手段减少外部董事和内部董事之间的信息不对称。使用审计委员会可以对问题进行精密的探讨,特别是当审计委员会能够使用和发展特别的知识和技能时,审计委员会还可以直接接近外部审计师,所以可以提供由管理者提供的另外一种信息来源。

成立审计委员会可以成功减少外部董事的责任,尽管它同时增加了审计委员会成员的责任。因此,董事会中外部董事所占的比例越大,成立审计委员会的净收益也越大。

Watts and Leftwich(1977),Watts, and Zimmerman(1981)认为管理层通过自愿披露财务报表可以减少股东经理人员之间的冲突。当存在大量的外部董事时,外部财务报告可能是有效的监管机制。如果审计委员会具有提高外部财务报告质量的职能,而且可以减少信息不对称和外部董事在董事会中的责任,我们可以做如下假设。

H6:在其他条件不变的情况下,公司外部董事越多,越有可能成立审计委员会。

业主与经理之间的关系是一个基本的业主—代理人关系之一。当经理人员有机会增加他们自己的财富而牺牲股东的财富时,就产生了权益性代理成本。在没有手段减少这些成本的情况下,业主会付出代价保护他们财富的转移。这种保护的代价将由经理人员所负担,也因此激励他们控制代理成本。

潜在的权益代理成本越大,契约(耗费资源保证代理人能按照合约限制他们的活动)和监管(耗费资源检查和报告有关合约的执行问题)活动的净收益也越大。由于成立审计委员会能够增加监管水平,所以,在高代理成本的情况下,对审计委员会的需求也越大。权益代理成本可以用董事持有公司的股份来代替。

H7:在其他条件不变的情况下,董事会成员持有的公司股份越少,公司成立审计委员会的可能性越大。

（四）规模经济的影响

监管方法是有成本的，并受规模经济的限制。如服务于审计委员会的董事可能需要董事和官员(D&O)的债务保险，这将使小公司比大公司有更多的负担。

Harrison(1987)发现在美国公司越大，越早成立审计委员会。Mautz and Neumann(1977)发现 CEO、外部董事、内部审计师和外部审计师认为公司规模是影响成立审计委员会决策的重要特征之一。

与审计委员会成立和操作相关的规模经济的存在，意味着成立审计委员会的净收益将随公司规模的增加而增加，从而公司规模与自愿成立审计委员会之间具有正相关关系：

H8：在其他条件不变的情况下，公司规模越大，成立审计委员会的可能性就越大。

公司规模越大可能会导致公司成立审计委员会，但这并不是绝对的，如果大的公司仅有小的董事会，则不会成立审计委员会。将董事会的任务委托代理给其专门的附属委员会只有在董事会规模足够大的时候才可行，另外，决定成立审计委员会也会增加董事会的规模。所以，我们假设：

H9：在其他条件不变的情况下，成立审计委员会更可能使公司董事会吸纳更多的成员。

（五）审计师的影响

一般认为成立审计委员会对审计师来说可以在很少或者没有任何代价的情况下提高审计师的独立性。所以，会计事务所有动机鼓励客户成立审计委员会。然而，Eichenseher and Shields(1985)认为新雇用的小的会计事务所则不鼓励客户成立审计委员会，因为审计委员会比较偏于雇用大的会计事务所，这样，我们则假设：

H10：在其他条件不变的情况下，大的会计师事务所与成立审计委员会之间存在着正相关。

我国公司成立审计委员会动机的实证研究

三、实证过程和结果

(一) 数据收集

数据来源于在上海证交所和深圳证交所上市的 2002 年 1 214 家发行 A 股的上市公司的年报。数据收集包括资产总额(代表公司规模)、负债总额(代表杠杆)、固定资产总额(代表公司现有资产)、董事人数、外部独立董事人数、股本数、流通股数、非流通股数、董事和管理层持股数等。

在 1 214 家上市公司中,其中成立审计委员会的家数有 382 家,没有成立审计委员会的家数有 832 家。在成立审计委员会的 382 家中,其中制造加工业有 250 家,零售与批发企业有 30 家,综合类行业有 28 家,计算机、旅游等服务性行业有 28 家,交通运输业有 14 家,农林牧副渔有 14 家,金融业有 1 家。

(二) 独立变量

本研究使用 10 个独立变量,它们是:

(1) NUMSH:表示公司发行在外的总股本。

(2) NUMFL SH:表示流通股比例,是流通股与总股本的比例。

(3) LEV:表示杠杆,是长期债务除以规模。

(4) AIP:表示公司现有的固定资产规模,是固定资产与公司规模的比例。

(5) BIGHOD:表示大股东,也是未流通股比例,是未流通股与总股本的比例。

(6) NUMOU TD:表示外部董事的比例,是非执行董事的人数除以董事会成员的总人数。

(7) DCTRL:表示管理层拥有的股份额,是官员和董事拥有投票权股份的百分比。

(8) SIZE:表示规模,用资产总额表示。

(9) NUMD IR:表示董事人数。

(10) BIGAU10:表示大事务所,是哑变量。如果公司是大事务所审计的该变量是 1,否则,该变量是 0。

(三) 实证结果

本文分成了两组样本对上述假设进行检验。处理组为成立审计委员会的公司,控制组为没有成立审计委员会的公司。先采用描述性统计对所有的独立变量进行单变量分析,然后建立 logit 多元回归模型进行多变量相关分析。

1. 描述性统计和单变量分析

表 1 汇总了各解释变量在处理组和控制组下的描述性统计结果,并对各解释变量在处理组和控制组是否具有显著性差异进行非参数检验,表中用的是 Wilcoxon 检验。BIGAU10 因为是虚拟变量,所以采用的是 χ^2 检验法。从检验结果来看,只有变量 NUMOU TD 即外部董事的比例是在 0.01 的水平上是显著的,其他变量均不显著。所以,检验结果仅支持 H6,其他假设均不支持。

表 1 独立变量与成立审计委员会之间关系的汇总统计和单变量检验

假设	方向	变量		没有成立审计委员会的公司	成立审计委员会的公司	Wilcoxon 检验
				($n=832$)	($n=382$)	
H1	<	NUMSH	Median	8. 393 725	8. 384 522	−0. 001 8
			Mean	8. 423 220	8. 434 579	(0. 998 6)
			Std. dev.	0. 379 00	0. 415 08	
H2	<	NUMFL SH	Median	0. 382 792	0. 384 430	0. 314 1
			Mean	0. 414 723	0. 414 578	(0. 753 4)
			Std. dev.	0. 156 62	0. 154 29	
H3	<	L EV	Median	0. 464 677	0. 443 854	−1. 481 4
			Mean	3. 161 150	0. 463 652	(0. 138 5)
			Std. dev.	23. 272 41	0. 212 22	
H4	>	AIP	Median	0. 322 869	0. 342 852	1. 103 8
			Mean	0. 349 728	0. 360 562	(0. 269 7)
			Std. dev.	0. 197 96	0. 196 86	
H5	<	BIGHOD	Median	0. 617 208	0. 615 570	−0. 313 9
			Mean	0. 585 277	0. 585 422	(0. 753 6)
			Std. dev.	0. 156 62	0. 154 29	

我国公司成立审计委员会动机的实证研究

假设	方向	变 量		没有成立 审计委员会的公司	成立 审计委员会的公司	Wilcoxon 检验
				$(n=832)$	$(n=382)$	
H6	<	NUMOU TD	Median	0.222 222	0.250 000	3.991 0*
			Mean	0.254 016	0.281 033	(<.000 1)
			Std. dev.	0.110 26	0.116 16	
H7	>	DCTRL	Median	0.000 041	0.000 035	−0.166 9
			Mean	0.003 483	0.002 732	(0.867 4)
			Std. dev.	0.038 61	0.023 35	
H8	<	SIZE	Median	9.094 192	9.122 034	1.026 6
			Mean	9.124 435	9.165 130	(0.304 6)
			Std. dev.	0.426 71	0.414 20	
H9	<	NUMD IR	Median	9.000 000	9.000 000	0.552 0
			Mean	9.347 356	9.379 581	(0.580 9)
			Std. dev.	2.639 74	2.414 94	
H10	<	BIGAU10***	Median	0.000 000	0.000 000	$\chi^2$0.233 1**
			Mean	0.318 510	0.332 461	(0.629 3)
			Std. dev.	0.466 18	0.471 71	

*该 P 值为双尾检验,显著水平为 0.01。**因该变量是属性变量,即哑变量,无法采用 Wilcoxon 进行差异的显著性检验,故采用 χ^2 检验。***这里的 10 大会计师事务所排名来自于 2003 年 2 月 10 日的《21 世纪经济报道》。

表2描述了各解释变量之间的相互关系,由于许多变量之间都存在着相互关系,所以,但变量的分析结论还是有限的,为了检查多种变量对公司成立审计委员会的共同影响,下面进行 Logistic 多元回归分析。

2. Logistic 多元回归分析

如果公司有审计委员会,就将因变量(审计委员会)设定为 1,否则设为 0,Logit Model 如下:

$$\text{logit}(P) = a + B1\text{NUM SH} + B2\text{NUMFL SH} + B3\text{M GTRL} + B4\text{L EV} + B5\text{AIP} + B6\text{SIZE} + B7\text{NUMD IR} + B8\text{NUMOU TD} + B9\text{BIGAU10}$$

P 是因变量为 1 的一种概率。除了管理层拥有的股权数(M GTRL)和公司现存资产规模(AIP)的系数为负的外,其他系数均为正。

270

表 2　　独立变量之间的相关性 (Pearson Correlations)

	NUMSH	NUMFL SH	LEV	AIP	BIGHOD	NUMOUTD	DCTRL	SIZE	NUMDIR	BIGAU10
NUMSH	1.000 00									
NUMFL SH	-0.048 16 (0.093 5)	1.000 00								
LEV	-0.105 96^a (0.000 2)	-0.098 23^a (0.000 6)	1.000 00							
AIP	0.133 65^a (<.000 1)	-0.105 46^a (0.000 2)	0.034 96 (0.223 6)	1.000 00						
BIGHOD	0.048 16 (0.093 5)	-1.000 00^a (<.000 1)	0.098 23^a (0.000 6)	0.105 46^a (0.000 2)	1.000 00					
NUMOU TD	-0.034 52 (0.229 3)	0.036 00 (0.210 0)	0.046 60 (0.104 6)	-0.003 74 (0.896 5)	-0.036 00 (0.210 0)	1.000 00				
DCTRL	-0.088 01^a (0.002 1)	-0.075 52^a (0.008 5)	0.192 09^a (<.000 1)	0.031 00 (0.280 5)	0.075 52^a (0.008 5)	0.046 58 (0.104 8)	1.000 00			
SIZE	0.695 94^a (<.000 1)	0.015 90 (0.579 9)	-0.160 38^a (<.000 1)	0.130 03^a (<.000 1)	-0.015 90 (0.579 9)	-0.017 18 (0.549 7)	-0.071 14^b (0.013 2)	1.000 00		
NUMDIR	0.199 43^a (<.000 1)	-0.106 54^a (0.000 2)	-0.006 69 (0.815 8)	0.076 92^a (0.007 3)	0.106 54^a (0.000 2)	-0.549 41^a (<.000 1)	-0.051 21^a (0.074 5)	0.247 61^a (<.000 1)	1.000 00	
BIGAU10	0.139 58^a (<.000 1)	-0.032 12 (0.263 5)	0.001 98 (0.945 1)	-0.023 20 (0.419 4)	0.032 12 (0.263 5)	-0.003 85 (0.893 5)	0.054 30^a (0.058 6)	0.158 50^a (<.000 1)	0.086 30^a (0.002 6)	1.000 00

a 在 0.01 水平显著。
b 在 0.05 水平显著。

271

我国公司成立审计委员会动机的实证研究

表 3   **logit** 回归分析

假 设	变 量	预测符	Coefficients(P 值)
H1	LOG(NUMSH)	+	$-0.113\ 4$
			$(0.629\ 4)$
H2	NUMFL SH	+	$0.015\ 6$
			$(0.970\ 0)$
H3	L EV	+	$-0.367\ 2^{c}$
			$(0.096\ 9)$
H4	AIP	−	$0.252\ 5$
			$(0.437\ 6)$
H5	BIGHOD	+	0
H6	NUMOU TD	+	$3.346\ 8^{b}$
			$(<.000\ 1)$
H7	DCTRL	−	$5.425\ 0$
			$(0.119\ 4)$
H8	LOG(SIZE)	+	$0.091\ 0$
			$(0.682\ 6)$
H9	NUMDIR	+	$0.084\ 0^{b}$
			$(0.006\ 9)$
H10	BIGAU10	+	$0.018\ 5$
			$(0.892\ 4)$
Constant			$2.246\ 6$
			$(2.102\ 6)$
Somer's Dxy[a]			0.206
R^2			$0.051\ 4$

a 用来评价模型的预测能力。
b 在 0.01 水平上显著。
c 在 0.1 水平上显著。

从上述模型的实证结果来看,董事会人数(NUMDIR)与外部董事的比例(NUMOUTD)在 0.01 的水平上比较显著,资产负债率(LEV)虽然在 0.1 水平上显著相关,但其符号与预测符号相反,这与本文假设的代理理论不符。该实证结果仅支持假设 6 和 9,其他假设均不支持。与单变量分析不同的是多元回归的结果不但支持 H6,还支持 H9。

由于董事人数与外部董事的比例密切相关(见表 2),为了检查董事人数或

外部董事对成立审计委员会的边际贡献,可如下横截面回归:

$$NUMDIR=a+bNUMOU\ TD$$

对该方程进行回归后,得到 $a=12.643\ 69$,$b=-12.518\ 03$。t 值分别为 80.93 和 -22.89,调整后的 $R^2=0.301\ 3$,F 统计量为 524.02 并在 0.01 水平上显著。根据这个结果,剩余的 NUMDIR(NUMDIRRES)如下:

$$NUMDIRRES=NUMDIR-12.643\ 69+12.518\ 03NUMOU\ TD$$

用 Wilcoxon 对成立审计委员会公司的 NUMDIRRES 和没有成立审计委员会公司的 NUMDIRRES 之间的差异进行测试,得到 Z 统计量为:3.059 4 $(P=0.002\ 2)$。该结果表明在考虑外部董事比例的情况下,董事会的人数对成立审计委员会具有边际贡献。也就是说,某公司只要有足够规模的董事会,即使没有相当比例的外部董事,仍然具有成立审计委员会的可能性。

下面我们再来考虑外部独立董事的边际贡献率。先作如下横截面回归:

$$NUMOU\ TD=a+bNUMDIR$$

对该方程进行回归后,得到 $a=0.488\ 16$,$b=-0.024\ 11$。t 值分别为 47.76 和 -22.89,调整后的 $R^2=0.301\ 3$,F 统计量为 524.02 并在 0.01 水平上显著。根据这个结果,剩余的 NUMOU TD(NUMOU TDRES)如下:

$$NUMOU\ TDRES=NUMOU\ TD-0.488\ 16+0.024\ 11NUMDIR$$

同样,用 Wilcoxon 对成立审计委员会公司的 NUMOU TDRES 和没有成立审计委员会公司的 NUMOU TDRES 之间的差异进行测试,得到 Z 统计量为:3.294 5$(P=0.001)$。该结果表明在考虑董事会人数的情况下,外部董事的比例对成立审计委员会也具有边际贡献。也就是说,某公司只要有一定比例的外部董事,即使没有相当规模的董事会也会成立审计委员会。

四、结论和政策建议

本论文调查了公司特征和成立审计委员会的关系。使用公司的特征是为

我国公司成立审计委员会动机的实证研究

了调查公司成立审计委员会作为监管机制是否具有提高财务报告质量的动机，本论文还调查了大股东、董事会、经济规模与大的会计师事务所对公司成立审计委员会的影响。

从实证结果可以看出，无论是单变量分析还是多变量回归分析，与财务报告质量相关的股本额（NUMSH），流通股比例（NUMFL SH），资产负债率（LEV）和现存固定资产比率几个变量都与公司成立审计委员会无关，说明我国公司成立审计委员会没有提高财务报表质量的动机。此外，大股东和企业规模以及大的会计事务所与公司成立审计委员会的关系都不显著，说明我国公司成立审计委员会不受大股东、经济规模和大的会计师事务所的影响。

由于统计结果显示董事会人数和外部独立董事的比例与成立审计委员会相关，说明我国公司成立审计委员会是在董事会和外部独立董事的影响下成立的。这说明：

（1）随着董事会规模的增加，为了监管公司已审计财务报告的质量和内部控制，公司会有动机成立审计委员会作为一个有效的监管机制。

（2）大的董事会更可能具有独立董事，董事日益增加的职责，使得董事会成员，特别是独立董事有动机通过成立审计委员会以表明其应有的关注和职业谨慎。

（3）经营管理决策（执行董事）与控制决策的分离（外部董事）是激励董事会成立审计委员会的又一动机。

我国公司成立审计委员会虽然与董事会和独立董事直接相关，但不可否认，我国的管制机构对董事会施加的影响。我国公司成立审计委员会，包括董事会吸纳独立董事都与管制部门出台的政策相关，所以，不排除我国公司成立审计委员会具有安抚媒体，装饰门面的嫌疑。

但调查结果确实说明我国公司成立审计委员会没有提高财务报表质量的动机，这应是我国管制部门值得注意的问题。从我国出台的《上市公司治理准则》来看，虽然准则并无强迫公司成立审计委员会，但它诱导了某些公司盲目跟风，这不一定是好事，因为成立审计委员会的好处是为了提高公司财务报告的质量。成立审计委员会也是有成本的，如果公司成立审计委员会不是为了得到

274

提高财务报告质量的好处的话,可能会增加某些上市公司的负担。从这一点来看,还需监管部门进一步研究规范哪些上市公司必须成立审计委员会,哪些上市公司可以根据自身情况自主决定。

在日益复杂的经济环境下,在公司内部设立审计委员会的独立性机构,作为公司治理的一个重要环节,对于缓解信息不对称、保护投资者利益无疑是非常重要的。鉴于审计委员会所处的特定位置(既受到一定的外部规范,同时在很大程度上需要遵守内部的章程),为了不使我国公司审计委员会流于形式,完善相应的准则、在必要的程度上明确其应该承担的法律责任是必要的。目前我国正在推广的上市公司治理结构在很大程度上借鉴了美国经验,但是我们应该看到我国的审计委员会制度刚刚起步,在形式上与西方国家相比还有许多不足。有关审计委员会独立性以及审计委员会成员的轮换制度、报酬和持股等方面的规定尚不明确。

总之,我国公司审计委员会制度刚刚起步,尚有许多问题需要探讨。目前对已成立审计委员会的公司,其审计委员会是否有效,还需假以时日等待验证。

参考文献

[1] Don Anderson, Jere R etc., Auditing, directorships and the demand for monitoring, Journal of Accounting and public policy, 12, 1993.

[2] Krishnagopal Menon and Joanne Deahl Williams, The use of audit committees for monitoring, Journal of Accounting and public policy 13, 1994.

[3] Michael E Bradbury, The incentives for voluntary audit committee formation, Journal of Accounting and public policy, 9, 1990.

(本文原载《审计研究》2004 年第 1 期)

我国公司成立审计委员会动机的实证研究

会计管理中的风险控制

【摘要】 会计管理的本质是控制,有效地控制风险是现代会计管理的核心内容。要实现会计管理的风险控制功能,就必须了解现代企业风险的模式,认识企业经营风险的基本特征,建立会计管理与风险控制相结合的制度。

【关键词】 会计管理;企业风险模式;经营风险的基本特征;风险控制

【中图分类号】 F23 【文献标识码】 A 【文章编号】 1009 - 6701 (2007)04 - 0003 - 04

一、会计管理的本质是控制

对生产经营活动进行有效的控制是会计管理的重要职能。会计的基本方法,都是围绕控制来开展的。现代COSO的内部控制《企业风险管理框架》中所提出的"控制环境"、"目标制定"、"风险评估"、"事项识别"、"风险反应"、"控制活动"、"信息与沟通"和"监督"等要素又大大地丰富了现代会计管理的内容。

二、有效地控制风险是会计
管理的核心内容

在现代市场经济条件下,企业的一切生产经营活动,无论是人力、物力、财力的管理,还是投资、销售、供应、成本等活动,均具有不确定性,均有蒙受损失的机会与可能。因此现代会计管理应该以风险控制作为其核心内容。

会计管理在控制风险、规避风险方面,应充分认知、深刻推究企业发生风险的缘由,分析风险的性质(即"格风险之本")进而有的放矢采取有效的控制措施,规避风险,力求使风险损失降到最低限度,并进一步研究如何寻求有利于转化风险的因素,挖掘各方面创新的潜力,否极泰来,开创新局面,使风险转化为企业创新的亮点,从而提出新目标,促使企业获得新的飞跃的实绩(即"致风险转化之实")。《礼记·大学》中指出"物有本来,事有始终……"人们如能对企业风险如切如磋、如琢如磨地研究分析,进行"格物",就能"致知"。即做到《大学》中所提出的"致知在格物"。会计管理是一门对过程进行控制、实现"观念总结"的科学,所以对风险这一企业常见的事物进行研究,分析其本来,确定其源由,提出控制与未来化的建议,必然是会计管理的一项重要职能。

三、现代企业风险的模式

现代企业的风险,大致可以分为:企业外部的环境风险、企业经营的风险以及企业决策的风险等三大类。企业经营风险又可具体分为业务风险、权职风险、信息处理及技术风险、诚信风险、财务风险、投资决策及情报风险、税务风险、战略风险等。

现参考有关资料,列出现代风险模式如图所示(见下页)。

四、企业经营风险的基本特征

要认知与推究风险的本末,应先了解风险的基本特征,不论是何种企业,其经营的风险一般具有以下特征。

1. 风险的普遍性

企业的风险存在于内部,也存在于外部,不仅公司的董事会、经理的工作有风险,企业的各个职能部门、各个业务环节也都存在风险。

2. 风险的多样性

企业的风险具有多种多样的表现形式,甚至一种风险也会呈现多种表现形式。如销售风险,可表现为同业降价竞争的风险、市场份额变化的风险、购货客户发生坏账的风险、销售人员失职的风险等。

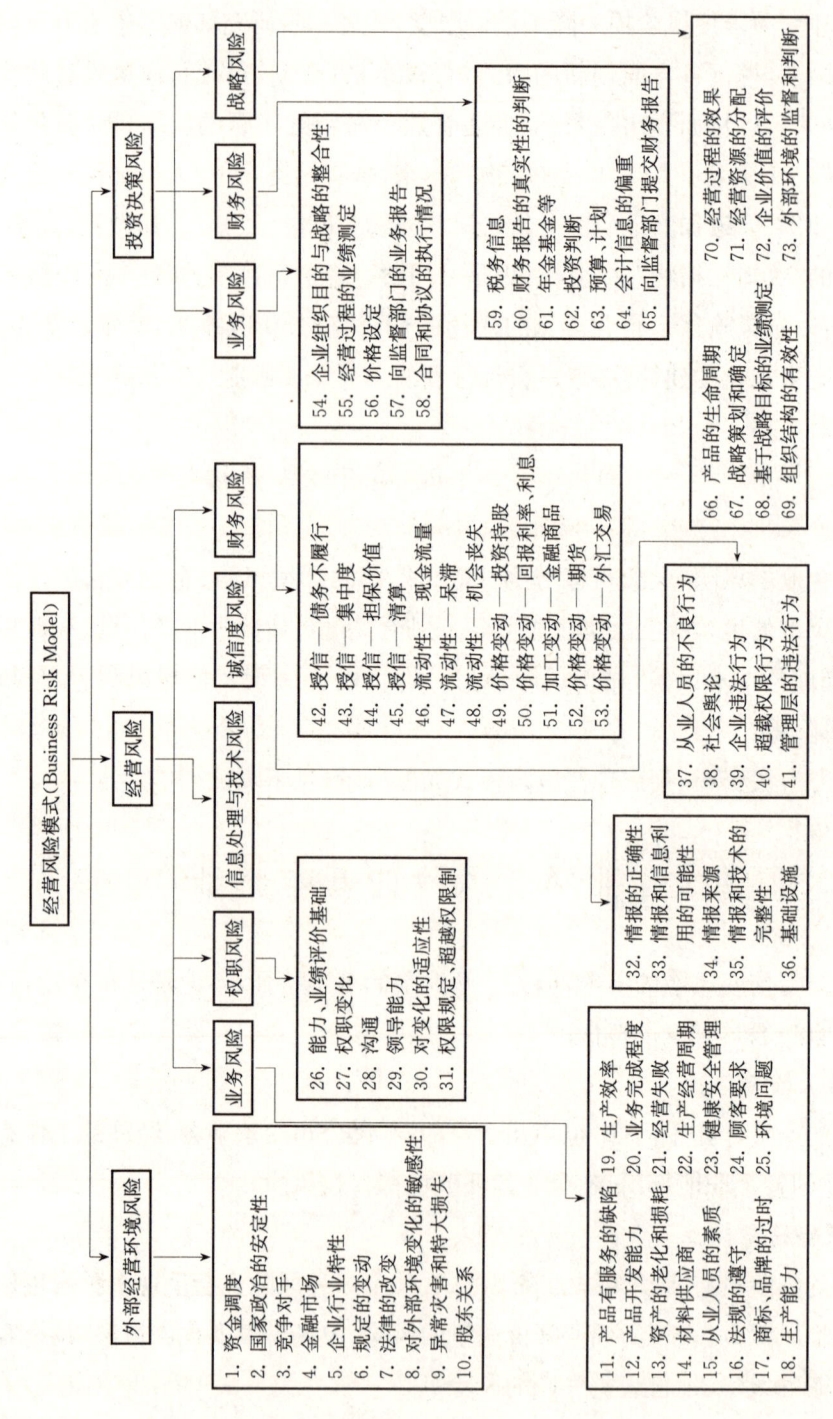

企业风险模式

资料来源：朝日：日本东洋经济新报社 2003 年，第 222 页。

3. 风险的可变性

随着经营环境的变化，一种风险会转化或扩展成为另一种或几种风险。例如企业销售市场占有率降低，就发生销售风险，销售量减少，会产生资金周转与维持困难，从而出现资金风险，进而发生信用风险……

4. 风险的突发性

现代社会经济越发展，市场的变化也越频繁，有时企业会遭遇到突如其来的外来风险，包括经济政策、法律变化或突发灾害、战争等，例如 20 世纪 90 年代由于国际投机大鳄引起的恶性金融投机，使不少国家及企业深受其害，产生巨大的损失。

5. 风险的隐蔽性

有些经营风险具有较大的隐蔽性，风险控制要对隐蔽风险进行密切关注，及早发现风险，防患于未然。

6. 风险的双重性

风险往往会使企业发生损失，影响到企业目标的实现。但"祸兮福所倚，福兮祸所伏"这辩证地阐述了风险的双重性。对风险进行控制，就可提出监督措施使之发生转化（转祸为福）。

7. 风险的可控性

风险固有其突发性、隐蔽性，但是随着科学的进步，人们经验的积累对客观事物认识的深化，使风险可以被预测和控制。例如，过去对天灾只能"听天由命"，现在已可为人们预作测知，使不可控的风险转为可控。

8. 风险的复杂性

有些风险比较单纯，但有些风险是复杂的，往往是由多种因素交织而成的。例如企业经营中经常遇到的外汇汇率风险、能源价格变动、股票涨跌等。既有经济因素，也有政治因素；有国内因素，也有国际因素，所以有些风险是复杂而多变的。

认识风险的特征，有助于对企业风险进行辨认和分析，提高我们控制风险的能力。作为企业管理手段之一的会计，要从会计和各种业务信息中揭示潜在风险，揭露矛盾，去粗存精，去伪存真，对各种矛盾由此及彼、由表及里地进行分析,使会计真正起到"总结观念"的作用,从而为企业提供有效决策的依据,这就是"格风险之本,致风险转化之实",使企业管理创造出企业创新发展的物质力量。

五、建立会计管理与风险控制相结合的制度

国外会计学术界及实务部门已把风险管理列为公司治理中的重要课题,并根据 COSO 的风险管理框架,提出了《企业综合风险管理》(Enterprise Wide Risk Management)的命题,强调要从竞争优势的观点出发,切实掌握和管理企业经营风险,抓住创造企业价值的机遇,把风险控制实施行为融合在企业会计管理及企业经营管理之中。

为了使风险控制与会计管理相结合,国外会计实务部门提出过一系列措施与方法,并形成相应的制度。现结合个人认识提出以下一些设想:

(1) 对企业员工宣传企业控制的目标、要求,统一全体员工对风险控制的认识。具体包括:提出风险管理的战略目标、实施步骤;明确企业各部门实行风险控制的分工、职责、考核措施等;制定实施风险管理的奖惩办法。

(2) 建立风险控制的组织机构。建立企业领导部门执行风险管理及监督的组织;规定财务总监在风险管理中的职权;建立以会计管理为主导的信息收集、捕捉及沟通制度,建立行之有效的"用账"措施,发挥会计信息在风险控制决策中的作用。

(3) 会计人员本身要树立广义的会计理念,要广泛地把财务会计、成本会计、管理会计、审计(包括内部审计)融为一体,不能把会计仅理解为记账、算账、报账,而应把会计理念扩大到建账、用账和查账,应用所有的信息于风险管理。务必使会计部门在风险控制过程中处于主导地位。

(4) 建立风险管理的评价制度。建立风险管理的评价机构、组织、人员分工;确定风险管理评价的标准指标体系;确定评级的时限、评价程序、评价方法;确定评级总结方案。在总结中摸索出控制风险的规律,实现观念总结的要求。

（5）建立风险评价后的企业创新、转化及获致成果、实践的制度,包括提出挖掘潜力的方案,促进增值的措施,作出创新增值的战略规划和近期的实施目标。

总之,会计部门要在以上每一步工作中,控制风险,发挥其应有的"过程控制及观念总结"的作用。

（本文原载《上海立信会计学院学报》2007 年第 7 期）

Due professional care of certified public accountants in the People's Republic of China

Abstract It is believed that the rapid development of the market system in China should encourage Chinese Certified Public Accountants to examine themselves and recognize the importance of exercising due professional care, in order to develop in an international and healthy manner. The lack of consciousness of what "due care" is and what comprises the legal standards of due care contributes to confusion about its role. In order to promote the consciousness of audit liability, the law needs perfecting and, technical standards, audit theory, and court procedures need improvement before resolution of the auditors' liability issue can be achieved.

Basic implication of due professional care

Due professional care is a legal concept of concern to all professions. Although there is no generally accepted and authoritative expression on what is due care, in judicial practice, a common agreement is gradually being formed. The explanation in Cooley on Torts is the most typical one. It is expressed as follows:

"Every man who offers his service to another and is employed assumes the duty to exercise in the employment such skill as he possesses with reasonable care and diligence. In all these employments where peculiar skill is prerequisite, if one offers his service, he is understood as holding himself out of the public as possessing the degree of skill commonly possessed by others in the same employment, and, if his pretensions are unfounded, he commits a species of fraud upon every man who employs him in reliance on his public profession. But no man, whether skilled or unskilled undertakes that the task he assumes shall be performed successfully, and, without fault or error. He undertakes for good faith and integrity, but not for infallibility, and he is liable to his employer for negligence, bad faith, or dishonesty, but not for losses consequent upon pure errors of judgement. "

According to the above quote, we can summarize the legal implication of due care, as including:

1) holding oneself out to the degree of skill commonly possessed by others in the same employment;

2) exercising in the employment such skill as is possessed with reasonable care and diligence;

3) good faith and integrity.

The concept, which is explained in terms of law, is applicable to any profession.

Actually, the requirement and explanation of due professional care varies from one profession to another by reasons of the speciality of one profession being different from another. Due professional care, therefore, must be explained and required in terms of the character of the profession. For the CPA profession, it is a common problem how to understand "due care". A special discussion on due care of the CPA profession is made in the Philosophy of Auditing by R. K. Mautz and H. A. Sharaf. They argued that a concept of due audit care can be divided into two parts; the first calls for the establishment of

Due professional care of certified public accountants in the People's Republic of China

the idea of a prudent practitioner, the second for an indication of the care with which he or she will perform under varying conditions.

Recalling the history of auditing, it is clear that the definition of "reasonable care" is all along the privilege of the courts, beginning in 1895 with the decision of London and General Bank case in England which first imposed liability on auditors. In fact, the western CPA professionals did not have the ability to explain what due care was at that time; they, therefore, had to take orders from the judicial conclusions. For example, the decisions from McKesson & Robbins (USA, 1938) was the auditors should count inventories and confirm account receivables so that auditors could firmly believe them to be true and existing. Failure to implement these audit programs meant that auditors had not maintained due professional care. It is from hundreds of decisions from audit cases in the UK, USA, Australia, Canada and other Commonwealth nations, that the interpretation of the concept of audit care is made more and more definite, and is further developed. These conclusions make up the specific requirement of audit care that auditors should maintain when engaging in the examination of cash, accounts receivable, inventory and fixed assets. These specific and abundant expressions on audit profession care and competence are the important base for auditing standards. In fact, when the audit standards were established, these judgements of the courts had become general audit practice, compiled into the auditing literature.

In some circumstances, the concept of professional care is the same as legal care, and they interact. So the courts evaluate whether an auditor reaches the legal standards of professional care in the light of professional practical standards, especially professionally authoritative statements. For example, in Pacific Acceptance Corporation Ltd. v. Forsyth and Ors (England, 1970), the higher court in New South Wales said that the standards and practice, which were established in terms of current circumstances by the profession, provided the courts with a true guideline on what is reasonable care, whether now or in the past. But the legal concept of care is not wholly consistent with the professional concept of care by reason that the concept of professional care is mainly affected by the rules of law and the conclusions of courts, which sometimes go beyond the established professional standards, or involve some events which are not explained or required by professional statements. In this condition, the explanation on the basis of law is authoritative; professional standards should be revised or replenished. An auditor, who does not comply with the professional standards, is not able to interpret clearly that what has been done is in keeping with the requirement of law.

The explanation of audit professional care in a professional rather than judicial manner indicates not just that auditing standards have become the foundation for judging auditors' liability, but also that the audit profession has matured and the position of auditors has been enhanced.

Legal liability of due professional care

The Western auditors' legal liability

In the West, there are two main laws, one is called common law, or case law. Common law evolves From judicial rulings on matters of law in specific cases. The rulings judged by different cases often vary from one area to another, From one court to another, from one time to another. As a result the decisions are affected by the environment, the lawyer and the view and authority of the judiciary. Common law may be modified with the change of environment and the improvement of cognitive ability. Especially, common law evolves from judicial rulings on matters of law in specific cases; its adaptability must be considered in performance of the common law. The other is called

Due professional care of certified public accountants in the People's Republic of China

statutory law, which is established and issued by the local legislative assembly or federal legislative in accordance with the legislative process, the examples of which are the Securities Act and the Securities Exchange Act of America. The auditors' liability are regulated by these laws.

The legal liability held by CPAs are divided into civil liability and criminal liability, which are discussed respectively as follows.

Civil liability under common law

According to common law, CPAs should be liable to clients and the related third party when engaging in auditing. Unlike the contractual relationship between CPAs and clients there is no contract between CPAs and the related third party; there is a difference between auditors' liability to clients and to the third party.

Civil liability to clients under common law

Under common law, auditors are liable to clients for breach of contract and also for tort action for negligence.

Contractual liability occurs when CPAs fail to fulfil the requirements of a contract in the performance of their work. Under contract law, two parties to a contract have rights defined in the contract; the relationship between them is often called "privity among legal beneficiaries". This right also exists in tort action for negligence. Because there is an engagement letter, if auditors fail to exercise due care, clients can claim against auditors on the basis of this right. It should be noted that auditors wrongful acts or negligence may result in breach of contract and also tort action for negligence; the lawsuits can be in two respects by clients. For example, in the National Surety Co. v. Lybrand case (USA, 1939), the client alleged that the auditor was guilty of the following:

1) not properly performing audits in accordance of the contract;

2) not assuring items in the auditor's report;

3) negligence for work; and

4) stating wrongfully material facts with the purpose of deceiving the auditor's report.

The first two belong to liability for breach of contract; the latter two belong to tort action for negligence.

Civil liability to third party under common law

A CPA may be liable to the third party if a loss was incurred by the claimant due to reliance on misleading financial statements. Suits of this type have increased as a result of a number of judicial decisions beginning in the 1960s that expanded the class to whom the auditor owed a duty of care and also raised the level of care owed to third parties. Today an auditor generally is liable for ordinary negligence to parties the auditor specially knows may rely on an audit opinion (primary beneficiaries), as well as to any reasonably limited and reasonably definable class of persons the auditor might expect to rely on the opinion (foreseen third parties). Liability for gross negligence and fraud extends to all third parties, including merely foreseeable third parties.

Civil liability under statutory law

Compared with common law, the responsibility sections in the statutory law are more distinct and definite; the auditor's legal liability and object of liability are also more definite. In the USA, the principal laws which have effect on CPAs are the Securities Act of 1933 and the Securities Exchange Act of 1934.

Civil liability under the Securities Act of 1933

The Securities Act of 1933 in the USA, which has decisive effect on the

Due professional care of certified public accountants in the People's Republic of China

management of the America Capital market, is called "Truth in Securities". It regulates public offerings of securities and contains provisions intended to protect those who acquire securities by purchase or merger in a way of fully and fairly disclosing related information and prohibiting wrongfully stating with deceiving purpose.

In the USA, the Securities Act of 1933 imposes civil liability on auditors. Section 11(a) reads, in part, as follows:

"In case any part of the registration statement ... contained an untrue statement of a material fact or omitted to state a material fact required to be stated therein or necessary to make the statements therein not misleading, any person acquiring such security may sue every accountant who has with his consent been named as having certified any part of the registration statement with respect to the statement in such registration statement which purports to have been certified by him."

Thus, Section 11 imposes civil liability on auditors for any person who purchases securities stated on the registration statement. At the same time, the objective of the work the auditor engages in is completely definite – public offerings of securities, the object of liability – shareholders – is also clear. CPAs must hold liability to purchasers for ordinary negligence. The case of Escott v. Bar Chris Construction Corporation (1968) helps to understand the liability. The Bar Chris case was a class action against a bowling alley construction corporation that had issued debentures and subsequently declared bankruptcy, and against its auditors. The suit was brought by the purchasers of the debentures for damages sustained as a result of false statements and material omissions in the prospectus contained in the registration statement. The court ruled that the auditors were liable to the securities investors for ordinary negligence on the grounds that they had not met the standard of "due diligence" in their review for subsequent events occurring up to the effective data of the registration statement.

Civil liability under the Securities Exchange Act of 1934

The 1934 Act, which requires all companies whose securities are traded on national and over-the-counter exchanges to submit annual audited financial statements (10-k) and quarterly (10-Q) and other financial information, regulates trading of securities and thus has broad applicability. Auditors' liability under the 1934 Act is to audit the financial statement of the company whose securities are traded.

The majority of civil lawsuits against auditors have been based on Section-b and Section 18. Rule 10-b, which is a section for protecting the purchasers and sellers of the securities against being deceived, prevents the auditors and others from manipulating and defrauding, Section 18 is a section which guarantees the investors not be influenced by false and misleading statements.

Criminal liability

Worldwide there have been few criminal actions involving auditors. John C. Burton, former Chief Accountant of the SEC stated that:

"while virtually all Commission cases are civil in character, referrals in regard to accountants have only been made when the commission and the staff believed that the evidence indicated that a professional accountant certified financial statements that he knew to be false when he reported on them, and he should be subjected to criminal penalties (fines of up to $10,000 or imprisonment for not more than five years, or both)."

Four of the most widely publicized criminal prosecutions in America were Continent Vending, Four Seasons, National Student Marketing, and Equity Funding, which together produced the conviction of eight individuals. The consequences of criminal prosecution to an auditor may go beyond the obvious

Due professional care of certified public accountants in the People's Republic of China

ones of the costs of defence and the resultant fines and imprisonment. A successful criminal prosecution may help to establish civil liability and will generally preclude the individual from continuing to practise as an auditor.

In the USA, Section 24 of the 1933 Act and Section 32 of the 1934 Act, as well as the Federal Mail Fraud Statute and the Federal False Statement Statute, are the most relevant federal laws affecting auditors. All make it a criminal offence to defraud another person through knowingly being involved with false financial statements.

The increase in the number of lawsuits filed against auditors has been so tremendous that it has been described as a "litigation explosion". The litigious environment has encouraged the public accounting profession as a whole and individual firms to take action to minimize liability while meeting society's needs. A summary of several of these practices is included at this point:

— Obtain an engagement letter. The letter is essential in defining obligation, objective, and scope of client and auditor. It is helpful especially in lawsuits between the client and auditor, but also in third-party lawsuits.

— Follow the standards of the profession. Though some courts' requirements of auditors may go beyond the auditing standards, most think that auditing standards are the standard auditing model which must be complied with by auditors.

— Quality control. Quality control is the most effective measure to reduce the likelihood of lawsuits for all firms. All firms are required to establish quality control policies and procedures.

— Put the development of the firm and quality control into a state of balance. It is essential for a CPA firm to have adequate assurance on the quality of audit work when it enlarges its business size.

In all, for a firm as well as an individual, the best way to avoid violating the law is to comply with the professional technical and ethical rules, to formulate and implement policies and procedures, to guarantee that the audit is conducted and planned in a systematic manner, that the audit is performed by the auditors who understand the client's business, that evidence is appropriately accumulated and objectively evaluated, and that the work is properly documented.

Auditors legal liability in China

The foreign auditors professions are faced with the "litigation explosion", even more bankruptcy, which has had an effect on the Chinese CPA profession. As a result of that, more attention is paid to the auditors' liability, accompanied by the shock wave of litigation explosion and that the Chinese CPA profession has developed substantially, with the development of the Chinese economy. That is to say, for clients and related beneficiaries, auditing is not only considered as a requirement of law, but also a method to be used to protect themselves from being deceived and to evaluate the reliability of information in financial statements. While their interests are damaged as a result of auditors' negligence, they may respond to the auditors' action, increasingly bring the lawsuits against the auditors. The typical cases, in which auditors' (individuals and firms) legal liability were first imposed in China, are Shenzhen Yuanye Corporation (China, 1992) and Beijing Changcheng Corporation (China, 1993), which are important examples in the history of Chinese CPAs' liability. The lawsuit itself was negative, but the effect and shock caused by it will be positive. It first indicated that more and more stress is laid on the CPA profession, which has really been regarded as an important part of the social and economic control system, whose function, obligation and legal liability are required to be defined. Then, it will promote the CPA professionals to respond to a series of issues on auditing theory and practice in a positive and rapid manner; the level of auditing theory and practice, therefore, is expected to be raised. Third, it will formulate a kind of regular order where society is

Due professional care of certified public accountants in the People's Republic of China

supervised, based on legal and administrative supervision. Lastly, it will expand Chinese CPAs' international influence and enhance Chinese CPAs' international standing.

In general, the more rapid the development of CPAs, the more outstanding the contradiction of auditors' liability. In the past years, with the development of the stock exchange system and the carrying out of the experiment of the trading of securities in Shanghai, Shenzhen, etc. , the formulators of the constitutional laws and regulations began to pay attention to auditors' liability, which provide certain principles for the judgement of auditor's liability.

Legal liability under the law of the People's Republic of China on CPAs

The law of the People's Republic of China on CPAs (hereinafter referred to as "CPAs law") is an important law which regulates the development of CPAs in China as well as the action of firms and individuals. The issue and enforcement of the CPAs law is a milestone in the history of the development of Chinese CPAs profession, which indicates that Chinese CPAs have paved the legal and regulative way, and also provides auditors' liability with a direct legal foundation.

Articles 14 and 15 of the CPAs law regulate the business scope of CPAs, including auditing, accounting and consulting. Article 16 – 2 imposes civil liability for the business undertaken by its auditors.

The CPAs law especially regulates the obligation of CPAs when conducting audits. Article 20 states that when encountering one of the following situations in performance of auditing, the auditor should refuse to give a certificate:

— clients give the auditor a tip to make an untrue or inappropriate statement;

— clients do not provide related accounting information and documents on purpose;

— the auditor's report cannot truthfully disclose the material items of financial accounting by reasons of clients' other unreasonable demands.

Article 21 regulates that while performing audit, auditors must give a report in accordance with audit process specified in professional standards or regulations, and should not commit any of the following acts:

— failure to make any statement that the client's accounting treatments on important items conflict with regulations specified by the nation in which the auditors knew all the relevant facts;

— concealing the truth or giving an untrue report in which auditors knew accounting treatments handled by clients would cause harm to the users of the report or other related beneficiaries;

— failure to point out that financial accounting treatments handled by clients will mislead the users of the report or other related beneficiaries in which the auditors knew all the relevant facts;

— failure to show clearly other material false items contained in financial statements while auditors knew the facts.

The regulations specified in the preceding article are applicable to the circumstance where auditors have no evil intention, but if they follow professional standards or regulations they should know the clients' acts specified in the preceding Article. While an auditor or a firm commits an illegal act as specified in Articles 20 and 21 of this law, a legal liability shall be imposed on the auditor and firm respectively. Article 39 states that where the firms commit the illegal acts specified in Articles 20 and 21 of this law, the firms may be issued a warning, have illegal gains expropriated, as well as have imposed a fine of from one time to not more than five times the amount of illegal gains. The finance bureau above the province level may, for serious cases, temporarily suspend the firm from doing any audit, or cancel the firm.

Due professional care of certified public accountants in the People's Republic of China

For an auditor who commits an illegal act specified in Articles 20 and 21 of this law, a warning may be issued by the finance bureau above the province level. If the case is serious, he or she shall be temporarily suspended from doing any business, or the CPA licence shall be revoked by the finance bureau above the province level. An auditor or a firm, giving an untrue audit report or verification of capital report on purpose, commits an illegal act as specified in Articles 20 and 21 of this law. If such act constitutes an offence, a criminal liability shall be imposed. Article 42 of CPAs law states that a firm, whose acts cause damage to the client or related beneficiaries, should compensate for the loss.

In general, CPAs law regulates CPAs' professional and legal liability. Though the regulations of CPAs law should be more detailed, it provides Chinese CPAs' legal liability with a direct legal base.

Legal liability under Provisional Regulations of the Public Offerings of Securities and the Management of Trading of Securities (hereinafter referred to as Securities Regulations)

Article 73 of the Securities Regulations issued by the State Council of China states that a CPA firm, a business valuation agency or a lawyer office which commits an illegal act as specified in these regulations and certifies a document which contains false, misleading (or has omitted) statements shall be issued a warning, be expropriated from illegal gains or have imposed a fine, or both, in accordance with the circumstance. If the case is serious, its business of securities shall be temporarily suspended, or its licence of engagement in securities shall be revoked. The auditor, or lawyer, who is directly subjected to the act specified in the preceding article, shall be issued a warning, or have imposed a fine from Renminbi 30,000 *Yuan* to Renminbi 300,000 *Yuan*. If the case is serious, the licence of business of securities shall be revoked. Article 77 of the Securities Regulations states that a wrongful act, which causes harm to another party by reason of violating this regulation, should recover this loss. Article 78 of the Securities Regulations allows for criminal liability.

In summary, China's laws and regulations have basically regulated the legal liability of CPAs. But as a whole, these are vague. In order to promote the consciousness of audit liability, there are many problems to be solved, which include the perfecting of law, the design of technical standards, the formulation of audit theory, the improvement of the level of public knowledge and the practice of court trials. The settlement of these issues will help us to get closer to solving the auditors' liability issue.

Zhendan Xu, Rong Xie, Chunyuan Hu. Managerial Auditing Journal. Bradford: 1997. Vol. 12, ss. 4/5; pg. 214

Due professional care of certified public accountants in the People's Republic of China

伟业谱华章　正气凌云天

——赞国家审计署成立二十年

二十年前,国家审计署成立。它像喷薄而出的朝阳,光芒四射,把审计事业升腾于中国的大地。

二十年来,审计署在全国范围内领导并开展了政府审计、内部审计和社会审计,对政府部门、企事业单位的各项经济活动的真实性、合法性、效益性进行审核、鉴证和评价。除腐恶,横扫魑魅魍魉,有效地保护了社会主义财产免受损害,促进了经济效益的提高,为国家建设做出了巨大的贡献。

二十年来,广大的审计工作者,不畏艰辛,兢兢业业地工作,金戈铁马,驰骋于全国各地,赤胆忠心为保护国家财产而战斗。他们志与秋霜洁,正气凌云天。

二十年来,审计署在开展审计工作的同时,狠抓审计理论建设。成立审计学会,编著审计书刊,并与国际学术界结合,广泛开展审计学术讨论,使中国的审计理论发展与国际保持同步。与此同时,审计署着力审计制度建设,制定了一系列审计法规和审计准则,使广大审计工作者在实施审计时有章可循,有法可依,从而有效地提高了审计质量,保证了审计工作的有序实施,促进了被审计单位管理素质和管理水平的提高,也有利于促进提高经济活动的效益性。

二十年,还很短暂。我国的审计工作,还处于一个初始的建设阶段,还有不少工作有待完善、提高和发展。我作为一名审计教育工作者,愿和全国审计工作者一道,继续"挽雕弓,射天狼",征腐恶,永不息,为把我国壮丽的审计事业推进到一个新的水平而不懈努力!

(本文原载《中国审计》2003 年第 17 期)

附录一 徐政旦教授的学术概略①

一、生 平 简 介

徐政旦教授,男,1922 年 2 月出生于江苏无锡。1930 年随家来上海定居。1938 年进入上海民生中学学习,毕业后进入上海青年会职业学校学习,1939 年考入上海西风出版社工作。1940 年日军进驻上海市区,西风社停业,经人介绍,进入中华书局上海印刷厂担任会计工作。1942 年,考入大夏大学经济学院,攻读经济学及会计学。当时,著名会计学教授龚清浩担任大夏大学会计系主任。徐政旦在该校攻读高级会计学、成本会计学、会计制度设计等课程,均由龚清浩教授面授。从而学习到扎实的会计学理论,为其后的会计教学工作打下了基础。1946 年大学毕业后,到安徽淮南铁路局当会计课员。后淮海战役迫近,铁路局解散,徐政旦回上海于 1948 年进入母校大夏大学任讲师并担任大夏附中二部主任。1950 年转入华东交通部所属上海华东交通专科学校任教会计课程,同时在上海震旦大学会计专修科担任副教授,任教成本会计学,同时在立信会计专科学校市区分部任教,任教政府会计。

1952 年上海进行高等学校院系调整,徐政旦被调整到上海财经学院担任副教授。1971 年上海财经学院一度停办,被调整进入复旦大学经济系任副教授。1977 年上海财经学院恢复并改名为上海财经大学,徐政旦又回到上海财经大学会计系工作。

1979—1986 年担任上海财经大学会计学系副系主任,同时开始与龚清浩

---

① 摘自钱伟长教授主编:《中国著名科学家》(经济类)。

教授共同主编《会计辞典》。1986年经国务院批准,徐政旦被批准为博士研究生导师。当时中国财经类高校中被批准为博士研究生导师职称的只有8人,包括上海财经大学的娄尔行教授、厦门大学葛家树、余绪缨、中南财大的杨时展教授等。1986年,徐政旦由财政部派遣到世界银行进行调查研究,徐政旦在美国编写完成了《世界银行贷款会计》一书,同年被世界银行聘任为特约顾问。1988年又受聘担任亚洲开发银行特约顾问。

1986年被上海财经大学党委批准为中国共产党正式党员。

1989年被复旦大学聘任为兼职教授,上海大学聘任为顾问教授。同时还被华侨大学、深圳大学聘任为兼职教授。

1992年,国务院授予徐政旦教授特殊贡献津贴证书,终生享受政府特殊津贴。

徐政旦教授还兼任了与会计学有关的社会活动,他担任了上海会计学会的副秘书长、常务理事,上海审计学会的副会长(现任顾问),中国教育审计学会的顾问,他倡议举办上海总会计师培训,并对受训学员组成上海总会计师工作研究会,担任常务副会长。

在教学方法上,徐政旦针对当时学生在学习中的学而少思状况,对他的博士研究生提出"三能"的要求,即要能站起来上讲台;坐下来能搞研究;走出去能创业。由于徐政旦教授在教学科研方面所做的成绩,他曾多次被评为上海市先进工作者。1960年,徐政旦作为文教方面的先进工作者,出席全国文教群英会,为全国劳动模范。1977年被评为复旦大学校级先进工作者。

二、会计学术造诣概况

徐政旦教授博学多才,除会计、审计外,还对中国历史、中国古代文学有精深的造诣。这里,对他在会计方面的造诣、成就介绍以下几方面:

1. 创建"用账"的理论。
2. 创建成本计算的"品种法"。
3. 二十年磨一剑,编写《会计辞典》。

4. 编写完成内容详备的《成本会计学》教材。

5. 首创建立国内内部控制的理论与方法。

6. 首建国内内部审计的理论体系,编写完成国内第一本《现代内部审计学》。

7. 揭示世界银行贷款项目会计的特征,编写《世界银行贷款项目会计》。

8. 以中国的会计准则为依据,编写《会计制度设计》一书。

9. 会计理论与实践相联系,创办中国第一家财经高校的会计师事务所——大华会计师事务所。

1. 创建用账理论,充实会计的内涵。对于会计的认识,过去一般都用"记账、算账、报账",这三账固然是会计的基础。但徐政旦教授认为,仅此三者,就失去了会计中最有活力的方面,这三方面只是说明会计做什么,而没有把会计在应用上的目的表达出来,徐教授认为会计的最主要作用是"用账",即用会计数据来进行财务决策,用来研究计划的完成情况,分析企业经济活动的好坏,揭示经营成果的变化,说明企业成绩及不足,从而提示矛盾,改进工作,使企业活动增加活力。

基于此,徐政旦教授 1968 年出版《工业会计》一书时,就大声疾呼要"用账",其后在徐政旦对会计学会的报告中,又对学生讲课时把会计的"三账论"改为"六账论",把会计的"记账、算账、报账"扩大到"记账、算账、报账、用账、建账(即设计会计制度)和查账"之"六账论"。

2. 在成本会计的内容上,徐政旦教授结合实践提出了成本计算品种法,应用于大批量生产的复杂的生产企业。在其 1960 年所著的《工业会计》一书中,徐政旦举实例说明了品种法的具体做法,徐政旦在该书中谈到成本计算方法应该以"成本计算对象"来命名。指出当时实务广泛流行的定额比例法等方法只是划分产成品和在产品成本的一种成本分配方法,而不是成本计算方法。

徐政旦教授的这一创新理论提出后,在会计界产生很大影响。首先在不少大学教材中引用了"品种法"。随后在财政部颁布的中国成本会计制度中也推荐应用这个理论。

3. 呕心沥血,锲而不舍,二十年磨一剑,编写新中国成立以来第一部《会计字典》，填补了新中国成立后会计领域的空白。《会计字典》是1971年开始，由徐政旦教授与龚清浩教授任主编，召集上海财经大学会计教师一起开始编写，第一编会计字典1979年完成，第一次印30万册，仅一周就全部销售一空。两年后续编第二编，1995年完成，增加的词目一倍以上，达3 570条。在编写第二编时，龚清浩教授与徐政旦教授夜以继日，不论寒暑，全力以赴，往往对一条词目修改十余次，他们认为辞典是人的心中的典范，一字一句都要反复推敲。当时龚清浩教授以七十余岁的高龄，坚持不懈编纂修改，由于长期用眼力，以致辞典完成之时，双目几已失明，可见二十年磨一剑，是花了很大的代价的。

龚清浩教授逝世时，其家属将一套《会计字典》随葬，于此可见作者把辞典作为生命之情可见。该《会计字典》出版后，曾一再重印，一二编的印数达一百万册以上，是辞书类出版印数之最。当时，这本书在中国会计界几乎是人手一册，成为会计人员必读的经典参考书，可见其影响之大。

4. 徐政旦教授在国内首先倡导宣传公司治理中的内部控制制度。在"文化大革命"中，内部牵制或内部控制被认为是对人们"管卡压"的东西被禁用。但是在经济管理工作中没有控制，对国家资金方向引起了莫大的损失。改革开放后，徐政旦奋力与这种思想作斗争，力主内部控制的重要性，率先提出将内部控制理论应用于企业管理。他在《上海会计》杂志上连续三期翻译了三篇国外有关会计控制的文章加以宣传。随后徐政旦又著文《论内部控制在社会主义条件下的应用》，分别在《上海会计》杂志刊载。这篇文章发表后，得到会计实务界及经济理论界的充分重视，上海社会科学联合会曾二次给予奖励，评为优秀论文。这样内部控制逐步深入人心。国家审计局对内部控制制度也越来越重视，曾在上海组织全国审计局长会议，由国家审计局领导亲自主持大会，请徐政旦教授作报告，并责成地方局长要积极执行内部控制制度。徐政旦教授对内部控制提出了控制要素，对企业内部控制的标准回答并以实例进行宣传。随后徐政旦教授与其所带教的博士研究生合作写出了《内部控制论》一书，及《内部控制》在企业中的具体应用等书籍，内部控制随后在国内实务界推广执行。

在企业内部审计领域，徐政旦教授首先揭示了中国内部审计的特征，并把内部审计与内部控制结合应用,写出了《现代内部审计》一书,该书由国家审计署推荐为高等院校审计教材。

5. 揭示世界银行贷款会计,编写《世界银行贷款项目会计》一书。徐政旦教授于 1986 年经财政部派遣赴世界银行调查研究,并编写企业接受世界银行贷款项目的培训教材,该书撰写了世界银行贷款的原则、贷款条件、利息计算、工程项目的贷款申请程序,以及项目投标程序、期终会计报告的编制等。该书对国内贷款项目单位给予了大量知识性的材料,有利于世界银行贷款的申请使用和归还,使贷款发挥更大作用。

6. 徐政旦教授编写以会计准则指导的"企业会计制度设计"一书。新中国成立后,我国企业内部的会计制度都是根据财政统一规定的制度进行记账、算账和报账的。随着国家制定了会计准则,企业可根据准则处理会计业务,为此有必要由企业根据会计准则自行建立会计制度,以满足企业经营的特点,便于用账,便于企业可根据会计资料进行理财,作出决策。鉴于此,徐政旦感到在高校有必要建立"会计制度设计课程"。该书撰述了会计科目设置的原则,根据企业规模设置账簿及其凭证,阐述期终结账的程序的设计与使用,财务报告的编制,包括合并报表的编制,同时还阐述分部法的会计报告,责任会计报告。企业自行设计会计制度,有利于企业的业务会计与管理会计结合应用,有利于企业加强经营管理,提高企业理财和决策的效率、效果。

7. 理论联系实践——创办大华会计师事务所。

在教学方法上,徐政旦教授针对当时学生在学习中的学而少思状况,对博士研究生提出"三能"的要求,即:"要站起来能上讲台;坐下来能搞研究;走出去能创业"。后来,许多学生博士毕业后,先后在国家政府、学校学术界、大型企业中担任重要岗位。

改革开放初期,百废待兴,国家经济建设急需大型企业的高级管理人才。受国务院委托,徐政旦教授和余绪缨等国内知名教授在大连举办的"中国工业科技管理大连培训中心"中,对国家各部委大型企业的财务主管积极讲授财务会计和管理会计知识,对提高当时的企业现代化管理起到了极大的作用。

徐政旦教授不仅在教学方面卓有成就,同时身体力行,积极投入改革开放洪流中,先后主持创办了三个大型会计师事务所。1983年主持创建了高等财经院校中第一家会计师事务所——上海大华会计师事务所;1986年,主持创建了由国际普华和上海财经大学共同设立的普华大华会计师事务所;1988年,主持创建了深圳大华会计师事务所。徐政旦教授在上海财经大学担任会计学系副主任的同时,积极开展对企业的咨询业务及进行审计工作。在1986年间上海有12家大中企业委托上海大华会计师事务所进行咨询,徐政旦担任长期会计顾问,包括上海电机厂、上海汽轮机厂、上海重型机器厂等。全国的特大型企业宝山钢铁厂、金山石油化工厂、高桥石化厂,都是上海大华会计师事务所的客户。正值邓小平南下指导改革开放,为了拓展会计师事务所业务,徐政旦教授以65岁高龄南下,于1987年在广东珠海成立上海大华分所,次年在广东深圳成立了深圳大华会计师事务所。深圳的外资银行如花旗银行、东方汇理银行、日本富士银行、法国兴业银行等都委托深圳大华会计师事务所进行审计。

深圳大华会计师事务所在当时几乎成为外商银行的专业审计所,声名鹊起。为了使年轻教师以及硕士生了解会计实践,徐政旦教授先后安排了上海财大十多名年轻老师及硕士生到深圳实习,使实习的学生和教师大开眼界,大长见识。当时的国家教委领导人在广东开会时说,深圳大华会计师事务所的成立,为高校学生联系实际提供了一条渠道,这是教学上的一个重大创新。深圳大华会计师事务所成立到现在已经二十多年了,经过多次体制改革,现在与上海立信会计师事务所合并成立立信大华会计师事务所,已成为国内最大的会计师事务所之一,业务额每年达到5亿元人民币以上,从业人员近2 500人。

徐政旦教授一贯认为,会计是实务性强的学科,会计理论必须与实践两者结合,会计工作是社会工作的重要方面。所以他除教学工作外还参加了有关的学会组织,如:担任上海会计学会的常务事事;上海审计学会的副会长(现任顾问);担任中国审计学会的常务理事;中国教学审计学会的顾问等。他组织上海市的总会计师到上海财经大学培训,培训结束后,组建上海市总会计师工作研究会,并担任上海市总会计师协会的常务副会长,力求把学校教学与会计实务部门结合,理论联系实际,提高会计在社会活动中的重要性。

徐政旦自1948年走上教学岗位以来,一直走在教学第一线,从教六十年。

自 1983 年创办大华会计师事务所以来,在从事教学与事务所工作的同时,一刻也没有停过笔,平均每两年出版一本著作,做到了教书、创业、写作三头并进。

主持编写完成内容详备的《成本会计学》一书,1996 年出版,荣获财政部及国家教委的一等奖。

编写《现代内部审计学》,该书由徐政旦与朱荣恩教授共同主持编写,1999 年中国审计出版社出版,该书创建了以内部控制为主轴的内部审计学体系。出版后由国家审计署推荐为中国审计学优秀教材。获得各学校及审计界的好评。

徐政旦从教六十年,桃李满天下,培养了大批会计审计界的优秀人才。他培养的博士、硕士学生不少人以成为国内知名的会计审计专家,大学教授或大学校长。如:谢荣博士已成为上海国家会计学院副院长,曾担任著名的国际会计师事务所毕马威合伙人;汤云为博士曾任上海财经大学校长,曾任国际著名的安永会计师事务所主任会计师、首席合伙人。

徐政旦在从教六十年的过程中,笔耕不辍,先后编写出版,会计审计著作共十六部,平均每两年出版一部,著作等身。在从事教学与科研工作的同时,还创建会计师事务所,走在审计实践的最前沿。徐政旦教授堪称为教学、科研和创业的全能大师。

附录二　徐政旦教授简历

一、履　　历

1946.6	毕业于大夏大学经济系（法学士）
1946.8—1948.9	淮南铁路局会计科科员
1948.9—1950.7	大夏大学讲师兼附中副主任
1950.8—1952.7	震旦大学、华东交通专科学校、讲师、副教授
1952.8—1979	上海财经学院、上海社会科学院、复旦大学等校副教授
1979—1986	上海财经大学会计系副主任、教授
1986—现在	上海财经大学会计学院教授、博士生导师 指导博士研究生研修专业：管理学—审计理论方向

二、兼 任 职 务

（一）会计师事务所职务

1985—1999 年	上海大华会计师事务所副董事长（1985—1990 年兼任主任会计师）；
1986—1999 年	普华大华国际会计师事务所董事；
1987—1999 年	深圳大华天诚会计师事务所董事长。

304

(二) 国际机构顾问

世界银行顾问
亚洲开发银行顾问

(三) 高校兼职(顾问)教授

复旦大学、上海大学、深圳大学及苏州大学的兼职(顾问)教授

(四) 学会及其他职务

中国教育审计学会顾问
中国国际贸易仲裁委员会仲裁员
中国国际工程咨询公司专家
上海市审计学会顾问
上海市总会计师协会常务副会长
上海市会计学会常务理事

三、主 要 著 作

《工业企业物资管理》	上海人民出版社出版(1976 年)
《工业会计》	上海人民出版社出版(1979 年)
《工业会计(修订本)》	上海人民出版社出版(1981 年)
《会计辞典(第一版)》	上海人民出版社出版(1982 年)
《工业会计学》	上海人民出版社出版(1986 年)
《成本会计》	上海人民出版社出版(1987 年)
《世界银行贷款会计》	中国财经出版社(1991 年)
《现代管理会计学》	辽宁人民出版社(1993 年)
《会计辞典(修订本)》	上海人民出版社(1994 年)
《内部审计》	上海人民出版社(1995 年)

《内部控制制度及其评审》	上海人民出版社(1996 年)
《成本会计(修订本)》	上海三联出版社(1996 年)
《会计制度设计》	上海财经出版社(1996 年)
《内部控制论》	中国审计出版社(1998 年)
《现代内部审计学》	中国审计出版社(1999 年)
《审计研究前沿》	上海财经出版社(2002 年)
《注册会计师操作实务及风险控制丛书》	中国时代经济出版社 (2001—2005 年)

四、主要获奖情况

(一) 著作获奖

1. 1984 年及 1986 年主编的《会计辞典》曾再版及重印四次,印数超过 100 万册,是我国专业辞书中最畅销书之一。此书先后两次获上海市哲学社会科学优秀著作奖。

2. 1992 年出版的《成本会计》获财政部及国家教委的优秀教材奖。

3. 1997 年出版的《现代内部审计学》被国家教育部评为"九五"国家重点教材。

4. 在《会计研究》、《审计研究》、《财经研究》、《The Jounal of Comtemprary Auditing》等刊物发表论文 40 余篇。

(二) 社会奖励

1961 年	上海市文教方面先进工作者
1962 年	全国劳动模范、出席全国文教群英会
1977 年	复旦大学校级先进工作者
1986 年	上海财经大学评记"大功"
1992 年	国务院授予政府特殊贡献津贴

306

附录三 徐政旦教授的博士学生论文摘要

博士名单:

谢　荣

朱荣恩

徐建新

章显忠

尤家荣

谢国新

张建军

胡春元

李树华

周志诚

黄德华

王英姿

杨忠莲

《市场经济中的民间审计责任》摘要

谢 荣

20世纪90年代初,在我国的市场经济和民间审计的发展过程中,无论是社会公众还是审计职业界,对审计的责任问题都未给予足够的重视,导致审计职业的发展处于一种难以解脱的恶性循环之中,即由于没有明确的审计责任可究,审计质量毫无保障;审计质量无保障,就无法显示审计的价值和作用;而审计作用不大,就无法提高审计收费;审计收费低,也就无审计责任可言。怎样破解这一难题,作者认为应以提高审计职业界和社会公众的审计责任意识为突破口。

审计责任既是理论问题,也是实践问题。作为理论问题,对审计责任的界定必须要有可靠的理论依据。例如,审计究竟应该做什么,即审计的目标问题,审计究竟应该怎样做,即审计的标准问题,审计工作的实施究竟应具备哪些前提条件,即审计的假设问题,对于这些问题如果不从理论上予以阐明,审计责任的界定就无科学依据。作为实践问题,审计责任是审计职业界与社会公众之间利益矛盾冲突的焦点,它的解决必须依据不同时间不同地点的法律、法规要求,所以是具体的实践问题。

本文共分六章:第一章,阐述民间审计的社会经济环境及其作用,由此提出审计责任问题研究的必要性;第二章,系统地探讨民间审计的职业责任和法律责任,以解决审计人员的职责范围、责任对象以及因过失或欺诈引发的法律责任等问题,这是论文的重点;第三章至第六章是对审计责任问题研究的深化,分别讨论审计责任与审计目标、审计假设、审计准则和审计程序之间的关系,以及为落实审计责任而完善这些理论问题的想法。

审计责任是指会计师事务所及注册会计师在承办审计业务中所应履行的职责以及因工作失误造成公众的损失而应向社会公众承担的法律责任,我们将前者称为民间审计的职业责任(Auditor's Responsibility),将后者称为民间审计的法律责任(Legal Liability)。审计的职业责任和法律责任之间具有密切的联系,不明确审计的职业责任,就很难追究审计人员的失职行为所应承担的法律责任。审计的职业责任是一个有审计目标范围和审计行为依据组成的一个二维职责域,其中第一维是由审计目标范围所确定,第二维是由反映审计行为依据的审计假设和审计准则所确定。审计的责任对象既包括客户,也包括第三者。虽然第三者的情况较为复杂,但对第三者应负法律责任是毫无疑义的。审计人员因过失或欺诈应对客户和不同第三者分别承担不同的民事责任甚至刑事责任。

审计目标是特定环境中审计活动的既定方向和要达到的预定结果。一个时代的审计目标可概括地反映该时代宏观环境对审计的要求,同时也可反映人们对审计作用的认识程度。审计目标是由社会需求与审计能力两大因素决定的,其中社会需求对审计目标的确定起着根本性的导向作用,审计能力对审计目标的确定起着决定性的平衡作用,因此审计目标的确定是社会需求与审计自身满足社会需求能力两者之间的有机统一。不断提高审计能力以满足不断变化的审计需求是审计职业发展的一个必然趋势。审计目标的变化影响审计责任的变化,有什么样的审计目标就有什么样的审计责任。现有的审计目标主要包括两个方面:一是对财务报表的真实公允性发表一个审计鉴证意见;二是揭示和报告财务报表中可能包含的重大欺诈和非法行为。

审计假设是审计理论和审计实践的基础,不明确审计假设是什么就无法构建审计学科理论体系,不知道审计假设是什么就无法确定审计责任。审计假设是人们在审计实践活动中归纳总结出来的、但目前还无法对其本身从逻辑上加以证明的对审计基本特征理性化的感性认识。审计假设是履行审计职责的逻辑条件,也是判断审计责任的一个基本理论依据,审计假设决定审计职责的下限。审计假设一旦建立,并不是一成不变的,他随环境的变化和审计目标的变化而变化,因此需不断地修正、舍弃和补充。

审计准则是由国家有关部门或会计师职业团体制订或发布的、审计人员在执行审计业务过程中所应遵守的技术规范,他既是衡量审计工作的质量标准,也是判断审计人员审计职责履行情况的一个法定依据,它决定审计职责的上限。审计准则是以审计假设为前提制定的、确保审计目标得以实现的质量保证措施,是制定审计程序的依据。审计准则与职业道德准则和质量控制准则之间既有联系又有区别,职业道德准则是会计师职业界在提供各项服务应共同遵循的一般道德准则;质量控制准则是会计师事务所在提供审计服务时从整体上确保审计质量的准则;审计准则是控制各个审计业务时必须遵循的准则。

审计程序是为实现项目审计目标、并确保审计质量而设计的用于指导审计取证的方案,审计程序既与审计目标、审计准则相关,更是判断审计人员法律责任的依据。在审计程序设计中,如果对审计目标或审计准则要求考虑不充分,都会直接导致审计过失,并对由此而导致的后果承担法律责任。因此,在设计审计程序时,其广度必须与审计目标保持一致,其深度必须与审计准则保持一致。同时,在审计取证过程中必须严格遵守审计程序的要求,才能确保审计责任的履行。

《中国证券市场独立审计研究》摘要

朱荣恩

证券市场繁荣与发育状况是衡量市场经济发达程度的重要标志之一。实践证明：证券市场对扩大企业筹资渠道，提高资金使用效益；促进经营机制转换，增强企业活力；确保生产要素合理流动，实现资源优化配置；满足国家产业政策需要，优化产业结构等方面，均具有重要作用。

然而证券市场的风险性常常会诱发金融危机甚至经济危机，18世纪的英国南海公司破产事件、20世纪30年代发生的美国麦克森·罗宾斯公司倒闭事件，以及20世纪90年代发生的英国巴林银行事件和日本大和银行巨额亏损事件，都反映出证券市场隐藏着巨大的风险，也说明加强证券市场监管的必要性。

世界各国在加强证券市场监管时，都不约而同地将目光注视到以会计师事务所及其注册会计师为主体的独立审计上，并从法律上赋予了独立审计参与证券市场监管的使命，在加强证券市场监管力度的同时为独立审计开辟了更广阔的前景，有力地推动了独立审计理论和实务的发展。

我国证券市场起步时间较晚，但发展速度较快。独立审计如何适应、满足证券市场监管需要，是我国审计学界面临的重大课题。改革开放为我国独立审计创造了纵横驰骋的广阔天地；证券市场又为我国独立审计提供"更上一层楼"的难得机遇。本文将证券市场和独立审计结合起来加以系统研究，在深入分析证券市场审计环境的基础上，对证券市场所体现的独立审计的四个基本特征，即审计独立性、审计鉴证、审计报告和审计责任进行了系统的研究。

本文共分三个部分、六章内容，其结构和要点如下：

第一部分为第一章：导论。阐明证券市场及其对独立审计的影响，提出证券市场中独立审计的对象是证券市场中证券发行和交易的活动以及承担这些活动的载体，构造了证券市场独立审计基本框架，分析了证券市场独立审计的作用，在此基础上概述了证券市场独立审计研究结构。

第二部分为第二章：证券市场的独立审计环境。分析了证券市场的经济环境及由此形成的经管责任；指出财务报告是体现经管责任的基本形式，独立审计是经管责任内在规律的必然结果。在分析了证券所有权市场化带来的影响以及证券市场信息披露对独立审计特殊需求后，提出了证券市场对巩固独立审计地位和加速独立审计规范进程的结论。

第三部分为第三章至第六章，针对证券市场独立审计的四个基本特征进行深入分析，即审计独立性、审计鉴证、审计报告和审计责任。审计独立性是审计生存和发展的基础，社会及审计职业界对审计独立性认识是个渐进过程，在证券市场环境下审计独立性实现了从认识的抽象化到标准的具体化这一转变，提出衡量形式审计独立性的四种尺度，即组织关系独立性、亲属关系独立性、财务关系独立性、经营关系独立性。

审计鉴证是提高信息价值的手段，是对信息披露质量的合理保证。证券市场审计鉴证具有以信息披露为主线，贯穿其始终；以事后鉴证为主，以事前、事中鉴证为辅，财务鉴证与管理鉴证相结合的特点，并对财务报表鉴证、股本鉴证、预测财务报表鉴证、内部控制鉴证和商定程序鉴证做了详尽的探讨。

审计报告的传递是多途径的大众沟通，证券市场发展促进了审计报告的规范化。文章系统分析了证券市场审计报告体系及应用问题，包括财务报表审计报告、资本验证报告、预测财务报表审核报告、内部控制评估报告、特殊审计报告和致证券商函。

委托者和被审计者是审计责任的主要对象，而证券市场又使审计责任对象呈多极化的特点，审计人员在证券市场面临更多的审计责任。我国证券市场运行有其特殊规律，应明确会计责任对审计责任的影响、正确处理公开揭示与保守秘密的关系、揭示境内外审计差异，以更好发挥独立审计在证券市场中的作用。

将独立审计置于证券市场这一背景来研究，是本文的一种探索和尝试。我国证券市场的日益成熟以及市场经济的不断完善必将为独立审计提供更广阔的用武之地，并推动独立审计理论的新发展。本文在一定程度上填补了我国证券市场独立审计理论的空白，对规范我国证券市场独立审计实务具有积极的指导和借鉴作用。

《审计质量论》摘要

徐建新

作为一项社会经济管理活动的审计工作,其固有的职能有监督、鉴证和评价,但这些职能的发挥主要取决于审计的质量。当审计人员以严格的审计质量标准去从事各项审计活动,被监督者才会摄于审计的威力而不敢徇私舞弊、枉法妄为;被鉴证的事项才能按规范的标准纳入会计准则和制度来描述、被审计的会计信息和其他信息才能被社会公众正确和有效地利用;被评价的事项才能实事求是、客观公正、不偏不倚,评价结论才能为有关当事者所接受和采纳。反之,低劣的审计质量,实质上是在阻碍审计职能的发挥。尽管在低劣审计质量下,审计活动结果暂时或在一定程度上仍会给人一种被监督的感觉和作出形式上的鉴证或评价,但是它们并不是审计固有职能的真正发挥。监督是虚假的,鉴证是形式的,评价是扭曲的。因此研究审计质量,对审计在社会经济发展过程中所能发挥的作用,以及由这种作用带来的审计本身的发展状况有着积极意义。

首先,从体现审计质量的标志开始,来论述体现审计质量的一些特征。这些标志包括人员的专业性、人员的独立性、职业道德性、证据充分和适当性和程序规范性。如果审计工作没有体现出这些标志,那么审计质量就不可能有保障。

其次,论文提出了审计质量与相关审计要素的关系。这些要素主要有审计资源、审计环境、审计风险。审计资源包括审计人才资源、审计信息资源、审计技术资源、审计经费资源、审计设备资源等。审计环境包括政治环境、经济环境、法律环境、国民素质环境、信息传播宽度和速度环境、舆论导向环境、审计职业地位环境等。审计风险包括审计固有风险、审计控制风险、审计察觉风险等。在论述了这些要素构成后,论文分别研究了这些要素对审计活动及其审计质量会怎样产生影响的。

再次,论文结合审计本身的特性和审计服务的对象提出了审计信息使用者目的和审计目标,是确定审计质量衡量标准的前提。不同审计信息使用者的不同目的会对审计质量提出不同的要求;不同阶段的不同审计目标同样会对审计质量提出不同的要求。论文提出了衡量审计质量的三个标准。标准之一是法律、法规制度。审计行为作为社会行为的一种,当然必须符合法律、法规制度的要求。但论文提出,除了这种强制性服从要求之外,要清楚地认识到法律、法规制度作为衡量审计质量的标准之一,还必须对法律、法规制度同审计活动客观规律的关系,法律、法规制度体系对审计质量衡量的层次性,法律、法规制度与具体的审计职业标准的关系,以及法律、法规制度在衡量审计质量中的局限性进行研究。论文在作了上述研究后,认为法律、法规制度可以作为衡量审计质量的标准之一,而不是唯一。标准之二是社会期望。社会期望是社会发展的动力,任何社会生产力的提高和社会活动的进步,都始于社会对它们的期望。审计的发展,同样来自社会对它的期望,审计的质量也只有在社会期望作用下得以提高。审计准则虽然可作为衡量审计质量最直接的一种标准,但只要社会期望差距的存在,它只是最起码的审计质量衡量标准。审计界要想缩小与社会公众的期望差距,就必须以社会期望作为审计职业标准的起点和归结,以便达到更高的审计质量。标准之三是审计职业标准。审计质量的提高,一是取决于审计信息利用者对审计活动质量的追求,二是取决于审计行为者对审计活动质量的追求。前者的质量要求,表现为对审计活动的他律性作用;后者的质量追求,表现为对审计活动的自律性作用。审计质量的提高是审计活动他律性和自律性作用的共同结果。在整个衡量审计质量的标准体系中,法律、法规制度和社会期望是从审计界外部去要求和看待审计质量的。对于审计质量起到了他律性作用,但只有他律性作用下的审计活动是消极的、被动的,所体现的审计质量也是低层次的。要使审计质量能满足审计利用者的需求,必须充分发挥审计人员的自律作用,即应将审计界外部的要求、标准转化为审计人员内在的目标和标准,并让审计人员自觉地遵循自己选择的目标和标准。这种标准就是审计职业标准。它包括审计技术准则、审计职业道德准则和审计质量控制准则三部分。论文对审计职业标准间关系和各自在衡量审计质量中所起的作用分别作了分析。

最后,结合我国目前审计活动质量的现状,提出了如何来控制我国审计活动质量的观点和对策。根据前文所述,影响审计质量的因素是多维的和全方位的,它们既有存在于审计界内部的,也有来自审计界外部的;既有宏观上的,即涉及社会的,也有微观的,即涉及审计组织和审计人员的。因此,控制审计质量也应当是系统和全方位地来进行,既要从宏观上去控制审计质量,也要从微观上去控制审计质量。只有改善了影响审计质量的宏观环境,个别审计组织和审计人员的审计质量才能在一个良好的外部环境中得以提高。反过来,个别审计组织和审计人员的审计质量得到控制,才能更有利于去改善宏观环境。论文分别论述了审计质量宏观控制和微观控制的含义和方法,并强调了两者相互作用和系统性及针对性。

《审计的社会政治观》摘要

章显忠

审计,乃上层建筑领域活动之一,以经济活动为其根本基础。但若因此"说经济因素是唯一决定性的因素,那么他就是把这个命题(指上层建筑,作者按)变成毫无内容的、抽象的、荒诞无稽的空话"。(恩格斯)除经济基础外,影响审计活动,且在很多情况下决定其活动形式的,还包括诸如政治、法律、社会舆论(环境)等因素及彼此间的交互作用。

经济因素对审计活动的支配作用,受限经济活动之自身条件,这些条件多半以政府决策形式和(或)作为政府行为的结果产生效用。因此,纯粹的经济制度或经济活动不能完全决定并充分解释审计行为的产生、变革及演进。

强调政府行为及社会、法律环境对审计活动的作用,乃自于下述判断:自"国家"这种组织形式之产生,及财产所有权与财产之管理、作业权力相分离,举凡各种经济形态均具建立审计制度的基础,然历史表明,非每种经济制度均自然产生,抑或均存在一连续的、演进的、不断完善的审计制度和审计活动。经济活动之于审计行为的逻辑必然,并未成为现实的逻辑充分。因之,必辅以非经济性质之充分条件,方可较完整阐明审计行为之存续及运行。

自1949年至1982年,审计制度、审计活动在中国大陆为空白。何者?乃政府采全民所有制、集体所有制、有限之商品经济之混合社会主义经济制度,及政治意识形态对审计行为和制度之偏见(其时,凡宣称社会主义国家者,无一建有完整且严格意义上的审计制度)。

经济制度或经济形态之选择,乃政府之政治决策或政治选择。政府既选择了高度集中之计划经济制度,同时,且必然地选择了非审计形态的经济监督制度。

1982年,中国大陆复原审计制度,有观点称:此乃经济发展需求之自然产物。此种论点不足为证:何以49年后之生产力较封建社会及民国发达,然封建社会与民国均有审计而独 49 年后长达 30 多年却无审计？次之,政府虽取经济开放政策,然全民所有制这一经济制度并未根本触动,审计制度却得以恢复？究其真谛:政府选择了公有制为基础与市场商品经济结合的经济制度,自然也就选择了与此对应的控制、监督手段,即审计制度。

因此,经济形态提供审计的可能基础,而审计从可能走向现实,实为一种政府选择,是政治作用的结果。若无政府行为的介入,或政府的政治选择与经济基础不一致,经济基础本身不会自动选择、自动产生审计制度或行为。

审计的演进过程及每一项技术发展,几乎都是被动地在外力推动下的结果。本书(论文)欲探究审计行为背后,并对其产生重大影响的非经济力量:政府行为(决策及选择)、法律、社会期望,揭示审计与此等要素间的关系,认识审计行为的社会意义和政治意义,阐明审计作为政府维护社会经济秩序之工具性质。

对审计活动的技术性研究已获长足发展,对审计之政治及社会性质的研究相对薄弱。这不足为奇,审计一向被认作是 art(技艺),属专业化的技术学科和手段,是术而非学(science)。欲变研究之视角,当需转换思维之传统方式,一如大物理学家普朗克(M. Planck)所言:"科学从支配她的那些观念中获得了她的动力、统一和欣欣向荣。观念向研究者提出问题,而正是这些问题,才驱使她去不停地工作,并打开其眼界,对业已获得的结果作出正确解释。没有观念,研究就会成为无计划的活动,而耗费在她上面的精力便归于空无。唯有观念才能使实验者成为物理学家,使编年史者成为历史学家,使古抄本鉴别者成为语言学家。"

大量的现象和证据促使笔者深思熟虑,把对审计的研究聚焦在秩序、利益及其冲突、政府干预等对审计活动产生重大影响的作用过程。此种思维及结果,不期得到对审计之政治与社会性质的终极结论,但求提出一观察和理解审计行为及本质的新视角,提出一可能引起争辩的问题域。

每个具不同偏好之人均会从不同角度解释其所知觉和观察到的历史现象与事实,然偏好不能选择现实,现实独立于观察现实之人及对现实的看法之外。

本书(论文)的基本思想为:秩序(经济秩序、社会秩序)是一切政府追求并希望达到的目标;经济活动产生不同的利益关系,不同的利益关系可能引起冲突并威胁秩序结构的稳定;政府为维护稳定的秩序,必有一控制系统,审计即为政府实现此政治、经济目标的工具，审计也就成为国家维护政治统治和管理的力量之一；审计活动的社会环境与服从于政治、经济目标的背景，使审计行为及过程性质，一定是经济的、政治的、社会的；秩序、利益冲突、政府干预，构成审计的三维运动空间。这就是本书作者思维轨迹的起点。

　　本论文于 1994 年通过博士学位答辩，1997 年在香港出版。

《审计规范论》摘要

尤家荣

我国自 1980 年恢复审计制度以来,政府审计、民间审计和内部审计均得到了迅速发展。随着审计实务和审计理论的不断发展,建立和健全审计规范体系就成了摆在我们面前的一项重要任务。那么,审计规范究竟包含哪些内容? 审计规范在审计理论体系中具有什么地位? 审计规范与审计理论各要素存在什么关系? 审计环境对审计规范会产生什么影响? 审计目标的演变如何对审计规范产生影响? 审计假设与审计准则、审计职业道德、审计质量控制有什么关系? 论文试图在以上方面有所突破,在深入探讨的基础上提出了一些独到的观点。

论文共有六个部分。

第一部分为"总论",主要探讨了审计规范的含义、审计规范与经管责任的关系,以及审计规范在市场经济中的重要性。作者认为,审计规范是审计主体在审计工作中应当遵循的业务标准和行为准则,它既针对审计人员,也针对审计机构。审计规范在市场经济中发挥着巨大的作用。市场经济的发展促使审计的产生,审计的功能是为了维护市场经济的秩序,而审计规范就是保证审计能有效发挥作用的有力措施。

第二部分为"审计规范的框架结构",主要探讨了构建审计规范体系应考虑的因素、审计规范体系的特点、审计规范体系的内容,以及审计规范各要素之间的关系。作者认为,审计规范是一个广泛的概念,并不仅仅指审计准则、审计职业道德或审计质量控制,它包括所有专门对审计主体(审计机构或审计人员)进行约束或指导的职业规范。审计规范由审计法规、审计职业道德、审计准则、审计质量控制和其他审计规范构成,其中审计法规占主导地位,统领其他的审计规范。各审计规范之间互有区别,又互相联系、互相渗透。

第三部分为"审计规范与审计理论体系",主要探讨了审计规范在审计理论体系中的地位,包括介绍国内外有代表性的对审计理论体系的各种观点,并提出自己的见解。作者提出了审计环境导向型的审计理论体系,即审计理论体系由审计环境、审计目标、审计假设、审计概念、审计规范、审计责任、审计证据和审计报告等要素构成。审计环境是构成审计理论体系的首先要素;审计规范在审计理论体系中占有重要地位,它起着承上启下的作用,即审计规范既直接受理论性较强的审计环境、审计目标、审计假设、审计概念等要素的影响,又直接影响实务性较强的审计责任、审计证据和审计报告等要素。

第四部分为"审计规范与审计环境",主要探讨了审计环境对审计规范产生的影响。作者认为,审计环境可以表现在四个方面,即经济环境、政治环境、法律环境和社会环境。审计环境与审计规范存在密切的关系:审计规范的制定受审计环境的影响,不同的审计环境,产生的审计规范不同;反过来,审计规范对审计环境也有反作用,健全、完善的审计规范可以大大发送审计环境,更有利于社会经济的稳定和发展,更好地改进审计执业条件。作者引经据典论述了审计环境的变化对审计规范产生的影响。

第五部分为"审计规范与审计目标",主要探讨了审计目标的演变对审计规范的影响。作者认为,从审计的产生和发展过程来看,审计目标可以概括为查找错误与舞弊、对会计报表发表意见、评价经济效益三类目标,即合法性、公允性、有效性三个目标。这三类目标的出现,均对审计规范产生了重大的影响。审计目标与审计规范存在着密切的关系:审计目标决定着审计规范的内容,只有制定和实施完善的审计规范,才能达到既定的审计目标。制定审计规范,必须考虑审计目标的具体要求,并将审计目标反映在审计规范的各个方面。

第六部分为"审计规范与审计假设",主要探讨了审计假设的含义,介绍和评述了国内外学者对审计假设内容的各种观点,并提出了作者对审计假设内容的看法及审计假设与审计规范之间的关系。作者认为,审计假设是人们从长期的审计实践中总结出来的,目前还无法对其从逻辑上加以证明的对审计事项的理性认识,包括实施审计应当具备的前提条件以及对被审事项作出判断的依据。作者提出审计假设可分为审计必要性假设、审计人员假设和审计程序假设三类,共十条,它们与审计准则、审计职业道德、审计质量控制等主要审计规范之间存在着密切的关系。审计假设对审计规范和审计实务有重要影响：有许多审计规范是从审计假设中推论出来的，或包含着审计假设，而有些审计实务中对审计人员有指导意义的做法，很难用审计规范加以限定，但却可以用审计假设来进行指导。

附录三　徐政旦教授的博士学生论文摘要

《论综合审计：未来审计的发展趋向》摘要

谢国新

本文以综合审计的发展状况为出发点，系统地从审计发展的历史走向、社会对审计的现实需求、受托责任概念的演化等方面，考察了未来审计发展趋向的内在必然性与合理性，提出了综合审计是未来审计发展的趋向这一总的观点，并在此基础上提出了新的综合审计概念，构筑了未来的综合审计的基本框架。

一、综合审计的必然性

（一）审计的发展趋向于综合审计

内部审计向业务审计发展，国家审计向 3E 审计发展和民间审计向管理审计发展，虽然其所用的名称不一，但却殊途同归，即审计范围具有越来越广泛的综合性。从它们的发展进程可以看出其共同的趋向：审计范围从单纯局限于财务会计方面扩大到包括财务、会计、业务、管理等在内的企业经营管理的所有领域。

（二）社会需求：综合审计的发展动因

社会需求对审计目标的确定与发展有着根本性的决定作用，从而推动了审计的发展。社会需求的多元化倾向形成了审计目标的多重性要求，需要有一种能融合财务审计、业务审计、3E 审计和管理审计于一体的新的审计类型来担负起这一重任，这就是综合审计。

（三）受托责任：综合审计的理论基石

受托责任源于财产的所有权与使用权的两者分离，而利益关系人潜在利益冲突使受托责任履行情况的评判成为必要，这正是审计的逻辑起点。受托责任的综合性和社会化发展趋向，形成了综合受托责任的概念。综合受托责任履行情况的评价与判断要求审计扩展其职能，从单纯的财务报表鉴证扩展到对综合受托责任履行情况的评价与鉴证，从而综合审计在理论上获得了其逻辑基础。

二、综合审计的基本框架

在历史地、现实地和理论地探讨了综合审计的必然性之后,本文提出了综合审计的定义并构建了其基本框架。

（一）综合审计的定义

综合审计是由独立的专职机构和受委托的专业人员,以被审计单位的各种活动与状况为对象,进行审核检查,收集和整理证据,确定其实际情况,对照法规和一定的标准,以判断其合法性、合规性、合理性、经济性、效率性、效果性、环保性和公平性,以及反映各种活动与状况的有关资料信息的真实性、正确性和公允性,并作出与之相应的报告的监督、评价和鉴证活动,从而促进受托责任的更好履行,满足管理层和利益相关者以及社会公众对有关信息的需要。

（二）综合审计的基本假设

本文在研究分析专家学者所提出的审计假设基础上,提出了9条综合审计的基本假设:

（1）综合受托责任的存在与解除产生了对综合审计的需求;

（2）经审计的信息比未经审计的信息对信息使用者更有用;

（3）包括活动、状况、业绩、事项的记录（或实务）的说明在内的审计主要内容以及与此相关的事实（或说明）,都是可以验证的;

（4）重大的舞弊差错及非法行为是可以被揭露的;

（5）审计人员具备职业所需的独立性和胜任力;

（6）如果没有确切的相反证据,过去被认为是正确的,将来也被认为是正确的;

（7）完善的管理制度与控制制度可以降低发生舞弊、差错和非法行为的可能性;

（8）可以为受托人制定受托责任的标准,并可以记录与计量实际的活动、状况、业绩和信息质量;

（9）严格遵守职业准则有益于综合审计目标的实现和履行对社会所承担的相应责任。

（三）综合审计的基本准则

本文在分析 10 条公认审计准则（GAAS）的基础上，提出了 10 条综合审计的基本准则。

一般准则

（1）综合审计应由经过充分技术培训并精通业务的审计人员来实施。

（2）对一切与业务有关的问题，审计人员均应保持精神上的独立性。

（3）在审查和编写报告时，审计人员应恪守应有的职业关注。

现场工作准则

（4）综合审计工作应充分计划，若有助理人员，应予以充分的监督和指导。

（5）审计人员必须充分了解被审计单位的管理制度和控制制度，以便计划综合审计工作，确定将要实施的测试的性质、时间安排和范围。

（6）应通过检查、观察、询问和调查等方法，获取充分可靠的审计证据，以此作为对被审计单位综合受托责任履行情况发表意见的基础。

审计报告准则

（7）报告应说明被审单位按法定要求对外发布的信息是否符合法律、法规、条例、制度、准则等的要求。

（8）报告应说明综合审计的实施概况。

（9）报告应就被审单位综合受托责任履行情况发表详细的意见，或者声明不能发表意见及说明其原因。

（10）报告应补充说明被审单位所发生的影响重大的期后事项。

三、结束语

站在 20 世纪之末，作为审计理论研究者和审计职业界应当以发展的眼光来把握审计作为一门科学和一种实践活动的发展规律，从满足社会需求这一根本点上去看待审计的发展，从受托责任的发展去探寻审计的理论，从而构筑起 21 世纪的审计大厦。综合审计正是顺应了这种要求，它代表了未来的审计发展趋向。

《审计概念体系研究》摘要

张建军

审计概念在审计理论结构中处于承上启下的中间地位,在审计理论中起着相当重要的作用,对审计准则和实务也有着很大的指导意义。本文从审计工作的执行者——审计人员和审计人员执行的审计工作这两方面出发,同时联系审计概念对审计准则的指导意义,也参照审计准则的三大部分:一般准则、现场工作准则和报告准则来取舍审计概念,使审计概念在审计假设的指导下,结合审计准则和审计实务,归纳和总结出来,并构成一个完整的审计概念体系。其中,涉及审计人员的概念有独立性、职业关注和胜任性,涉及审计工作过程的概念有重要性、审计风险、审计证据和合理保证概念。

审计的独立性是指审计人员在精神态度上和外观上保持独立,能够独立地制定计划、独立地进行审计调查、独立地编制报告。但审计独立性会受到多方面因素的影响,有个人、外部和组织的影响。审计人员作为一个理性的经济个体,他要追逐经济利益,寻求个人财富,而这必然会影响审计人员的独立性,审计过程的个人干涉,审计人员的任命,非审计业务也都会影响审计人员的独立性。而完善独立性的途径则可通过限制审计人员经济利益的规模,设立审计委员会,禁止审计人员在被审单位拥有财务利益,实行审计人员轮换制,进行同业检查以及由专门机构委派审计人员并支付审计报酬来逐步实现。

审计的职业关注是指执行审计工作时应有的职业谨慎。审计人员是一个理性的职业者,审计的职业关注是一种理性的合理关注。作为一个理性的审计职业者,审计人员应遵守比一般更高的行为和判断标准,但同时,这些标准不应过于严格或者使职业人员感到无法遵从,导致审计职业人员不能提供审计服务而使社会蒙受损失。职业关注概念的应用主要考虑防止审计程序的误用,正确识别舞弊和差错,关注内部控制结构的完整与严密性,注意工作底稿的完整性,审计证据的充分性和审计报告的恰当性等方面。职业关注概念的建立,一方面为财务报表的使用者及相当人员提供了一个衡量审计工作结果的标准,同时也为审计职业界自身确立了责任的范围。

审计的胜任性是指审计人员从事审计工作所具备的资格和能力,胜任性来自教育、训练和经验的积累。

审计的重要性是指在被审查资料中错误或不实的程度,在当时环境下,可能使一位依赖资料的理性个体的判断因而变更或遭受影响。审计重要性与会计重要性密切相关,会计的重要性是审计重要性的基础。考虑重要性时,要从审计计划、调查和报告阶段分别进行,但最终,重要性必须依赖审计人员的专业判断。实际操作时,需先确定是重要性限额,然后分配限额,最后估定错误总额。

审计风险是审计人员发表了一个不适当意见的风险,它包含两层意思:一是当财务报表没有公允揭示而审计人员却认为已公允揭示时的风险;二是财务报表总体上是公允揭示而审计人员却认为未公允揭示的风险。由于实际操作的原因,审计人员通常只考虑对存在重大错报的财务报表发表不当意见的风险。由于审计方法模式的制度基础审计到风险导向审计的迈进,审计风险受到更大的重视。审计风险包括固有风险(IR)、控制风险(CR)和察觉风险(DR)三大要素。审计风险的最基本模型是:$AR = IR \times CR \times DR$。审计风险模型的使用反映了审计人员风险评估技术的一般倾向,也是风险导向审计必要的技术手段。随着审计技术手段的不断发展,风险导向审计将发挥越来越重要的作用。

审计证据是审计人员在审计过程中,根据审计目标收集和鉴定的,并据以提出审计报告和结论的资料和事实。要使审计报告和结论正确可靠,审计证据必须具有说服力,审计证据要有说服力,必须具备充分性、胜任性和及时性特征。在收集、鉴定和综合审计证据过程中,分析性检查程序正起着越来越重要的作用。审计证据与重要性、审计风险关系密切,相互配合,相互影响。审计证据的应用,必须经过审计人员的判断,离开审计判断,审计证据质量就无法保证。

由期望差引出了审计人员所能提供的保证问题,审计人员不可能保证经审查后的账目和报表不存在任何问题,没有任何差错和舞弊。一是主观上做不到,二是客观上存在的不确定性和审计成本与时间的限制的影响,因而审计人员只能提供一种适当的也就是合理的保证。合理保证这个概念也是一种观念的建立,对于审计职业界,对于公众,对于整个社会都是大有益处的。审计人员不可能满足公众所有的、无限的期望,而只能是满足公众合理的期望,使审计人员的行为结果,也就是审计报告和结论给公众提供财务报表中不存在重大错报的合理保证。

《审计风险研究》摘要

胡春元

20 世纪 60 年代中期以来，西方各国控告审计人员的诉讼案件急剧增加，甚至有人称审计职业界进入了"诉讼爆炸"(Litigation Explosion)时代。一些会计师事务所因诉讼而倒闭或陷入困境，使审计人员清醒地认识到，在商业竞争十分激烈的市场经济中，审计职业界面临的商业风险(Business Risk)已越来越大。一个进退维谷的现象是：历史经验表明，注册会计师在市场经济中确实发挥了重要作用，并确立了其较高的社会地位，同时，审计所起到的作用与社会公众期望的差距越来越大，受到的诉讼也越来越多。面对这些现象，审计理论界和职业界不得不思考这样一些问题：对审计职能(function)的看法是否已不适合社会发展的需要？审计是否应深入到管理领域？应如何确立审计在社会经济权责结构中的地位？审计本身是不是一项高风险职业？是否能合理地评估风险水平，并确定一个可接受的风险水平，由此把握审计工作的投入与产出的效率和效益？为了不被淘汰出局，审计理论界必须对这些问题作出回答，于是围绕审计风险开展了一系列争论和研究。通过这些研究，以美国为代表的西方国家的审计职业界清醒地认识到，为弥合审计期望差距，审计职业就必须设法降低商业风险水平，为此从 20 世纪 80 年代开始大规模地修订审计准则，在实践中产生了一种以风险评价为中心的审计模式，并在实务中得到广泛应用。因而可以说，审计职业界与社会公众对审计风险的正确认识和合理把握，是 20 世纪 60 年代以来西方民间审计虽然面临大量诉讼威胁，但仍长久不衰的重要原因。

审计风险，既是理论问题，也是实践问题。作为理论问题，必须回答的是它在审计理论中处于什么位置以及如何解释它所表现出来的种种审计现象。制度变迁理论为我们提供了可资借鉴的分析框架，就是要联系审计所处的社会环境变迁与社会需求的变化，通过历史演绎，结合企业制度来分析审计本质。简

328

单地说,就是要通过环境的变化,重新诠释审计职能。现代社会里,审计作为社会权责结构的一部分,已被视为降低信息风险的活动。若审计无助于降低信息风险,则应赔偿相应的损失。实践也证明,关于审计本质的这种解释,迎合了社会的变迁,反映了社会需求的变化。这样,审计风险就成了审计本质的有机组成部分,并贯穿审计理论的始终。它把审计目标、审计假设和审计准则等各大块审计理论连接起来,使审计理论整合为有机整体。作为实践问题,审计风险的评估是审计过程的核心,也是缓和审计职业界与社会公众之间利益矛盾冲突的焦点,而审计风险的评估必须通过一系列详尽的审计程序和方法,因而它又是具体的实践问题。

　　1992年,邓小平"南巡"讲话以来,我国加快了社会主义市场经济体系建设的步伐,明确提出了要建立社会主义市场经济体系。国外的实践证明,市场经济的确立与有序运转,必须要有与之相适应的市场控制机制,而注册会计师审计作为其重要组成部分,是不可或缺的。如果说,受制于体制因素,我国曾存在注册会计师职业要不要大发展的争论,那么市场经济为注册会计师的大发展创造了"春天",注册会计师职业就没有理由不大发展。为了不负社会的众望,在大力发展我国注册会计师审计之际,有必要从正反两方面总结我国注册会计师制度重新创立、发展16年来的经验教训、成败得失。众所周知,这几年我国先后发生了深圳"原野"事件、北京"中诚"事件、浙江"尖峰"事件、山东"石油大明"事件以及尚未处理的海南"琼民源"事件等重大审计事件。不管它们各自的成因如何,相同的一点是,它们给我国注册会计师事业的发展带来了消极影响。虽然这些事件最终未曾追究注册会计师个人的民事责任,但它们为我国注册会计师敲响了警钟,使注册会计师对审计风险有了初步的感性认识,我们不能对审计风险等闲视之了!特别是,我国目前所处的阶段具有较大的特殊性,能引发审计风险的因素比发达的市场经济国家更多,市场的不确定因素更强、更难以控制。因而,为使我国的注册会计师审计朝健康的方向发展,并以此为突破,进一步推动审计理论研究的发展和审计质量以至审计实务水平的提高,就有必要使审计职业界和社会公众对审计风险有一个清楚的认识。可惜的是,虽然审计风险概念已为我国广大的理论和实践工作者所熟悉,但很少有人系统地研究审计风险,特别是联系中国的实际和从职业的角度来研究。

以上是笔者选择审计风险这一题目进行研究的初衷。在徐政旦教授的直接指导下,笔者从1995年开始系统思考审计风险及其表现出来的种种审计现象,并通过在会计师事务所的广泛调查,把其中的一些研究心得以论文的形式先后在《审计研究》、《经济科学》等期刊上发表,收到了良好效果。在本书撰写的过程中,笔者不得不面对的两难境地是,西方国家有较为成熟的市场经济,审计风险的研究有着较为理性的环境,而我国现在仍大多停留在账项基础审计阶段,研究审计风险的变量较多。尽管存在这些问题,笔者还是试图用规范研究方法,研究市场经济条件下审计风险的问题,并在其中分析我国的特殊情况,目的在于把它们结合在一起。本书定稿之际,我们欣喜地看到,深圳会计师事务所的体制改革正在紧锣密鼓地进行,在1997年底之前深圳所有会计师事务所要改制为以个人为投资主体的有限责任制或合伙制形式。中国注册会计师协会秘书长办公会议最近也决定,所有与证券相关业务执业资格的会计师事务所在1998年底之前要与"挂靠"单位脱钩。会计师事务所的体制改革是市场经济向纵深发展的必然要求,最终结果是审计责任落实到注册会计师个人身上,审计风险要由注册会计师来承担。这也表明,我国审计风险的研究有了现实的土壤,也有着重要意义。

需要说明的是,本书中提到的注册会计师审计、民间审计和社会审计,如不特别说明的话,它们是同义的。本文中的审计风险一词一般指民间审计风险。笔者不是指国家审计、内部审计没有风险,而是指它们有着不同的表现。本书主要解决民间审计风险问题。当然,这其中关于注册会计师审计风险的一般原理,是同样适合于国家审计与内部审计的。

本文分九个部分来诠释审计风险的有关问题。

第一章"导论",通过审计本质的历史考察,在批判代理论、信息论、保险论缺陷的基础上,结合审计所处的社会环境,以结构论来解释审计本质,以及由此引申出审计风险;在此基础上,本章接着分析了审计风险在审计理论结构中的位置,目的在于寻求审计风险的理论支柱,并以审计风险为线索,试图把各大块审计理论连成有机的整体；本章最后讨论了研究审计风险的必要性。

第二章系统地论述了审计风险的概念。在全面把握风险概念的基础上，本章从三个层次来阐述审计风险的含义，本文认为从狭义和广义上理解审计风险都未能反映审计本质，只有把审计风险定位于职业风险，分析才能深入，因而以审计职业风险，也就是审计主体损失的可能性，作为分析审计风险问题的前提。在明确审计风险含义之后，接下来从主观和客观两个方面分析了审计风险形成的原因。论述时，在借鉴国外已有成果基础上，着重分析了我国审计风险成因的特殊性，并由此引出审计风险的基本特征。

第三章在梳理各种审计风险概念的基础上，以系统论的观点，把各种各样的概念组合在一起，并把审计风险分解为固有风险、控制风险和察觉风险，同时分析了审计风险的要素（属概念）和审计风险模型，为审计风险的衡量建立客观基础。本章还分别阐述了三大风险要素的意义与确认方法，以及它们之间的相互关系。

第四章定量分析和描述了审计风险及风险要素。由于风险计量是主管见之于客观的现象，是难以进行的，因而本章首先构筑了审计风险计量的理论框架。由于篇幅的限制，本书未讨论复杂的数学计量模型，仅逐个论述计量固有风险、控制风险和察觉风险要考虑的因素和方法。

第五章陈述了审计风险的管理，即从风险的识别、估测、评价、预防四个方面说明了审计风险管理的一般原理和方法，然后结合我国的实际情况，提出了控制审计风险的对策。

第六章论述了如何在审计过程中全面实施审计风险概念，全面评述了风险基础审计这一审计模式产生的背景以及相关的审计程序、审计技术。

第七章在概括现有研究成果的基础上，着重论述了风险条件下，审计本质、审计假设、审计目标、审计准则、审计方法等审计理论的历史演变，并论述了它们与审计风险的关系，与第一章互相呼应。

第八章主要结合我国实际情况，剖析了我国审计风险的发展阶段和特殊性，并从风险的视角分析了我国审计存在的问题，提出了解决这些问题的政策主张。

第九章回顾了我国审计风险研究的历程。

应该说明的是,本书从开始构思、撰写、文字处理到出版,历经三年多。在此过程中,得到了许多同志的关心和帮助。当然书中的错误全由笔者承担。本书所讨论的审计风险是审计理论之一隅,但它对审计理论和实务的影响是全面的,因而本书采取集中研究的角度,意在"非不为,实不能"包罗万象地讨论审计风险。本书的研究结果绝不是研究的终点。随着我国社会主义市场经济的深入发展,审计风险必然也会朝纵深发展,新的问题将不断出现,也就需要我们不断地去潜心研究和深入探讨审计风险,并不断修正本书的错误。

《审计独立性的提高与审计市场的背离》摘要

李树华

在发达市场经济国家,事务所具有高的独立性是一种"声誉",有利于开拓新客户。而在我国,由于缺乏迫使管理当局自愿聘请"高独立性"审计服务的制度背景,"高独立性"反而成为事务所获取新客户的障碍,会计师事务所缺乏强烈的经济动机保持高的审计独立性。同时,针对事务所审计失败的法律诉讼压力也较小。因此,与成熟市场经济国家的情况不同,在现阶段,经济动机和法律责任在促使事务所保持独立性方面作用并不显著。那么会计师事务所保持和提高审计独立性的动力和压力来自何方呢?

带着这个问题,本文以 1993 年至 1996 年的所有上市公司及其主审事务所、审计报告类型为研究样本,同时以事务所出具"非标准无保存意见"的比例作为独立性的替换指标,采用单变量分析、多元分析、市场集中度分析等实证研究方法,分析了我国最近审计环境的变化对于审计独立性的影响,以及因为这种独立性的影响所导致的审计市场集中度的影响。研究结果表明,严格的必须遵守的独立审计准则和监管机构的监管压力对事务所保持独立性起着至关重要的作用。

同时,我们也发现独立审计准则和监管机构的监管压力对不同规模类型的事务所的影响存在着差异,无论是在独立审计准则①颁布实施前还是在实施后,大事务所出具"非标准无保留意见"的比例均比小事务所相对较高。也就是说,大事务所比小事务所更能保持审计独立性。因而仅从独立性的角度考虑,只有独立性相对较高的大事务所才值得管理机构大力扶持。

但不幸的是,我们意外而又合乎情理地发现,"十大"事务所在独立性提高

---

① 财政部于 1995 年 12 月 28 日颁布了《独立审计准则》,并于 1996 年 1 月 1 日起正式实施,即该准则适用于 1995 会计年度的报表审计。

后的 1995 年、1996 会计年度的市场份额显著下降,而独立性相对较低的"非十大"事务所的市场份额则显著上升。进一步研究发现,"十大"主要是在 IPO 市场上丢失了市场份额。这个结论是注册会计师行业的管理者不愿意看到的,因为这在某种程度上显示了审计独立性的提高与审计市场的背离。

此外,我们的研究还得到了其他一些有益的结论,如:那些企业规模较大、盈利能力较低、流动性较差、外资股在股本结构中所占比例较小的上市公司较易收到"非标准无保留意见"审计报告;"十大"丢失市场份额的最大受益者是那些挂靠于政府部门的"非十大"事务所;在独立审计准则实施后,"十大"更具有独立性,因而那些财务健康的 IPO 公司愿意聘请"十大",以此来向投资者"传递"自己质量更高,更值得投资的信号等等。

基于上述研究结果,并结合我国"新兴市场"和"转轨经济"的特征,本文认为若要使注册会计师保持高度独立性,又不会导致独立性较高的会计师事务所市场份额因此而降低,造成"劣币驱逐良币"的后果,应从以下两方面入手:

一是建立起需要"高独立性"审计服务的社会环境。会计师事务所具有高的独立性不仅是注册会计师行业赖以生存的根本,更是其开拓业务的利器,只有这样,才能从根本上使注册会计师具有保持高独立性的"经济动机";二是强化"法律责任",加大监管执法力度。法律责任的存在是促进注册会计师不得不保持独立性,提高审计质量的又一法宝。另外,监管机关的强有力监管则是促使注册会计师保持独立性,提高胜任能力的主要力量源泉。基于以上两点,具体政策建议如下:

(1)立足于需求方和监管方的分析——建立自愿需求"高独立性"审计服务的审计环境,包括:① 完善公司治理机制是外部审计发挥作用的制度保障;② 成熟的投资者是促使客户自愿聘请"高独立性"审计服务的最大动力;③ 在上市公司中建立独立审计委员会是切实保障会计师事务所利益的现实措施;④ 政府有关部门大力扶持具有较高独立性的大事务所;⑤ 进一步改革股票发行审核和新股定价制度。

(2)立足于供给方和监管方的分析——建立能提供"高独立性"审计服务的制度环境,包括:① 切实完成"脱钩改制",以"有限合伙制"和"无限合伙制"

为事务所的主要组织形式;② 加强行业监管,加强对违反独立审计准则行为的惩戒,以增强事务所保持独立性的外在压力;③ 注册会计师职业团体定位:加强自身的独立性与权威性;④ 更加重视注册会计师职业道德准则的建设,使注册会计师保持"独立性"成为一种职业习惯;⑤ 培养注册会计师的"公众利益"意识,并将其作为职业道德规范的最高原则。

《海峡两岸注册会计师法律责任之研究》摘要

周志诚

长久以来,注册会计师与律师、建筑师、医师等均被称为专门职业,深受社会公众的尊重与期许。注册会计师被称为"企业医生",专门协助与诊疗企业财务和经营问题。注册会计师在经济发展过程中扮演十分重要的角色。经由专业签证的功能,对投资人、债权人、管理当局、政府主管机关提供攸关可靠的信息,供为决策之参考。因此,注册会计师查核签证的质量极为重要。如注册会计师在执业时未遵守一般公认审计准则或职业道德规范,致使委托客户发生权益受损,或使第三人使用偏误的财务信息而遭受损失时,注册会计师须负相当之法律责任。

注册会计师法律责任问题,是现今世界大多数国家所关切和忧心的问题,尽管各国政府多有制定法规及专业准则,使注册会计师在执业时,能确实遵守,藉以保护社会公众权益,间接避免因犯错涉及相当的法律责任。但这些年来,无论注册会计师如何坚守专业准则,注册会计师遭控的案件仍层出不穷,注册会计师诉讼案件及成本节节上升。国际注册会计师联(International Federal of Accountants,简称 IFAC)辖下的法律责任工作小组研究发现:注册会计师的责任危机,主要受到注册会计师连带责任、集体诉讼、律师或有公费、合伙人的无限责任、惩罚性的赔偿、注册会计师与阅表人期望差距等因影响所致。

根据 IFAC 法律责任工作小组的研究指出,由于注册会计师责任的扩张诉讼案件及索赔金额在许多国家不断上升。而且近年来,诉讼索赔案件正迅速蔓延到先前没有法律责任问题的国家。这不但对会计专业的财务造成不利影响,更影响会计专业对社会公众提供服务及保障的能力,同时,使得注册会计师不易取得专业保险及降低原告求偿的机会;而且使得优秀人才不易获得及容易流失。并且,一个过分强调法律责任的国家,会造成他处于一个不利的环境,影响经济的发展。

经由本文实证研究,海峡两岸注册会计师几乎都认为,目前注册会计师面临法律责任的压力较以前来沉重。法律责任压力扩增的原因,依重要性的大小依序归纳如下。

(一) 中国台湾地区方面

(1) 注册会计师同业削价竞争,质量下降。

(2) 阅表者与注册会计师有认知上的差距。

(3) 注册会计师受制于客户的买方市场压力。

(4) 会计信息日受重视。

(5) 注册会计师遵守职业道德观念不够。

(二) 中国内地方面

(1) 法院对注册会计师法律责任的看法与注册会计师界看法不同。

(2) 会计信息质量日益受重视。

(3) 政府对注册会计师行业的管制日趋严格。

(4) 注册会计师受制于客户的买方市场压力。

(5) 注册会计师同业竞争激烈,削价求售,质量下降。

(6) 注册会计师遵守职业道德观念不够。

关于现行法律责任规范是否清楚方面,在问卷回函中,约有四分之三的海峡两岸注册会计师表示不够明确,在对于目前规范注册会计师法律责任的相关法律法规认识方面,海峡两岸仍有一定比例的注册会计师不十分清楚。中国台湾地区方面,约有 18% 的注册会计师尚不知目前注册会计师的法律责任,系由注册会计师个人负责。中国内地方面,尚有 22% 的注册会计师不清楚当前的行政责任是由事务所与个人共同负责。中国内地方面,尚有 22% 的注册会计师不清楚当前的行政责任是由事务所与个人共同负责。此外,尚有相当比例的注册会计师对民事责任究应由谁负责归属不尽清楚。此外另有部分的注册会计师可能触犯刑法那些罪名不甚清楚;而且那些法律有规范注册会计师的刑责仍不清楚。因此对注册会计师加强教育倡导,确有其必要。

另外,目前海峡两岸注册会计师对注册会计师的法律究应由谁负责的看法,与现行法律法规规定仍存有相当的差距。中国台湾地区方面,除刑事责任仍多认为应由个人负责外,其余部分约有六成左右的注册会计师认为应由注册会计师个人与事务所共同负责。中国内地方面则显示有半数以上的注册会计师认为法律责任应由个人与事务所共同负责。这与目前的法律规定存有相当看法上的差距。

至于海峡两岸注册会计师对于在何种情况下需负民事、刑事责任的看法。绝大多数的注册会计师均认为应在"故意"或"重大过失"下才负民事责任。至于刑事责任方面,海峡两岸注册会计师均认同在"故意"的情况下应负责任。但对"重大过失"应否负担刑事责任则有差异。中国内地有六成赞同在"重大过失"情况下应负刑事责任。但中国台湾地区仅有 43％赞成在"重大过失"情况下应负刑事责任。

对于各项抗诉措施的重要性看法方面,本文实证研究的发现,将海峡两岸注册会计师认为重要的看法依序排列如下。

(一) 中国台湾地区部分

(1) 慎选客户,做好事前审计风险评估。

(2) 教育倡导注册会计师的签证非保证。

(3) 修法准予事务所可以负有限责任方式执业。

(4) 会计师公会成立"会计师法律责任保护及咨询中心"。

(5) 加强注册会计师在职教育培训。

(6) 会计师公会开设注册会计师法律责任认知课程。

(7) 订定"比例赔偿制"。

(8) 加强注册会计师纪律规范。

(9) 订定注册会计师赔偿上限。

(10) 使用"审计约定书"。

(二) 中国内地部分

(1) 慎选客户,做好事前审计风险评估。

(2) 加强注册会计师在职教育培训。

(3) 会计师事务所可以负有限责任的方式执业。

(4) 注册会计师协会开设注册会计师法律责任认识序列课程。

(5) 注册会计师协会成立"注册会计师法律责任及咨询中心"。

(6) 使用"审计约定书"。

(7) 教育或倡导注册会计师的签证非保证。

(8) 实施专业评鉴。

(9) 订定注册会计师赔偿上限。

对于注册会计师如已遵照一般公认审计准则实施查核,如审计结论与事实有所出入,是否需负法律责任一节,约有四分之三的注册会计师表示不需负责。但事实上,法律界的看法可能有所不同。

至于对企业带给注册会计师执业风险方面,海峡两岸注册会计师均认为"管理阶层舞弊"是最重要的原因。

在询及法院法官及检察官是否足以胜任注册会计师的审判及侦查工作方面,海峡两岸的注册会计师均有九成以上的注册会计师认为"十分不足"或"不足"。

再者,对"利害关系人"的界看法方面,本文研究发现:海峡两岸的注册会计师对此一问题看法均十分分歧。中国内地方面甚至有四分之一的问卷回函未填答此一问题。显见对此一问题不甚了解。事实上,欧美国家与中国内地、中国台湾地区迄今均未对"利害关系人"有一明确的定义。因此,在司法的实践上容易产生一定程度的困扰。

最后,本文针对海峡两岸注册会计师界,提出下列建议:

(1) 慎选客户,事前做好审计风险评估。

(2) 加强注册会计师有关法律责任认识的在职培训。

(3) 加强与法院法官及检察官沟通对话。

(4) 教育倡导社会公众,缩小期望差距。

(5) 修法以降低注册会计师法律责任规范不明确或矛盾之处。

(6) 注册会计师协会(公会)成立"注册会计师法律责任保护及咨询中心"。

(7) 订明注册会计师法律责任的合理时效。

(8) 修法准于中国台湾地区会计师事务所可以有限责任组织的形态执业。

(9) 加强注册会计师纪律规范。

(10) 增加中国台湾地区"会计师惩戒委员会"的专业代表。

(11) 修改中国台湾地区会计师法增列会计师事务所为处罚的对象。

(12) 注册会计师专业团体应积极争取业务开拓会员的执业空间。

(13) 订定强制投保责任制。

(14) 改善注册会计师环境相关法令的配套措施。

《财务数据对我国上市公司协议收购事件的解释》摘要

黄德华

随着我国证券市场的发展,对上市公司的购并亦风起云涌。一般而言,对上市公司的收购实际上也是控制权收购。在我国,对上市公司的收购大都是通过场外协议收购非流通股的方式来实现。外来的投资者在获得上市公司控制权之后,往往会进行资产剥离、置换或资产注入等形式的重组。1997 年、1998 年是我国证券市场大规模地对上市公司协议购并的开始,1997 年、1998 年甚至被称作我国证券市场的资产重组年。

那么,企业进行购并的动机是什么,目标公司的什么特征激发了收购者进行购并的动机? 目标公司的"板块"特征能否用来解释发生在目标公司身上的购并事件? 如果企业的购并行为是可以解释的,那么一个潜在的逻辑是,购并是可以预测的。与财务危机、破产以及股票价格、盈利能力是否可以解释、预测一样,依据公开信息解释、预测购并事件的发生方面的研究具有非常重要的学术价值和现实意义,也是国外财务学界非常关注的问题之一。

本论文将试图研究以下两个方面的问题:(1) 假定外来的投资者对上市公司的购并除了在买壳之外,还希望谋求最大化的重组价值。目标公司的哪些因素会影响收购者进行收购重组活动获取的价值;哪些因素又会影响收购者进行收购重组活动的成本。本文希望基于对协议收购、重组过程的分析,试图回答收购者在进行收购决策时,什么样的目标公司能够使收购者收购—重组的净收益最大化。(2) 我们能否为这些因素寻找财务上的替代指标,也即用上市公司自身的财务特征来解释为什么这些公司成为购并目标,并获得实证上的支持。本文采用逻辑回归的方法,对 1998—2000 年度发生购并的公司及对照样本进行了实证检验,力图发现公司的主要财务特征对购并事件发生的解释力量,论文得出了一些有意义的实证结论,所以我们认为通过对公司财务数据的分析,在一定程度上可解释购并事件的发生。

基于上述研究设想,全文共分六个部分:

第一章是绪论。概述本文的研究背景与动机、所欲研究的问题、所采用的研究方法以及全文的研究框架。

第二章是基本理论与文献综述。简要阐述企业购并动机理论及相关经验证据,以及迄今为止与企业购并解释、预测相关的主要研究文献及其发现和启示。

第三章是我国的背景与分析框架的发展。简要描述我国对上市公司协议收购事件、上市公司接管市场的发展状况。建立分析框架(模型)定量分析影响收购者对上市公司进行收购及后续重组活动净收益的因素,得出相关命题与结论。

第四章是实证研究设计。将分析框架中的相关因素转化为相关财务替代指标,发展所预验证的假设,阐述研究中所使用的实证研究方法、模型、统计工具以及研究所需的资料来源、样本选择过程和研究样本的描述性特征。统计模型设计中,我们综合考虑了国外、国内对购并事件发生之相关影响因素方面的研究,通过设置控制变量的方法控制了各种竞争性的企业购并假说。并且着重介绍了在利用估计模型进行预测时,在选择最优的概率分割点时所采用的方法。

第五章是实证结果与分析。首先,我们对有偿转让的样本和对照样本进行了单变量、多元逻辑回归分析;然后我们对有偿转让公司和无偿划拨公司进行了单变量分析。第一部分研究中,三年的数据均支持研究中提出的股本结构假设、资产变现能力假设、公司规模假设。每股账面价值假设、主营业务衰退假设仅在部分年份解释了购并事件。此外,我们还建立了用于预测之用的估计模型,并考虑了研究方法方面的改进,还介绍了利用估计结果进行预测的方法。

列示对各研究假设的实证结果,并对这些结果进行分析和解释。

第六章是研究结论与建议。对前面各章研究成果的一个简单总结并对研究的局限性和未来方向提出自己的看法。

《注册会计师审计质量评价与控制研究》摘要

王英姿

2001 年前后,随着社会媒体对黎明股份、银广夏、麦科特等公司会计信息造假的深入报道以及上市公司监管部门对这些公司的会计信息虚假形成定论,相关会计师事务所再次受到投资者、监管机构的口诛笔伐,注册会计师行业的审计质量也再次受到严重的质疑,国内注册会计师行业面临空前的信任危机。如何改进注册会计师审计质量以满足我国证券市场乃至市场经济发展的需要是注册会计师行业目前面临的一个严峻的问题。在此背景之下,本文拟对审计质量的评价与控制进行较全面的研究。论文内容主要包括如下。

一、审计质量评价体系

审计质量评价分为事务所总体审计质量评价和单个审计业务质量评价两个层次。通过审计质量评价,可以将质量高的事务所与质量低的事务所加以区分,有利于被审计单位选择适当的事务所,也有助于信息使用者理性分析公司的会计数据并进行相关决策。

结合我国注册会计师行业的实际情况,对会计师事务所总体审计质量的评价需要综合考虑以下几个因素:事务所合伙人(或主任会计师)的经营理念;事务所拥有的客户质量和稳定性;事务所规模;事务所从业人员的质量;是否为国际会计公司的成员所(或合作所);事务所拥有的行业专长水平;事务所质量控制制度本身的完善程度和执行情况;事务所的业务培训和信息沟通情况;负面因素(如被行业监管部门处罚或通报批评的次数、被客户投诉或起诉的次数等)。

单个审计业务的质量评价标准可以细分为三种类型:事务所内部对单个审计业务的评价(通过三级复核来完成)、事务所监管部门组织进行的质量评价(由中注协、财政部、审计署、证监会等部门通过业务抽查等方式来完成)、事务所外部一般人员(如上市公司财务报表的使用者)对审计报告的质量评价。可

附录三 徐政旦教授的博士学生论文摘要

以考虑从以下几个方面对上市公司的审计报告进行质量评价：重要性原则；后续审计；事务所的总体质量水平和审计质量控制制度的完善程度。

二、审计质量差异分析

不同事务所或同一事务所的不同会计师审计的业务都可能存在差异，如果不同会计师对完全相同的事项作出了不同的审计结论，或者出具了不同类型的审计意见，就可能会破坏审计意见的可比性和真实性。

事务所之间执业质量存在差异主要有以下原因：事务所对审计冲突的处理方式不同；事务所规模不同；客户规模与财务状况；执业准则的明晰程度和执行情况。针对事务所执业质量存在差异的四个因素，监管部门可以采取相应措施改进审计质量。改进我国注册会计师审计质量的途径主要包括：缓解审计冲突；完善执业准则；改进审计技术；加强业务检查；促进行业内的良性竞争；健全惩戒机制。

三、审计质量控制机制

审计质量控制机制有三种模式：政府管制、行业自律和事务所内部质量控制。三种模式之间是相互补充的关系。

美国注册会计师行业为了尽量避免政府管制，采取积极措施改进事务所整体的执业质量，并根据不同时期的具体情况和事务所的客观需求，及时调整业务检查制度和审计质量控制准则的内容。此外，诉讼机制在美国比较发达，巨额的诉讼赔偿和旷日持久的时间、经理方面的耗费以及对事务所声誉的负面影响都会促使事务所追求高质量的审计服务。

相对而言，我国审计质量控制制度规范尚需细化、民事赔偿机制尚未建立、业务检查制度也存在政出多门的问题，而且大部分事务所还处于原始积累阶段，对经济效益的注重程度有时超过了审计质量，所以，现阶段要提高审计质量更多地需要通过完善事务所外部的政策引导来完成。

《公司治理机制中审计委员会制度研究
——基于我国公司成立审计
委员会动机的实证研究》摘要

杨忠莲

审计委员会制度作为公司治理结构中的一项重要制度安排,其建立的初衷是在董事会中寻求一支独立的财务治理力量,以强化注册会计师审计的独立性,加强公司财务报告信息的真实性和可靠性。该制度包括审计委员会在公司的地位和作用、审计委员会成员的任职资格、所需的专业技能和道德素养、任免程序、工作任期、薪酬、审计委员会会议以及对审计委员会业绩评价等一系列具体的制度安排。2002 年 1 月 7 日,我国颁布了《上市公司治理准则》,该准则五十二条规定,上市公司董事会可以按照股东大会的有关决议设立审计委员会。这是我国首次将成立审计委员会的建议纳入准则中。审计委员会制度在我国还是一个新生事物,有许多问题值得研究,如何安排我国审计委员会制度,是保证今后审计委员会有效性的前提。本论文是在研究我国公司成立审计委员会动机的基础上,对我国审计委员会制度进行的研究。

本论文采用的是经验与规范相结合的研究方法。经验研究采用的是归纳推理法和案例分析法;规范研究采用的是演绎推理法。我国公司成立审计委员会动机的实证研究采用的是归纳推理法,该项研究是建立在代理理论的基础之上。在实证研究的基础上,本论文对我国审计委员会制度的法律要求、我国审计委员会制度的概念和准则框架、我国审计委员会法律责任的界定等进行了规范研究。论文的最后,采用案例分析法对国际审计委员会失败的经验和教训进行了总结。

本论文的主要研究结论是:

(1) 我国公司审计委员会制度目前应采用强制与自愿相结合的方法,即对大的上市公司(资本额达到多少元以上)应强制其成立审计委员会,对较小的上市公司应允许其根据公司的情况选择成立或者不成立审计委员会。

（2）关于我国审计委员会的独立度,应作为董事会下相对独立的附属机构较妥,以免增加公司治理的成本。

（3）关于审计委员会职责的立法度,目前应对基本职责进行立法,额外职责则逐步立法。

（4）关于我国审计委员会职责的获取方法,本研究认为除一般法定职责外,还应有一般关注职责。

（5）为了使我国审计委员会制度更加有效,应该建立我国的审计委员会制度的概念和准则框架。

（6）为了使公司审计委员会更好地发挥作用,还需公司管理层、内部审计师和外部审计师的有力配合。

（7）审计委员会每年应对其当年所承担的职责以"审计委员会报告"的形式在年报中披露,对于其未尽职责造成的公司财务报告舞弊,应追究其法律责任,法律责任应界定在一般关注职责、最终职责和一般法定职责上。

本论文的主要贡献如下:

（1）论文是在我国成立审计委员会动机实证研究的基础上对我国审计委员会制度进行的研究,具有开创性。

（2）本论文对国际审计委员会的研究进行了综述,为审计委员会在我国的研究奠定了基础。

（3）本论文对我国审计委员会制度的一系列法律要求如自愿性和强制性,以及独立度、立法度和职责的获取方法,进行了探讨,并提出了独特的见解。

（4）本论文构建了我国审计委员会的概念和准则框架。

（5）本论文研究了审计委员会、内部审计师和外部审计师的各自责任和相互关系。

（6）本论文界定了我国公司审计委员会的法律责任。

（7）本论文对国际审计委员会失败的经验和教训进行了归纳。

本论文只是一个开创性研究,可能还有不成熟的地方,在研究上,还存在着一些局限性,但希望本论文能对今后审计委员会制度在我国的进一步研究奠定基础。

附录四　徐政旦教授的诗作

萍寄莱茵　七律

　　壬午仲秋,偕同女儿游西欧,廿九日泛舟德国莱茵河,碧水泱泱,青山如画,
风光无限好,舟中作七律以寄游兴。2002 年 9 月 29 日时年八十。

> 青山白云舞莱茵,
>
> 长河激流衬蓝天,
>
> 轻舟高歌闹碧波,
>
> 古堡梯田织被锦。
>
> 出枥老骥志万里,
>
> 时空艰险视等闲,
>
> 三川十国[注]任驰骋,
>
> 半月征程遍欧西。

　　[注] 十国:意大利、梵蒂冈、奥地利、列支敦士登、瑞士、法国、比利时、卢森堡、德国、
荷兰。

比萨斜塔颂

　　偕女儿游西欧与意大利比萨斜塔,2001 年秋。

> 千年巍然屹立,
>
> 身残仍从容。

挺风雨,

傲霜雪。

笑迎秋风,

俯视人间。

沧海桑田,

芸芸众生尽收眼底。

效斜塔,

拥三和,

度晚年。

浮生非梦,

怡然看桑愉。

古 稀 怀 旧

于上海三和花园,2010 年 2 月。

阅世沧桑几变迁,

虚延忽届古稀年。

一身以外无长物,

唯有儿孙绕膝前。

素慕良图读与研,

庸知白首事无成。

会计词典成半部,

审计未能成大器。

终身尽被世务误,

小掇芹香了此生。

华 府 行

　　在美国芝加哥女儿家,与女儿偕婿驱车去华盛顿,既访世界银行寻古友、又访美国审计总署。2001 年 8 月 5 日。

晨曦离芝城,

途遇风雨骤,

瞬又雾锁路,

山水随身移,

绿林擦身过,

日驰壹仟贰,

向暮抵华府。

日本名古屋花园赏樱花

　　宪儿、弘孙赴日本岐阜大学,全家赏樱花。2004 年 4 月 4 日。

憩坐樱花园,

谈笑话当年。

飞觞醉月下,

小筵坐花间。

儿孙东瀛去,

面壁不畏艰。

破壁旋故园,

共进庆功宴。

朱家角记游

　　与谢荣教授雨天游青浦朱家角古镇,2004 年 5 月 2 日。

春风拂古镇，

雨中望天低。

品铭息廊桥，

傍水谈巨变。

五 一 休 闲

2004 年 5 月 1 日于上海三和花园祥和阁，时年八十有三。

晨起聆国事，

晌午阅《通鉴》。

杯酒醉林下，

悠然作闲人。